毛泽东与当代中国

伟大工程与伟大梦想

GREAT ENGINEERING AND GREAT DREAM

唐洲雁　著

社会科学文献出版社
SOCIAL SCIENCES ACADEMIC PRESS (CHINA)

目 录
CONTENTS

第四篇　中国特色社会主义理论的形成和发展

第五篇　凝心聚力共筑中国梦

第一篇

党的建设伟大工程与中国
特色社会主义伟大事业

新中国成立以来党的
建设的基本历程

新中国成立 60 年来，中国共产党作为执政党，领导和团结全国各族人民，进行社会主义革命、建设和改革，在不断探索、开创和发展中国特色社会主义伟大事业的进程中，逐步开创和推进了党的建设新的"伟大工程"。在 60 年的奋斗历程中，我们党自始至终注意把推进党的建设"伟大工程"和推进党领导的"伟大事业"紧密结合起来，高度重视加强自身建设，围绕"建设什么样的党、怎样建设党"的问题，进行了不懈的探索，积累了宝贵的经验。

一 以毛泽东为核心的第一代中央领导集体的探索

毛泽东始终高度重视党的自身建设。在新民主主义革命时期，他提出要建设一个全国范围的、广大群众性的、思想上政治上组织上完全巩固的布尔什维克化的中国共产党，开创了党的建设伟大工程。党的建设，成为中国革命取得胜利的三大法宝之一。

新中国成立后，面临着"从半殖民地半封建社会到民族独立、人民当家做主新社会的历史性转变"。与这样的历史转变相适应，我们党从一个领导人民为夺取全国政权而奋斗的党，成为掌握全国政权并长期执政的党，肩负着带领人民巩固新政权、恢复国民经济、进行社会主义革命和建设的任务。党所处的环境和面临的任务，都发生了巨大变化，能否经受住执政的考验，完成执政兴国的历史使命，成为一个重大的现实问题。面对新的挑战，以毛泽东为核心的第一代中央领导集体，进行了不懈的探索。

（一）新中国成立初期

在这一时期，毛泽东对党的建设的探索，主要是围绕在执政的条件下，如何保持、发扬党的优良传统和作风，提高领导本领，经受执政考验等问题来展开的。

在毛泽东看来，要执好政，关键是要把党建设好。早在新中国成立前夕，他就以战略家的眼光，审视和思考执政条件下党的建设问题。在七届二中全会上，他提醒全党要防止"糖衣炮弹"的进攻，指出革命胜利以后的路程更长，工作更伟大、更艰苦，务必继续保持谦虚、谨慎、不骄、不躁的作风，务必继续保持艰苦奋斗的作风。① 正是在这样的思想准备下，他领导全党开展了新的探索。

一是开展整风整党运动，努力使党经受住执政的考验。

针对革命胜利后一些党员干部中出现的骄傲自满情绪和官僚主义、命令主义等问题，从 1950 年 5 月开始，毛泽东领导全党开展了新中国成立后第一次整风运动，目的是提高党员干部的思想水平和政治水平，改善党和人民群众的关系，方法是开展批评和自我批评。这次运动历时半年之久，使党的各级领导干部受到了一次深刻的思想教育。同时，经过整风运动，也暴露出一些基层组织和部分党员存在的问题，主要是工作能力和水平不能适应执政的需要，思想上产生了骄傲自满的情绪，作风上出现了贪图享受等问题。因此从 1951 年下半年开始，毛泽东又领导开展了以整顿党的基层组织为主要任务的整党运动。这次整党，与随后开展的"反贪污、反浪费、反官僚主义"的"三反"运动结合起来，惩处了刘青山、张子善等一批腐败分子。到 1954 年春，整党运动基本结束，取得显著成效，加强了党的基层组织建设，提

---

① 毛泽东：《中国共产党第七届中央委员会第二次全体会议上的报告》（1949 年 3 月 5 日），《毛泽东选集》第四卷，人民出版社，1991，第 1438 ~ 1439 页。

高了党员素质，纯洁了党风和社会风气。

二是加强思想理论建设，努力提高全党的马克思主义理论水平。

毛泽东一贯重视党的思想理论建设，强调既要坚持马克思主义，又要发展马克思主义，不断提高党的理论水平。早在筹划新中国成立的过程中，他就特别谈到加强党的思想理论建设的重要性，指出必须承认我们现在的理论水平还是低的，这样大的党，在许多基本理论问题上或是不了解，或是不巩固，因此我们在理论上不仅要提高，而且还要普及。新中国成立后，他反复强调指导我们思想的理论基础是马克思列宁主义，提出要把继续学习马列主义，作为抵制和批判资产阶级一切腐朽制度和思想作风的重要保证。正是根据这些要求，党中央相继作出《关于轮训全党高中级干部和调整党校的计划》《关于党的高级干部自修马克思列宁主义办法的规定》，决定建立干部轮训制度，要求在未来五年内，一半高级干部要进入党校学习，另一半坚持在职自修。新中国成立初期，毛泽东亲自主持编辑了《毛泽东选集》一至三卷（后来又编辑出版了第四卷）；多次印发、出版马克思、恩格斯、列宁、斯大林的著作，指导全党进行政治理论学习，使党的马克思主义理论水平得到逐步提高。

三是认真总结高、饶事件的教训，维护和增强全党的团结统一。

1953年，党内发生了执政后的第一次严重事件，即高岗、饶漱石反党分裂活动。中共七届四中全会揭露和批判了高、饶的行为，通过了根据毛泽东建议起草的《关于增强党的团结的决议》。在1955年3月召开的中国共产党全国代表会议上，毛泽东深刻指出：骄傲自满情绪在我们党内确实是存在着的，在有些同志的身上这种情绪还是严重的，不克服这种情绪，就会妨碍我们建设社会主义这个伟大任务的完成。[①] 会议决定成立党的中央和地方监

---

① 　毛泽东：《在中国共产党全国代表会议上的讲话》（1955年3月），《建国以来毛泽东文稿》第五册，中央文献出版社，1991，第60页。

察委员会，经常检查和处理党员违反党章、党纪和国家法律法令的案件。通过对高、饶事件的正确处理，使广大党员特别是党的高级干部，受到了一次系统、深刻的党性教育，进一步维护和增强了全党的团结统一。

四是从适应社会主义事业需要的高度，要求全党提高领导本领。

早在新中国成立前夕，毛泽东就向全党指出：严重的经济建设任务摆在我们面前，我们熟悉的东西快要闲置起来了，不熟悉的东西正在强迫我们去做，因此必须学会我们自己不懂的东西。① 新中国成立后，他明确提出"领导我们事业的核心力量是中国共产党"；号召全党全国人民"为了建设一个伟大的社会主义国家而奋斗"；② 要求党的各级领导干部，都要努力学习理论，学习文化，学习科学技术，提高管理国家和领导经济建设的本领。

随着国民经济的全面恢复和发展，党中央及时制定了过渡时期总路线，又开始领导新中国实现"从新民主主义革命到社会主义革命和建设的历史性转变"。毛泽东号召全党，我们现在进入了一个钻社会主义工业化，钻社会主义改造，钻现代化国防，并且开始要钻原子能这样的历史新时期，适合这种新的情况钻进去，成为内行，这是我们的任务。他还从发展社会主义事业的战略高度提出"向外国学习"的口号，强调一切民族、一切国家的长处都要学，政治、经济、科学、技术、文学、艺术的一切真正好的东西都要学，当然，我们要"学习与独创相结合"。

（二）党的"八大"前后

到 1956 年党的"八大"召开，党在全国执政已有七年时间，社会主义事业即将进入全面建设时期。在此前后，毛泽东对党的建设的探索，主要集中在对执政党建设经验的初步总结，以及正

---

① 毛泽东：《论人民民主专政》（1949 年 6 月 30 日），《毛泽东选集》第四卷，人民出版社，1991，第 1480 页。
② 毛泽东：《为建设一个伟大的社会主义国家而奋斗》（1954 年 9 月 15 日），《建国以来毛泽东文稿》第四册，中央文献出版社，1990，第 554 页。

确处理人民内部矛盾，努力使党和国家较为巩固，较为能够经受风险考验这样一些问题上。

一是初步总结了党执政以来的基本经验，突出强调了执政党建设的重要性。

1956年4月，毛泽东发表《论十大关系》的重要讲话，在充分总结经济建设基本经验的同时，也初步总结了党的建设的主要经验，强调无产阶级政党和无产阶级专政，非有不可，而且非继续加强不可，否则不能建设社会主义。"十大关系"中的第七大关系就是"党与非党的关系"，其中特别提到了党政机构精简的问题，主张要砍掉三分之二。

随后召开的中共"八大"，对国内主要矛盾作出了正确判断，为党的建设进一步顺利开展奠定了基础。"八大"着重研究了执政党建设问题，对党的建设的经验进行了深刻总结，强调必须坚持党的领导，并努力保持党的领导的正确；坚持实事求是思想路线，提高全党的马列主义思想水平；坚持党的群众路线，反对官僚主义；坚持党的民主集中制，发展党内民主生活；开展党内批评和自我批评，维护党的团结统一。在八届二中全会上，毛泽东又提醒全党，一定要警惕不要滋长官僚主义作风，不要形成一个脱离人民的贵族阶层。

"八大"以后，党中央进一步明确提出执政党建设的根本任务，就是要把党建设成为领导社会主义事业的坚强核心，没有这样一个核心，社会主义事业就不能胜利。这一任务的提出，对执政党建设具有长远的指导意义。

二是向全党提出了要善于学习、创新理论的任务。

面对即将开始的全面建设社会主义的新任务，毛泽东号召全党要进行"第二次结合"，找出在中国进行社会主义革命和建设的正确道路。在党的"八大"上，他向全党提出了善于学习的问题，指出要把一个落后的农业国改变为一个先进的工业国，我们面前的工作是很艰苦的，我们的经验是很不够的，因此，必须善于学习。不久，他又号召所有的省委书记、市委书记、地委书记以及中央各部门的负责同志，都要努力使自己成为精通政治工作和经济工作的专家；各行各业的干部都要努力精通技术和业务，使自己成为内行，又红又专。

进入全面建设社会主义时期以后，毛泽东在深刻总结经验教训的基础上，进一步提出：任何国家的共产党，任何国家的思想界，都要创造新的理论，来为当前的政治服务，单靠老祖宗是不行的。他认为，现在我们已经进入社会主义建设时代，出现了一系列的新问题，不适应新的需要，写出新的著作，也是不行的。① 这实际上是在新的历史条件下向全党提出了理论创新的任务。

三是提出正确处理人民内部矛盾的理论，努力创造良好的政治局面。

1957 年 2 月，毛泽东发表《关于正确处理人民内部矛盾的问题》的重要讲话，提出要正确区分和处理两类不同性质的矛盾，并把正确处理人民内部矛盾，看作党和国家政治生活的主题，认为在人民内部，不可以没有自由，也不可以没有纪律；不可以没有民主，也不可以没有集中；这种民主和集中的统一，自由和纪律的统一，就是我们的民主集中制。② 不久，他又领导开展了以正确处理人民内部矛盾为主题的整风运动，提出党希望通过整风，达到这样的目标：造成一个又有集中又有民主，又有纪律又有自由，又有统一意志又有个人心情舒畅、生动活泼，那样一种政治局面。③ 他认为，这次整风的总题目就是正确处理人民内部矛盾和敌我矛盾；方法就是实事求是，群众路线。尽管整风运动后来经历了严重挫折和失误，但毛泽东关于正确处理人民内部矛盾的理论和想要通过整风造成良好政治局面的愿望，对于社会主义建设和党的建设仍然具有长远的指导意义。

---

① 毛泽东：《读苏联〈政治经济学教科书〉的谈话（节选）》，《毛泽东文集》第八卷，人民出版社，1999，第 109 页。

② 毛泽东：《关于正确处理人民内部矛盾的问题》（1957 年 2 月 27 日），《毛泽东文集》第七卷，人民出版社，1999，第 209 页。

③ 毛泽东：《一九五七年夏季的形势》（1957 年 7 月），《建国以来毛泽东文稿》第六册，中央文献出版社，1992，第 543 页。

（三）六十年代前期

在这一时期，毛泽东对执政党建设的探索，主要是围绕深刻总结社会主义建设和党的建设的经验教训，进一步端正党的思想路线、恢复和发扬党的民主集中制、培养无产阶级革命事业接班人等问题来展开的。

一是在全党大兴调查研究之风，端正党的思想路线。

针对"大跃进"和人民公社化运动以来，以"共产风"为主要标志的"左"倾错误严重泛滥、党的实事求是思想路线遭到极大破坏的情况，党中央于1960年11月发出《关于彻底纠正"五风"问题的指示》，从端正党风入手纠正"左"倾错误。1961年1月召开的八届九中全会，正式决定对国民经济实行"调整、巩固、充实、提高"的八字方针。毛泽东在会议前后，多次号召全党大兴调查研究之风，搞一个"实事求是"年，把党的优良传统和作风恢复起来。会后，从中央到地方各级领导人，纷纷深入基层，调查研究，解决问题。正是在充分开展调查研究的基础上，党中央陆续制定出"农业六十条"等一系列重要工作条例，在相当程度上纠正了"大跃进"期间出现的主观主义作风，恢复了党的实事求是思想路线，为国民经济的逐步好转，创造了条件。

二是恢复党的民主集中制，加深了对发扬党内民主的深刻认识。

1962年初，中共中央在北京召开七千人大会，总结"大跃进"以来的经验教训。毛泽东在会上集中阐述了健全党的民主集中制等问题，指出我们的集中制，是建立在民主基础上的集中制；各级党委是执行集中领导的机关，但是党委的领导是集体领导，不是第一书记个人独断，第一书记同其他书记和委员之间的关系是少数服从多数。他特别强调了发扬党内民主的极端重要性，认为没有高度的民主，就不可能有高度的集中；如果我们充分地发扬了民主，就能把党内外广大群众的积极性调动起来，就能使占总人口95%以上的人民大众团结起来。做到了这些，我们的工作就会越做越好，我们遇到的困难就会较快地得到克服，我们事业的发展就会顺利得多。上述观点，是毛泽东在经历挫折之后对民主集中制等问题的深刻反思。

三是提出全党要加强对社会主义建设规律的认识，提高领导水平。

在经历严重的挫折之后，党中央不断进行总结和思考。1960年6月，毛泽东在《十年总结》一文中指出，"我们对于社会主义时期的革命和建设，还有一个很大的盲目性，还有一个很大的未被认识的必然王国。我们还不深刻地认识它"。他要求全党同志"要以第二个十年时间去调查它，去研究它，从中找出它的固有规律，以便利用这些规律为社会主义的革命和建设服务"。① 1962年初，毛泽东在七千人大会上进一步指出：从我们全党来说，社会主义建设知识非常不够，应当努力学习，在实践中间逐步地加深对它的认识，弄清楚它的规律。② 他根据历史的经验教训，再次向全党提出了进一步提高领导水平，以适应社会主义建设根本需要的明确要求。

四是提出培养无产阶级革命事业接班人的战略思想。

1964年6月，毛泽东从防止帝国主义搞"和平演变"，确保党和国家长治久安的战略高度出发，在中央工作会议上提出了培养无产阶级革命事业接班人的任务及其五条标准，即要懂得一些马列主义；要为大多数人民谋利益；要能够团结大多数人；有事要跟同志们商量；自己有了错误，要作自我批评。他强调，接班人的问题还是要部署一下，要准备好；无产阶级的革命接班人总是要在大风大浪中成长的。③ 毛泽东关于培养无产阶级革命事业接班人的思想，展现了一个党的领袖的远见卓识，尽管带有当时的历史痕迹，但就其精神实质来说，具有长远的指导意义。

---

① 毛泽东：《十年总结》（1960年6月18日），《建国以来毛泽东文稿》第九册，中央文献出版社，1996，第216页。

② 毛泽东：《在扩大的中央工作会议上的讲话》（1962年1月30日），《建国以来毛泽东文稿》第十册，中央文献出版社，1996，第33页。

③ 毛泽东：《培养无产阶级的革命接班人》（1964年6月16日），《建国以来毛泽东文稿》第十一册，中央文献出版社，1996，第87页。

综上所述，在新中国成立后，以毛泽东为核心的第一代中央领导集体在领导全党进行社会主义革命和建设的具体实践中，对党的建设进行了不懈探索，在曲折前进中取得了巨大成就，在艰辛探索中积累了宝贵经验，为改革开放新时期开创党的建设新的伟大工程，准备了条件，奠定了基础。

二 以邓小平为核心的第二代中央领导集体的探索

进入改革开放历史新时期以后，社会主义中国逐步开始了"从高度集中的计划经济体制到充满活力的社会主义市场经济体制、从封闭半封闭到全方位开放的历史性转变"。党所处的环境和肩负的任务发生了巨大的变化，如何适应这种新环境和新任务的需要，加强党的自身建设，成为摆在全党面前的一个十分严峻的问题。以邓小平为核心的党的第二代中央领导集体，在领导拨乱反正和改革开放的具体实践中，围绕这个问题进行了深入的探索，逐步积累了宝贵的经验。

（一）在拨乱反正中加强党的建设

邓小平领导的拨乱反正，首先是从端正党的指导思想、恢复党的思想路线入手的。他一经复出，就旗帜鲜明地反对"两个凡是"的错误方针，反对割裂毛泽东思想，强调要善于学习和运用毛泽东思想的体系来指导各项工作。他特别重视恢复毛泽东建党学说的重要意义，认为"把列宁的建党学说发展得最完备的是毛泽东同志"，我们一定要"把毛泽东同志的建党学说和党的一整套作风恢复起来，发扬起来"。① 他的这些意见和建议，成为当时拨乱反正的思想先导。

正是在批判"两个凡是"错误方针的过程中，邓小平提出了恢复党的实事求是思想路线的任务，并针对党内教条主义和思想僵化盛行的状况，提出了解放思想的新要求，赋予党的思想路线

---

① 邓小平：《完整地准确地理解毛泽东思想》（1977 年 7 月 21 日），《邓小平文选》第二卷，人民出版社，1994，第 44 页。

以崭新的时代内容。在他的正确指导下，十一届三中全会重新确立了党的实事求是思想路线，作出把工作重点转移到社会主义现代化建设上来的重大决策，结束了两年徘徊的局面，开启了改革开放历史新时期。

十一届三中全会以后，党的建设在拨乱反正中全面展开，重点围绕以下几个方面进行。

一是坚持党的领导，改善党的领导。

改革开放之初，一方面，由于"左"的思想观念还没有得到彻底清算，影响了思想解放和拨乱反正的历史进程；另一方面，社会上有极少数人公开散布怀疑甚至否定四项基本原则的思潮，在党内也引起了一定的思想混乱。这种情况如果任其发展，十一届三中全会的路线就难以顺利贯彻，党的建设就会被引入歧途。针对这种现实危险，邓小平旗帜鲜明地指出，必须在思想政治上坚持四项基本原则。他强调，每个共产党员，更不必说每个党的思想理论工作者，决不允许在这个根本立场上有丝毫动摇。

1980年1月，邓小平发表《目前的形势和任务》的讲话，进一步指出，四个坚持的核心是坚持党的领导，如果没有党的领导，就没有一条正确的政治路线，也就没有安定团结的政治局面，从根本上说，就没有现代中国的一切。①

正是为了坚持党的领导，邓小平强调必须努力改善党的领导。1980年初，他从改善党的组织状况、领导工作状况、领导制度和加强党的纪律等方面，全面论述了改善党的领导的途径和措施，为即将召开的十一届五中全会明确了指导思想。五中全会的中心议题就是坚持和改善党的领导，并着重解决了组织路线方面的问题。

这年8月，邓小平又发表《党和国家领导制度的改革》的重要讲话，明确指出党和国家现行的一些具体制度中，还存在不少的弊端，主要是官僚主义、权力过分集中、家长制、领导职务终

---

① 邓小平：《目前的形势和任务》（1980年1月16日），《邓小平文选》第二卷，人民出版社，2002，第266页。

身制和形形色色的特权现象，认为如果不认真改革，就很难适应现代化建设的迫切需要，就要严重地脱离广大群众。① 这篇讲话，是我国政治体制改革的一个纲领性文件，也是加强和改善党的建设的一个纲领性文件，具有深远的指导意义。

二是端正党风，加强党的纪律和作风建设。

十年"文革"，使党的作风遭到严重破坏，党在人民群众中的威信也有所下降。对此，邓小平深有感触地说，"四人帮"确实把我们的风气搞坏了，粉碎"四人帮"以后，情况有了很大的好转，但是他们的流毒在某些范围内还不能低估。他认为，在当前的历史转变时期，问题堆积成山，工作百端待举，加强党的建设，端正党的作风，具有决定性的意义。"只有搞好党风，才能转变社会风气，才能坚持四项基本原则。"② 他提出，现在需要全国的干部，首先是高级干部起模范带头作用，把党的艰苦朴素、密切联系群众的传统作风很好地恢复起来，坚持下去。陈云也强调，执政党的党风问题是有关党的生死存亡的问题，党风问题必须抓紧搞，永远搞。

根据十一届三中全会作出的关于健全党规党纪的决定，1979年1月，中纪委召开第一次全体会议，研究制定党的纪律教育和作风建设的具体措施，着手解决端正党风的一些突出问题。同年11月，为了制止部分高级干部生活特殊化的现象，恢复党的艰苦奋斗、密切联系群众的优良作风，中共中央、国务院联合发出《关于高级干部生活待遇的若干规定》。邓小平要求，这个规定一经下达，就要当作法律一样，坚决执行。1980年2月，十一届五中全会通过《关于党内政治生活的若干准则》，要求各级党组织提高认识，切实加强党风建设。这一文件的公布实施，有力地促进了党风状况的好转。

三是加强思想政治工作，统一全党思想认识。

---

① 邓小平：《党和国家领导制度的改革》（1980 年 8 月 18 日），《邓小平文选》第二卷，第 320～343 页。
② 邓小平：《坚持四项基本原则》（1979 年 3 月 30 日），《邓小平文选》第二卷，第 78 页。

加强思想政治工作，是加强和改善党的领导的重要内容；也是统一全党思想认识的重要途径。邓小平把加强思想政治工作与改善党的领导紧密结合起来，认为"改善党的领导，其中最主要的，就是加强思想政治工作"。他要求党的各级领导机关要腾出主要的时间和精力来做思想政治工作，"否则党的领导既不可能改善，也不可能加强"。①

1980 年底，邓小平在中央工作会议上，具体分析了党的思想政治工作的基本状况，认为当前存在的严重问题是，不仅没有积极主动、理直气壮地宣传四项基本原则，而且对一些明目张胆地反对党的领导、反对社会主义的观点，都很少有人挺身而出进行严肃的思想斗争。这种严峻的情况表明，加强思想政治工作，已经摆在全党同志面前。一定要通过行之有效的思想政治工作，加强组织性、纪律性，统一全党的思想认识。

如何加强思想政治工作？邓小平认为，关键是要教育全党发扬大公无私、艰苦奋斗的精神，坚持共产主义理想和道德；要在继续批判和反对封建主义残余影响的同时，批判和反对崇拜资本主义、主张资产阶级自由化的倾向，批判和反对损人利己、唯利是图、"一切向钱看"的腐朽思想，批判和反对无政府主义、极端个人主义。根据邓小平的要求，中共中央、国务院相继发出指示，要求思想理论宣传和新闻出版战线必须统一领导，加强组织纪律性，决不允许发表与党的方针政策相悖的言论。此后，党内思想混乱的状况，在一定程度上得到了扭转；全党的思想认识，逐步得到统一。

四是加强党的组织建设，认真选好接班人。

思想路线和政治路线的实现，要靠组织路线来保证。邓小平指出，组织路线是保证政治路线贯彻落实的，"中国的稳定，四个现代化的实现，要有正确的组织路线来保证"。② 他认为，老同

① 邓小平：《贯彻调整方针，保证安定团结》（1980 年 12 月 25 日），《邓小平文选》第二卷，第 365 页。

② 邓小平：《思想路线政治路线的实现要靠组织路线来保证》（1979 年 7 月 29 日），《邓小平文选》第二卷，第 193 页。

志现在的责任很多，第一位的事情是要认真选好接班人，这是一个战略问题，是关系到我们党和国家长远利益的大问题。

对于选拔干部的标准，邓小平认为主要有两条，一条是拥护三中全会的政治路线和思想路线，一条是讲党性，不搞派性。陈云主张"德才兼备"，并提出了建立第一、二、三梯队，形成一支老中青三结合的干部队伍的设想。正是根据他们的要求，全党逐步明确了新时期干部队伍建设要实现革命化、年轻化、知识化、专业化的"四化"方针。

1979 年 9 月召开的全国组织工作座谈会，着重研究了新时期加强党的组织建设的几个重要问题。包括培养选拔中青年干部，坚持任人唯贤、德才兼备的干部路线，加强党员教育，改革干部制度，健全组织生活等，为新时期党的组织建设指明了方向和任务。此后，党的组织建设，主要围绕以下几个方面进行：继续落实干部政策，平反冤假错案，妥善解决历史遗留问题；按照干部队伍"四化"方针，实现新老干部交替；加强党员队伍建设，改善党的组织状况。

1980 年 8 月，中共中央、国务院作出关于设置顾问的决定；1982 年 2 月，中共中央又作出《关于建立老干部退休制度的决定》。此后，一批老干部主动离退休或退居二线。到 1982 年 6 月，在中央和国务院各部门领导班子中，新选拔的中青年干部占 66%，领导班子平均年龄由 64 岁降到 60 岁。干部年轻化取得初步成效。

五是认真总结历史，实现党的指导思想上的拨乱反正。

随着拨乱反正的全面展开，中共中央开始着手起草《关于建国以来党的若干历史问题的决议》。对此，邓小平非常重视，前后 10 多次提出起草和修改意见，对决议的形成起到了主导作用。

1981 年 6 月十一届六中全会通过的历史决议，不仅全面总结了新中国成立以来 32 年的历史，正确评价了毛泽东的历史地位，科学阐明了毛泽东思想对全党的指导作用；而且简要概括了毛泽东的党建学说，明确提出了"必须把我们党建设成为具有健全的民主集中制的党"的目标，强调执政党的党风问题是关系到党的生死存亡的问题，要求在新的历史条件下必须坚持和改善党的领导，整顿党的组织，纯洁党的队伍。决议的通过，标志着新时期党在指导思想上拨乱反正的任务基本完成。

综上所述，十一届三中全会以来，在拨乱反正全面展开的历史进程中，以邓小平为代表的老一辈革命家，重新恢复党的实事求是思想路线，始终强调坚持党的领导，改善党的领导，加强党的思想建设、作风建设、组织建设和干部队伍建设，并最终实现了党在指导思想上的拨乱反正。

（二）在全面改革开放的历史进程中加强党的建设

1982年9月召开的中共"十二大"，提出了"建设有中国特色的社会主义"这一理论和实践主题，标志着进一步改革开放、全面开创社会主义现代化建设新局面的开始。

"十二大"提出要"把党建设成为领导社会主义现代化事业的坚强核心"，这是新时期党的建设的正确指导方针。根据这一方针，大会明确了当前加强党的建设需要着重解决的几项任务：第一，健全党的民主集中制，使党内政治生活进一步正常化；第二，改革领导机构和干部制度，实现干部队伍的"四化"；第三，加强党在工人、农民、知识分子中间的工作，密切党同人民群众的联系；第四，有计划、有步骤地进行整党，使党风根本好转。

"十二大"以后，随着改革开放的全面推进和中国特色社会主义建设道路的不断开拓，党的建设全面展开，着重围绕以下几个方面进行。

一是开展全面整党。

十一届三中全会以来，经过几年的拨乱反正，党的建设得到逐步加强，组织得到较快恢复，作风得到初步整顿，思想状况也有了一定的改善。但面对全面改革开放和现代化建设的新形势新任务，党的状况仍然存在着许多不相适应的地方。因此"十二大"提出要进行全面整党，巩固拨乱反正的成果，得到全党的拥护。1983年10月，十二届二中全会正式作出关于整党的决定。邓小平在会上发表重要讲话，要求整党绝对不能走过场，一定要通过这次整党，"把我们党建设成为有战斗力的马克思主义政党，成为领导全国人民进行社会主义物质文明和精神文明建设的坚强核心"。①

这次整党的基本任务是统一思想，整顿作风，加强纪律，纯洁组织。从1983年下半年开始，分期分批进行，使"文革"中受到严重破坏的各级党组织得到迅速恢复、巩固和发展。总的来说，经过整党，全党在思想、作风、组织、纪律等方面都有了进步，党内存在的思想、作风和组织严重不纯的状况有了改变；同时积累了一些正确处理党内矛盾和问题的重要经验，为新时期党的建设打下了比较好的基础。

二是加强思想理论建设，反对资产阶级自由化。

"十二大"提出了加强党的思想理论建设的任务。但是"十二大"以后，在发展商品经济和推进改革开放的条件下，思想理论战线暴露出不少新的问题，出现了忽视精神文明建设、忽视思想政治工作的现象。邓小平在十二届二中全会上，明确提出思想战线不能搞精神污染，必须通过加强党对思想战线的领导，克服软弱涣散的状态。陈云在会上也提醒全党，要充分注意对外开放中带来的消极东西，"现在看来，防止消极后果的工作还做得不够"。②

会后，根据邓小平等人的意见，开展了反对精神污染的斗争，但软弱涣散的状态并没有得到根本扭转。为此，邓小平提出要旗帜鲜明地反对资产阶级自由化。他认为，"自由化的思想前几年有，现在也有，不仅社会上有，我们共产党内也有。自由化思潮一发展，我们的事业就会被冲乱"，"什么建设都搞不成了"。③

---

① 邓小平：《党的组织战线和思想战线上的迫切任务》（1983年10月12日），《邓小平文选》第三卷，人民出版社，1993，第39页。

② 陈云：《在党的第十二届二中全会上的发言》（1983年10月12日），《陈云文选》第三卷，人民出版社，1995，第332页。

③ 邓小平：《搞资产阶级自由化就是走资本主义道路》（1985年5、6月），《邓小平文选》第三卷，第124页。

1986 年 9 月，在十二届六中全会上，邓小平再次发表关于反对资产阶级自由化的讲话。这年年底，一些地方出现学生闹事的情况，邓小平认为，这是"几年来反对资产阶级自由化思潮旗帜不鲜明、态度不坚决的结果"。[①]

1989 年政治风波以后，邓小平深刻总结了党的建设方面的经验教训，认为"十年最大的失误是教育，这里我主要是讲思想政治教育"；[②] 在改革开放和打击经济犯罪包括抓思想政治工作方面，出现了"一手比较硬，一手比较软"的情况。他要求新的中央领导集体要"聚精会神地抓党的建设"，认为"这个党该抓了，不抓不行了"。这是对实际斗争的深刻总结，是一个革命家的政治嘱托。

三是注重党政分开，加强党的制度建设。

重视党的制度建设，是邓小平党建思想中最具特色的内容之一。邓小平认识到制度建设的极端重要性，反复强调要扩大民主，恢复民主集中制。他认为过去发生的各种错误，固然与某些领导人的思想、作风有关，但是组织制度、工作制度方面的问题更重要；制度问题更带有根本性、全局性、稳定性和长期性。

"十二大"从加强党的制度建设出发，明确提出了党政分开的问题。此后，随着经济体制改革的逐步发展，政治体制改革的问题日益突出，党政分开势在必行。1986 年 6 月，邓小平指出："党政分开，从十一届三中全会以后就提出了这个问题。我们坚持党的领导，问题是党善于不善于领导。"而党要善于领导，就不能干预太多；干预太多，搞不好倒会削弱党的领导。"我看明年党的十三大可以提出这个问题，把关系理顺"。[③]

"十三大"根据邓小平的意见，首次把制度建设作为党的建

① 邓小平：《旗帜鲜明地反对资产阶级自由化》（1986 年 12 月 30 日），《邓小平文选》第三卷，第 194 页。

② 邓小平：《在接见首都戒严部队军以上干部时的讲话》（1989 年 6 月 9 日），《邓小平文选》第三卷，第 306 页。

③ 邓小平：《在全体人民中树立法制观念》（1986 年 6 月 28 日），《邓小平文选》第三卷，第 163 ~ 164 页。

设的重要组成部分加以阐述，突出强调加强党内民主，并提出了一系列具体措施。第一，从中央做起，健全党的集体领导制度和民主集中制；第二，改革和完善党内选举制度；第三，切实保障党章规定的党员民主权利；第四，疏通党内民主渠道和健全民主生活。"十三大"以后，党的制度建设得到了进一步加强。

四是改革干部管理制度，实现干部队伍的"四化"。

党的建设中的重要环节是干部队伍建设，干部队伍的素质对党的路线方针政策的贯彻执行，具有决定的意义。"十二大"以后，根据邓小平一再强调的"四化"标准，自上而下地对各级领导班子进行了大规模的调整，取得了两个重要突破：一是约90万名老干部退居二、三线；二是8万多名德才兼备的中青年干部走上了县以上各级领导岗位。干部队伍"四化"建设的新局面已经打开。

在对领导班子进行大规模调整的同时，干部制度的改革也全面推开。1983年7月召开的全国组织工作座谈会，突出强调以改革的精神加强和改善党的领导，推动干部制度改革，提高干部队伍素质。此后，围绕这个主题，主要做了以下几个方面的工作：第一，建立岗位责任制；第二，逐步建立健全干部培训制度；第三，适当下放干部管理权限；第四，加强第三梯队建设。

"十三大"以后，在总结经验的基础上，就如何进一步推进干部队伍的"四化"，提出了一系列重要的原则和方法。为了推进干部人事制度的改革，真正建立起有利于提拔年轻干部的制度，邓小平进一步强调要废除实际上存在的干部领导职务终身制，并率先垂范，主动离开领导岗位，实现了党的两代中央领导集体的顺利交接。

五是整顿党的作风，惩治腐败。

"十二大"以后，进一步改革开放和搞活经济的新环境、新条件，使党的作风问题更加突出。干部特殊化、脱离群众等问题长期得不到根本好转，以权谋私、铺张浪费等新的不正之风又层出不穷，不仅带坏了社会风气，而且严重影响到党同人民群众的关系。对此，邓小平直言不讳地指出：当前在经济改革中出现了一些歪门邪道，比如一切向钱看、以权谋私、化公为私，对于这些，群众很不满意。"我们要提醒人们，尤其是共产党员们，不能这样做。不是在整党吗？应该首先把这些不正之风整一整。"①

1986年1月，中央书记处成立中央机关端正党风领导小组，得到邓小平的肯定。他说："书记处抓整顿风气抓得好，建议狠抓两年，抓出成效。"②同年6月，他总结半年来端正党风工作的情况，认为是有成绩的，但是不要估计太高，现在还刚刚开始；强调开放、搞活政策延续多久，端正党风的工作就得干多久，这是一项长期的工作，要贯穿在整个改革过程中，只有这样才能保证我们开放、搞活政策的正确执行。③

"十三大"把党风建设作为党的建设的一个重要课题，认为在改革开放的进程中，开展党内反腐败的斗争不可避免。大会提出了在新的历史条件下从严治党、抓好党风建设的要求，认为从严治党，仅仅靠教育不能解决问题，必须严肃党的纪律，坚决清除那些败坏党和人民事业的腐败分子。

1989年政治风波之后，邓小平总结了整顿党风、反对腐败的经验教训，明确提出要一手抓改革开放，一手抓惩治腐败，把这两件事结合起来，对照起来，这样才能使我们的政策更加明朗，更能获得人心。1992年，他在视察南方的谈话中，又进一步提出在整个改革开放过程中都要反对腐败，要把廉政建设作为大事来抓。

综上所述，"十二大"以来，以邓小平为核心的第二代中央领导集体，在领导改革开放和现代化建设的历史进程中，实现了马克思主义与中国具体实际相结合的第二次历史性飞跃，创立了

---

① 邓小平：《一靠理想二靠纪律才能团结起来》（1985年3月7日），《邓小平文选》第三卷，第112页。

② 邓小平：《在中央政治局常委会上的讲话》（1986年1月17日），《邓小平文选》第三卷，第153页。

③ 邓小平：《在全体人民中树立法制观念》（1986年6月28日），《邓小平文选》第三卷，第164页。

邓小平建设有中国特色社会主义理论，并以这一马克思主义中国化的最新理论成果武装全党，通过不断加强思想理论建设、反对资产阶级自由化，加强党的制度建设、实行党政分开，改革干部管理制度、实现干部队伍的"四化"、整顿党的作风、惩治腐败等方面的工作，逐步开创了党的建设新的伟大工程。

三 以江泽民为核心的第三代中央领导集体的探索

党的十三届四中全会以来，以江泽民同志为核心的党的第三代中央领导集体，在国际国内环境发生重大变化的情况下，高举邓小平理论伟大旗帜，坚持改革开放、与时俱进，创立了"三个代表"重要思想，全面推进党的建设新的伟大工程，成功地把中国特色社会主义事业推向21世纪。

20世纪80年代末90年代初，国内发生政治风波，国际出现苏东剧变，一些西方国家从政治上经济上对我国施压。以江泽民同志为核心的第三代中央领导集体，受命于危难之际，牢记邓小平的政治嘱托，聚精会神抓党的建设。根据当时的形势，江泽民同志先后在全国组织部长会议、十三届五中全会和党建理论研究班上发表重要讲话，要求按照党的基本路线的要求，全面加强党的思想、政治、组织和作风建设。到"十四大"之前，主要抓了以下几个方面的工作：

第一，着重抓好清查、清理工作，保证党的队伍的纯洁性。第二，先后作出了《关于近期做几件群众关心的事的决定》和《关于加强党同人民群众联系的决定》，从群众反映最强烈的问题入手，坚决开展反腐败斗争，密切党同人民群众的联系。第三，针对暴露出来的严重问题，进一步加强和改善党的领导，发挥各级党组织的政治核心作用。第四，把清查、清理工作同干部考察工作结合起来，按照干部队伍"四化"的方针和德才兼备的原则，加强各级领导班子建设。第五，把思想政治建设放在党的建设的突出位置。与此同时，党中央还发出《关于加强宣传、思想工作的通知》，要求加强领导，澄清和纠正错误的思想政治观点。经过一段时期的努力，党组织和党员队伍中存在的思想混乱、组织涣散、作风不正和纪律松弛等突出问题得到初步解决，"一手硬、一手软"的状况得到明显扭转。

党的"十四大"提出建立社会主义市场经济体制的新目标，开始了"从高度集中的计划经济体制到充满活力的社会主义市场经济体制"的进一步转变，党的建设也遇到了前所未有的新问题、新挑战。江泽民同志鲜明提出，要研究在发展社会主义市场经济的历史条件下，怎样更好地坚持和改善党的领导的问题，指出："现在历史条件变了，社会环境变了，党肩负的任务变了，因此党的建设和党的领导方式、方法，也必须相应地加以改变或改进。"① 这次大会确立了邓小平建设有中国特色社会主义理论在全党的指导地位，明确提出要加强党的建设，改善党的领导，并对党的思想理论、干部队伍、基层组织、作风建设及开展反腐败斗争等方面作出了全面部署。

"十四大"以后，我国改革开放和社会主义现代化建设进入新的发展阶段。随着实践的不断发展，江泽民同志越来越深切地感受到，在改革开放和发展社会主义市场经济的新的历史条件下，加强和改善党的领导是一项系统而复杂的工程，其艰巨程度堪比当年毛泽东为教育、改造广大农民和小资产阶级出身的党员所实施的党的建设"伟大工程"，并由此提出了党的建设"新的伟大工程"的概念，认为这一"新的伟大工程"是由邓小平同志开创的，要求全党在新的历史条件下把它进一步向前推进。

"十四大"以来，党的建设主要围绕以下几个方面展开。

一是坚持用邓小平理论武装全党，不断加强党的思想理论建设。

"十四大"提出用邓小平建设有中国特色社会主义理论武装全党的战略任务，"十五大"进一步提出兴起学习邓小平理论新高潮。1993 年出版了《邓小平文选》第三卷，1994 年再版了《邓小平文选》第一卷、第二卷。在学习《邓小平文选》第三卷报告会上，江泽民同志提出要把加强党的思想理论建设放在首

---

① 江泽民：《论党的建设》，中央文献出版社，2001，第 158 页。

位，大力弘扬马克思主义学风，坚持不懈地用邓小平理论武装全党。此后，他反复强调领导干部要加强学习，不但要把理论学习好，而且要学习政治、现代经济、现代科技、法律、文化、历史等方面的知识，不断提高自己的知识水平和领导能力。

二是始终抓住领导班子建设这个关键，大力加强干部队伍建设。

培养和选拔德才兼备的领导干部是关系全局的重大问题。江泽民同志明确指出，要全面提高领导干部的素质，把各级领导班子建设成为坚决贯彻党的基本理论和基本路线、全心全意为人民服务、具有领导现代化建设能力、团结坚强的领导集体。他要求抓紧培养和选拔年轻干部，加快干部人事制度改革的步伐，积极推动对干部选拔、考核、任用、交流、监督等制度的改革。2000年6月，颁布了《深化干部人事制度改革纲要》；2002年7月，颁布了《党政领导干部选拔任用工作条例》。经过多年的努力，各级领导班子的年龄、知识、专业结构有了明显改善，大批优秀年轻干部走上领导岗位，干部队伍素质和领导班子战斗力都有了新的提高。

三是加强制度建设，形成适应新的历史时期所要求的新机制、新规范。

江泽民同志指出，实现党和国家的长治久安，必须依靠制度的保障。他根据邓小平同志关于制度建设更带有根本性的思想，领导加强民主集中制的各项具体制度建设，健全党内政治生活和民主生活的基本规章，探索和完善党内选举制度。中共中央先后颁布了党的基层组织和地方组织选举工作暂行条例、《中国共产党地方委员会工作条例》（试行）等，为建立健全各级党组织的工作规范，制订领导干部的基本行为准则，依靠科学的制度治党，积累了宝贵的经验。

四是加强党的基层组织建设，不断增强党的阶级基础和扩大党的群众基础。

党的基层组织是党的全部工作和战斗力的基础，改革的推进、经济的发展和社会的稳定，需要下大工夫把党的基层组织建设好。根据形势的发展和需要，江泽民同志提出要以农村和企业党的建设为重点，加强和改进党的基层组织建设。从 1995 年开始，用三年时间对处于软弱涣散和瘫痪状态的农村基层组织进行集中整顿工作，加强国有企业中党组织的政治核心作用，加强和改进高校、街道、机关、科研院所等其他基层党组织建设，研究解决加强非公有制经济组织中的党建工作，扩大基层党组织的覆盖面，开拓党的基层工作的新领域，发展壮大党员队伍，不断增强党的阶级基础，扩大党的群众基础，提高了基层党组织的凝聚力和战斗力。

五是加强和改进党的作风建设，深入开展反腐败斗争。

党的作风关系党的形象，关系人心向背，关系党的生命。十五届六中全会作出《关于加强和改进党的作风建设的决定》，提出"八个坚持、八个反对"和一靠教育、二靠制度的要求，努力纠正党的作风方面存在的突出问题，对防止和克服形式主义、官僚主义产生了积极推动作用。江泽民同志明确指出，必须坚持一手抓推进改革开放、一手抓惩治腐败，从群众反映强烈的问题入手，深入进行反腐败斗争。1993 年，他在中纪委二次会议上系统阐述了反腐败和党风廉政建设问题，提出领导干部带头廉洁自律、查处大案要案、纠正部门和行业不正之风三项工作任务；进一步明确了反腐败斗争的指导思想、基本原则、工作格局和领导体制，制定了一系列加强党风廉政建设的法规和制度，不断加大反腐败斗争力度，严肃查处违法违纪案件。经过全党上下的共同努力，通过加强教育、强化监督、健全制度、深化改革四管齐下，党风廉政建设和反腐败斗争取得了明显成效。

六是深入开展"三讲"教育活动，提高领导干部素质。

江泽民同志明确指出，党员领导干部一定要"讲学习、讲政治、讲正气"，要坚持正确的政治方向、政治立场、政治观点，严守党的纪律。他强调领导干部要自重、自省、自警、自励。从 1998 年开始，在全国县级以上党政领导班子、领导干部中开展了以"三讲"为主要内容的党性党风教育。其间，还领导开展了反对"法轮功"的斗争，颁布了《中共中央关于加强和改进思想政

治工作的若干意见》等。通过深入的学习教育活动，全党同志受
到系统的马克思主义理论教育和优良传统作风教育，为探索一条
加强思想政治工作、提高干部素质的新路子迈出了重要步伐。

七是坚持党的指导思想上的与时俱进，提出了"三个代表"
重要思想。

从20世纪90年代开始，特别是进入世纪之交，国内外形势
发生了重大而深刻的变化，出现了许多新情况新问题，我们党如
何始终保持工人阶级先锋队的性质，如何始终维护和加强党的坚
强团结和高度统一，这是在新的历史条件下加强党的建设的重大
理论问题，也是重大现实问题。江泽民同志对此进行了深入思
考，并在深入总结"三讲"教育实践经验的基础上，明确提出了
"三个代表"重要思想。

"三个代表"重要思想在邓小平理论的基础上，进一步回答
了什么是社会主义、怎样建设社会主义的问题，创造性地回答了
建设什么样的党、怎样建设党的问题，提出一系列关于党的建设
的重要思想，包括关于中国共产党是中国工人阶级的先锋队，同
时是中国人民和中华民族的先锋队的思想；关于坚持立党为公、
执政为民的思想；关于坚持把加强党的思想理论建设放在首位、
不断推进马克思主义中国化的思想；关于加强党的执政能力建
设，改革和完善党的领导方式和执政方式的思想；关于坚持民主
集中制，以党内民主带动人民民主的思想；关于大力培养忠诚于
马克思主义，坚持走中国特色社会主义道路，会治党治国的政治
家的思想；关于领导干部一定要讲学习、讲政治、讲正气的思
想，关于始终保持党同人民群众的血肉联系，不断增强党的阶级
基础和扩大党的群众基础的思想；关于治国必先治党、治党务必
从严的思想；关于反对腐败是关系党和国家生死存亡的严重政治
斗争的思想，等等。江泽民同志强调，在新的历史条件下加强党
的建设，重点是要把握好党的历史方位，以改革的精神加强和改
进党的建设，切实解决好提高党的领导水平和执政水平、提高拒
腐防变和抵御风险能力这两大历史性课题。

党的"十六大"正式把"三个代表"重要思想确立为党必须

长期坚持的指导思想。江泽民同志在大会上指出，始终做到"三个代表"，是我们党的立党之本、执政之基、力量之源，贯彻"三个代表"重要思想，关键在坚持与时俱进，核心在坚持党的先进性，本质在坚持执政为民。这就指明了党在新世纪继续团结奋斗的方向和现实途径。

综上所述，党的十三届四中全会以来，以江泽民同志为核心的第三代中央领导集体，在国际国内环境发生重大变化的情况下，围绕着"建设什么样的党、怎样建设党"这一重大现实问题，聚精会神抓党的建设，在不断推进党的建设新的伟大工程的同时，有力地推动了改革开放和社会主义现代化建设伟大事业的发展。

四 以胡锦涛为总书记的党中央的探索

党的"十六大"以来，以胡锦涛同志为总书记的党中央坚持以邓小平理论、"三个代表"重要思想为指导，求真务实、开拓创新，提出了科学发展观等重大战略思想，在全面建设小康社会的历史进程中进一步推进党的建设新的伟大工程。

进入全面建设小康社会的新世纪新阶段以后，党中央根据新形势新任务的要求和党的自身状况，牢牢把握党的执政能力建设和先进性建设这条主线，坚持党要管党、从严治党，贯彻为民、务实、清廉的要求，以坚定理想信念为重点加强思想理论建设，以造就高素质党员、干部队伍和人才队伍为重点加强组织建设，以保持党同人民群众的血肉联系为重点加强作风建设，以健全民主集中制、改革和完善党的领导体制和工作机制为重点加强制度建设，以完善惩治和预防腐败体系为重点加强反腐倡廉建设，努力把党建设成为立党为公、执政为民，求真务实、改革创新，艰苦奋斗、清正廉洁，富有活力、团结和谐的马克思主义执政党。

具体来说，着重抓了以下几个方面的工作。

一是积极推进理论创新和理论武装工作，不断提高全党思想理论水平。

"十六大"以来，以胡锦涛同志为总书记的党中央紧密结合新世纪新阶段国际国内形势的发展变化，坚持解放思想、实事求是、与时俱进、开拓创新，提出了以人为本的科学发展观，完善社会主义市场经济体制，构建社会主义和谐社会，建设社会主义新农村，建设创新型国家、学习型政党，树立社会主义荣辱观，建设社会主义核心价值体系，加强党的执政能力建设和先进性建设，推进马克思主义中国化、时代化、大众化等一系列重大战略思想。党的"十七大"进一步提出高举中国特色社会主义伟大旗帜，以邓小平理论和"三个代表"重要思想为指导，深入贯彻落实科学发展观，并把科学发展观写入党章，在新的历史条件下把马克思主义的中国化不断推向前进。

党的理论创新每推进一步，理论武装就要跟进一步。"十六大"之后，在全党兴起了学习贯彻"三个代表"重要思想新高潮，编辑出版并组织全党认真学习《江泽民文选》一至三卷。胡锦涛同志在《江泽民文选》报告会上明确指出，加强思想理论建设，用马克思主义武装全党，是我们党永葆先进性的根本保证；要弘扬理论联系实际的马克思主义学风，努力做到学以致用、用以促学、学用相长。为了加强理论武装，着力推进马克思主义中国化最新成果进教材、进课堂、进头脑；提出并实施马克思主义理论研究和建设工程；中央政治局还带头坚持集体学习，胡锦涛同志亲自主持并作重要讲话，以身作则，推动建立学习型政党和学习型社会。"十七大"以后，在全党开展了深入学习实践科学发展观活动。十七届四中全会进一步提出了提高全党思想政治水平的重要任务，突出强调必须按照科学理论武装、具有世界眼光、善于把握规律、富有创新精神的要求，把建设马克思主义学习型政党作为重大而紧迫的战略任务抓紧抓好，以此为抓手带动党的思想理论建设。通过坚持不懈地推进理论创新和理论武装工作，进一步提高了广大党员干部的思想理论水平，增强了贯彻落实科学发展观的自觉性和坚定性，巩固了中国特色社会主义理论体系在全党全国的指导地位，为全面建设小康社会、发展中国特色社会主义提供了强大的精神动力和重要的思想保障。

二是坚持以加强党的执政能力建设为重点，全面推进党的各项建设。

实践表明，党的执政能力如何，越来越成为巩固党的执政地位，开创中国特色社会主义事业新局面的关键因素。胡锦涛同志在十六届一中全会上指出，我们党是执政党，党的各方面建设，最终都应该体现到提高党的执政能力上来，体现到巩固党的执政地位上来。我们必须以提高党的执政能力为重点，持之以恒地加强和改进党的思想、组织、作风和制度建设，持之以恒地加强和改善党的领导。在执政条件和社会环境发生深刻变化的新形势下，面对承担的繁重任务和严峻挑战，迫切需要进一步加强党的执政能力建设，提高党的领导水平和执政水平，这是"我们要集中力量认真解决的一个重大课题"。

2004年召开的十六届四中全会，专门研究了党的执政能力建设问题，作出《关于加强党的执政能力建设的决定》，明确了加强党的执政能力建设的指导思想、目标任务和各项部署。会议提出要不断提高驾驭社会主义市场经济、发展社会主义民主政治、建设社会主义先进文化、构建社会主义和谐社会、应对国际局势和处理国际事务"五个方面的能力"。胡锦涛同志在会上指出，"提高党的执政能力，首先要提高党领导发展的能力"，"树立和落实科学发展观的过程，就是根据党和人民事业发展的新要求、大力提高党领导发展能力的过程"，① 各级党委和领导干部要不断提高贯彻科学发展观的能力、务实开拓创新的能力等。他强调要结合新的实际运用党执政的成功经验，不断认识和把握共产党执政规律、社会主义建设规律、人类社会发展规律，坚持科学执政、民主执政、依法执政。2005年初，胡锦涛同志在省部级主要领导干部提高构建社会主义和谐社会能力专题研讨班上，又提出要不断提高激发社会创造活力、管理社会事务、协调利益关系、处理人民内部矛盾、开展群众工作、维护社会稳定"六种本领"。十七届四中全会进一步提出了坚持和完善党的领导制度、提高党

---

① 胡锦涛：《做好当前党和国家的各项工作》（2004年9月19日），《"十六大"以来重要文献选编》（中），中央文献出版社，2006，第308页。

的领导水平的新要求新举措，强调坚持党总揽全局、协调各方的领导核心作用，改革和完善党的领导方式和执政方式，建设高素质的干部队伍。根据中央的要求，各级领导干部通过加强理论武装、学习培训和实践锻炼，全面提高与完成肩负的使命所需要，与深化改革开放、推动科学发展、促进社会和谐的要求相适应的水平和能力，不断提高执政本领。

三是加强党的先进性建设，充分发挥党的领导核心作用和战斗堡垒作用。

党的先进性是马克思主义政党的生命所系、力量所在。党之所以能够成为带领人民团结奋斗，不断开创中国特色社会主义事业新局面，归根到底是因为我们党能够不断提高党的执政能力、保持和发展党的先进性。根据新形势新任务的要求，从2005年开始，在全党开展了历时一年半以实践"三个代表"重要思想为主要内容的保持共产党员先进性教育活动。胡锦涛同志发表了重要讲话，深刻阐述了开展先进性教育活动的重要性和必要性，提出了新时期共产党员保持先进性的六条基本要求。这次活动是我们党参加人数最多、规模最大的一次马克思主义集中教育活动，进一步提高了广大党员干部思想素质，对在新的历史条件下加强党的先进性建设产生了积极推动作用。十七届四中全会要求全党必须牢记，党的先进性和党的执政地位都不是一劳永逸、一成不变的，过去先进不等于现在先进，现在先进不等于永远先进；过去拥有不等于现在拥有，现在拥有不等于永远拥有。世情、国情、党情的深刻变化对党的建设提出了新的要求，全党必须居安思危，增强忧患意识，勇于变革、勇于创新，永不僵化、永不停滞，继续推进党的建设新的伟大工程，确保党在世界深刻变化的历史进程中始终走在时代前列。

四是坚持和健全民主集中制，积极推进党内民主建设。

党内民主是党的生命，集中统一是党的力量保证。对一个马克思主义政党来说，党内民主建设的进程和质量，不仅直接影响和决定整个党的建设的进程和质量，而且事关党和人民事业的兴衰成败。胡锦涛同志反复强调，要大力推进党内民主建设，着力增强党的团结统一。"十六大"以来，我们党在这方面所做的工作主要包括：颁布《党员权利保障条例》《党内监督条例（试行）》，充分尊重党员主体地位，保证党员民主权利，营造党内民主讨论环境；加大制度建设和创新力度，加快完善民主集中制的具体制度，切实把民主集中制落实到党的领导制度、组织制度、选举制度、工作制度、监督制度等方面；继续改进党代会制度，健全各级党委工作机制，建立中央政治局向中央委员会全体会议、地方各级党委常委会向委员会全体会议定期报告工作并接受监督制度，推进党内选举制度改革，逐步推进党务分开；健全纪检监察派驻机构统一管理制度，并从中央到地方陆续建立巡视制度，等等。十七届四中全会进一步提出了坚持和健全民主集中制、积极发展党内民主的重要任务，并从坚持和完善党的领导、保障党员主体地位和民主权利、完善党代表大会制度和党内选举制度、完善党内民主决策机制、维护党的集中统一五个方面提出了明确要求，对党的建设的科学化、规范化和制度化水平不断提高，必将起到进一步的推动作用。

五是始终抓住建设高素质干部队伍这个重要环节，大力加强干部队伍和人才队伍建设。

面对我们党在新世纪新阶段肩负的历史重任，胡锦涛同志提出，要把提高领导水平和执政能力作为领导班子建设的核心内容，全面提高干部队伍素质，优化领导班子结构，要把培养选拔优秀年轻干部作为战略性任务来抓。他反复强调，要坚持正确的用人导向，扩大干部工作民主，完善选人用人机制，不断推进和深化干部人事制度改革。按照科学发展观和正确的政绩观的要求考核、评价和使用干部，注重在基层和生产一线锻炼和选拔干部。

"十六大"以来，在干部队伍建设方面，中央先后颁布了《深化干部人事制度改革纲要》《公务员法》《干部任用条例》和一系列法规性文件，积极推进地方领导班子配备改革，干部人事制度改革和组织制度创新不断深入。党中央召开了建党和新中国成立后的第一次人才工作会议，提出人才强国战略和党管人才原则，下发《关于加强人才工作的决定》，颁布和实施《干部教育培训工作条例（试行）》及相关干部教育培训规划，建立中国浦东、井冈山、延安干部学院和大连高级经理学院。这些方针政策和措施的贯彻落实，有力地推动了领导班子和干部队伍建设，干部教育培训取得重要进展，人才工作得到进一步加强。

十七届四中全会进一步提出了深化干部人事制度改革、建设善于推动科学发展和促进社会和谐的高素质干部队伍的重要任务，从坚持德才兼备、以德为先用人标准，完善干部选拔任用机制，提高领导班子和领导干部推动科学发展促进社会和谐能力，培养造就大批年轻干部，健全干部管理机制五个方面提出了明确要求。这是深化干部人事制度改革的重大举措。

六是大力推进党的基层组织建设，不断提高基层党组织的创造力、凝聚力和战斗力。

党的基层组织是党执政的组织基础，抓基层、打基础的工作始终不能放松。胡锦涛同志指出，要适应形势发展的需要，积极推进基层党组织设置创新、领导班子建设创新、工作机制创新和党员教育管理创新，充分发挥基层党组织的战斗堡垒作用和党员的先锋模范作用。"十六大"以来，党中央先后下发了加强农村、街道社区、中央企业、高校和非公有制企业党建工作意见，认真研究解决加强社区、新经济组织和新社会组织等领域的党建工作，扩大了基础党组织的覆盖面，增强了基层党组织的凝聚力、战斗力；印发了关于加强党员经常性教育的意见等文件，加强党员队伍建设，改进党员教育管理，积极探索建立健全新形势下党员长期受教育、永葆先进性的长效机制；拨专款加强农村党员现代远程教育工作和基层党组织阵地建设，选派大学生到农村任职，等等。通过这些强有力的措施，使党的基层组织建设和党员队伍建设不断得到改进和加强。十七届四中全会进一步提出了做好抓基层打基础工作、夯实党执政的组织基础的重要任务，从扩大基础党组织覆盖面、推进基层党组织工作创新、增强党员队伍生机活力、建设高素质基层党组织带头人队伍、构建城乡统筹的基层党建新格局五个方面提出了明确要求。这是对"十六大"以来党的基层组织建设实践经验的新总结。

七是弘扬党的优良作风，深入开展反腐败斗争。

执政党的党风，关系党的形象，关系党和人民事业的成败。胡锦涛同志反复强调，全党特别是领导干部要牢记"两个务必"，大力发扬艰苦奋斗的优良作风，做到权为民所用，情为民所系，利为民所谋。他要求全党同志牢固树立"八荣八耻"的社会主义荣辱观，大力倡导勤奋学习、学以致用等八个方面的良好风气，全面加强新形势下的领导干部作风建设。"十六大"以来，各级党委按照中央的要求和部署，坚持以人为本，更加关注民生，大力推进以保持党和人民群众血肉联系为重点的作风建设，切实解决人民最关心、最直接、最现实的利益问题，密切了党群干群关系。十七届四中全会进一步提出了弘扬党的优良作风、保持党同人民群众的血肉联系的重要任务，着重从大兴密切联系群众之风、大兴求真务实之风、大兴艰苦奋斗之风、大兴批评和自我批评之风、以坚强党性保证党的作风建设五个方面提出了明确要求，深化了"十六大"以来的理论和实践。

与党的作风建设紧密联系的是党风廉政建设。弘扬党的优良作风，坚决反对腐败，是党必须始终抓好的重大政治任务。坚决惩治和有效预防腐败，关系人心向背和党的生死存亡。在新世纪新阶段，党中央更加重视反腐败工作。2005年，在中纪委五次会议上，胡锦涛同志提出要坚持标本兼治、综合治理、惩防并举、注重预防的方针，加大预防腐败的工作力度，要采取切实有效措施，从源头上预防和解决腐败问题。中央颁布实施《建立健全教育、制度、监督并重的惩治和预防腐败体系实施纲要》。党的"十七大"第一次把反腐倡廉建设与党的思想建设、组织建设、作风建设和制度建设一起，确定为党的建设的基本任务，强调在坚决惩治腐败的同时，更加注重治本，更加注重预防，更加注重制度建设，拓展从源头上防治腐败工作领域，全面扎实推进惩治和预防腐败体系建设，使党风廉政建设和反腐败斗争取得明显成效。十七届四中全会进一步提出了加快推进惩治和预防腐败体系建设、深入开展反腐败斗争的重要任务，从加强廉洁从政教育和领导干部廉洁自律、加大查办违纪违法案件工作力度、健全权力运行制约和监督机制、推进反腐倡廉制度创新四个方面提出了明确要求。这是对"十七大"关于深入开展反腐败斗争精神的贯彻和落实。

综上所述，党的"十六大"以来，以胡锦涛同志为总书记的党中央在世情、国情和党情发生深刻变化的情况下，紧紧围绕加强党的执政能力建设和先进性建设这条主线，按照思想建设、组织建设、作风建设、制度建设和反腐倡廉建设"五位一体"的总体布局，全面推进党的建设新的伟大工程，取得了明显成效，有力地推动和保证了全面建设小康社会的顺利进行。

五　新中国成立以来党的建设的基本经验

新中国成立 60 年来，我们党在长期执政的具体实践中，围绕"建设什么样的党、怎样建设党"这个重大问题，不断总结和运用自身建设正反两方面经验，借鉴世界上一些执政党兴衰成败的经验教训，探索形成了我们党作为马克思主义执政党加强自身建设的基本经验。十七届四中全会把它们集中概括为"六个坚持"，这是我们党执政兴国 60 年来积累的宝贵精神财富。

第一，关于坚持把思想理论建设放在首位，提高全党马克思主义理论水平。

这条经验，反映了加强思想理论建设对执政党建设的极端重要性。思想理论建设是党的根本建设，党的理论创新引领各方面创新。长期以来，我们党始终注意从思想上建党，高度重视党的理论创新。在全国执政以后，坚持把马克思主义基本原理与中国实际相结合，不断推进马克思主义中国化的历史进程，丰富和发展了毛泽东思想，形成了包括邓小平理论、"三个代表"重要思想和科学发展观等重大战略思想在内的中国特色社会主义理论体系。

党在理论创新过程中，始终注意用发展着的马克思主义武装全党，把理论创新和理论武装工作紧密结合起来，坚持把思想理论建设放在首位，着眼于提高全党马克思主义理论水平，开展集中和经常性的学习教育活动，并形成制度。新中国成立后，毛泽东高度重视党的思想建设，倡导建立马克思主义理论队伍，加强党的理论学习和宣传。改革开放以后，邓小平要求全党必须针对新的实际，学习掌握马克思主义理论。江泽民同志向全党提出了理论创新的任务，要求坚持不懈地用邓小平理论武装全党，积极推进理论创新，开展"三讲"教育，倡导建设学习型政党。"十六大"以来，以胡锦涛同志为总书记的党中央，兴起学习贯彻"三个代表"重要思想新高潮，深入学习实践科学发展观，建设社会主义核心价值体系，实施马克思主义理论研究和建设工程，大力加强干部培训工作，对建设学习型政党作出了全面的部署。60年来，我们党正是通过不断推进理论创新，加强理论武装，提高了全党的马克思主义水平，推动了党的事业不断向前发展。

第二，关于坚持把推进党的建设伟大工程同推进党领导的伟大事业紧密结合起来，保证党始终成为社会主义事业的坚强领导核心。

这条经验，反映了党的建设必须服从服务于党的历史任务这一根本指导原则。围绕党的中心任务抓党建，是我们党的一贯做法。新中国成立后，毛泽东同志继续高度重视党的建设，明确提出"领导我们事业的核心力量是中国共产党"，强调没有这样一个核心，社会主义就不能胜利。邓小平同志领导改革开放和现代化建设事业，是从拨乱反正、端正党的思想路线入手的。他总结历史的经验教训，强调党要管党，要聚精会神抓党的建设。在他的指导下，"十二大"明确提出要"把党建设成为领导社会主义现代化事业的坚强核心"。江泽民同志把党的建设放在发展中国特色社会主义战略全局的高度，提出实施党的建设新的伟大工程。"十五大"进一步提出了面向21世纪党的建设新的伟大工程的完整构想，明确了把党建设成为"领导全国人民建设有中国特色社会主义的马克思主义政党"的总目标。"十六大"以来，胡锦涛同志明确提出党要"始终成为中国特色社会主义事业的坚强领导核心"。根据这一指导思想，党中央狠抓党的建设不放松，从完成执政兴国历史使命的高度，加强党的执政能力建设和先进性建设，使党的工作和党的建设更加符合科学发展观的要求，为中国特色社会主义事业蓬勃发展提供了坚强保证。十七届四中全会把推进"伟大工程"和推进"伟大事业"紧密结合作为党的建设的基本经验之一，这是在对党的建设历史深刻总结和党的建设规律深刻把握基础上得出的重要结论。

第三，关于坚持以执政能力建设和先进性建设为主线，保证党始终走在时代前列。

这条经验，反映了执政能力建设和先进性建设在党的建设新的伟大工程中的引领和主导作用。新中国成立以后，我们党成为执政党，严重的经济建设任务摆在我们面前，过去熟悉的东西有些快要闲置起来了，过去不熟悉的东西正在强迫我们去做。为此，毛泽东要求全党加强学习、提高本领，领导干部要成为精通政治和业务两方面工作的专家。改革开放以后，邓小平反复强调，实现四个现代化是一场深刻的伟大革命，领导干部一定要善于学习，钻研现代化经济建设，不断提高党的战斗力和领导水平。面对执政条件和社会环境的深刻变化，江泽民同志指出，党的建设的核心是坚持党的先进性，全党要强化执政意识，提高执政本领，加强执政能力建设。"十六大"以来，以胡锦涛同志为总书记的党中央作出加强党的执政能力建设的决定，开展保持共产党员先进性教育活动。"十七大"明确提出党的建设"一条主线、五个重点"的总体布局，即以执政能力建设和先进性建设为主线，全面加强党的思想、组织、作风、制度和反腐倡廉建设。十七届四中全会把它作为一条基本经验提出来，抓住了党的建设的根本，使党的建设从理论到实践都达到了新的高度。

第四，关于坚持立党为公、执政为民，保持党同人民群众的血肉联系。

这条经验，反映了立党为公、执政为民是我们党必须始终践行的根本政治要求。我们党有许多优势，根本的一条是同人民群众保持血肉联系。毛泽东同志意识到，党执政后容易出现脱离群众的问题，因此及时提出"两个务必"，经常提醒全党要注意与官僚主义等脱离群众的现象作斗争。邓小平同志强调，在党的优良传统作风中，实事求是和群众路线最重要，坚持把人民拥护不拥护、赞成不赞成、高兴不高兴、答应不答应，作为党制定各项政策的出发点和归宿。江泽民同志根据形势的新变化，针对党内的突出问题，提出要以立党为公、执政为民为根本目的，发扬党的优良传统和作风。他指出，我们党的最大政治优势是密切联系群众，党执政后的最大危险是脱离群众；推进党的作风建设，核心是保持党同人民群众的血肉联系。"十六大"以来，在推动科学发展、促进社会和谐的过程中，胡锦涛同志要求各级领导干部始终牢记"两个务必"，坚持以人为本，树立正确的政绩观，做到权为民所用、情为民所系、利为民所谋，更加关注民生，切实解决人民群众最关心、最直接、最现实的利益问题，进一步密切了党群关系。

第五，关于坚持改革创新，增强党的生机活力。

这条经验，反映了我们党勇于变革、勇于创新，永不僵化、永不停滞的治党治国之道。以改革创新精神不断加强自身建设，是我们党永葆生机和活力的源泉。毛泽东同志始终强调要根据形势和任务的变化，不断加强和改进党的建设。邓小平同志要求在改革开放进程中，注意研究新情况，解决新问题，改革党和国家领导制度，加强和改善党的领导。江泽民同志提出要不断根据实践的要求进行创新，以改革的精神推进党的建设。胡锦涛同志强调，我们党是马克思主义政党，党的性质、宗旨和历史使命决定了党既要敢于和善于在自己所领导的伟大事业中不断改革创新，又要敢于和善于在自身建设中不断改革创新。60多年来，我们党正是以这种改革创新精神，不断推进自身建设，提高创造力、凝聚力和战斗力，始终走在时代前列。

第六，关于坚持党要管党、从严治党，提高管党治党水平。

这条经验，反映了我们党管党治党的根本方针。党要管党、从严治党，这是我们党的优良传统，也是我们党的一贯方针。新中国成立之后不久，毛泽东同志就在全党范围内领导开展了大规模的整风运动，克服骄傲自满情绪，使党的各级领导干部受到了一次深刻的思想教育。紧接着又在此基础上领导开展了整党运动，并把整党与"三反"运动结合起来，加强了党的基层组织建设，提高了党员素质，纯洁了党风和社会风气。进入改革开放历史新时期以后，我们党首先从端正党的指导思想、恢复实事求是思想路线入手，不断加强党的领导，改善党的领导。从 1983 年开始，用三年半的时间，对党的作风和组织进行了全面整顿；从 1998 年开始，在全国县级以上党政领导班子、领导干部中开展了以"三讲"为主要内容的党性党风教育；从 2005 年开始，在全党开展了以实践"三个代表"重要思想为主要内容的保持共产党员先进性教育活动；从 2008 年开始，又在全党开展了深入学习实践科学发展观活动。这些从严管党、从严治党的举措，对于坚持党的领导、加强党的建设起到了十分重要的作用。历史经验反复证明，只有坚定不移地贯彻好党要管党、从严治党的方针，才能保持党的先进性和纯洁性，增强党的凝聚力和战斗力。

十七届四中全会总结的六条基本经验，集中体现了我们党在全国执政后加强自身建设的丰富实践，凝聚了几代中国共产党人的心血，体现和深化了对共产党执政规律、社会主义建设规律、人类社会发展规律的认识。对此，我们必须倍加珍惜，倍加重视，作为加强和改进新形势下党的建设的重要指导原则长期坚持。

（本文是中央文献研究室重大课题"新中国成立以来党的建设历程和经验研究"最终结项成果，课题组成员为唐洲雁、王骏、郝首栋，主要内容载于《前线》2010 年第 5 期，收入本书时有修改）

毛泽东探索执政党
建设的基本经验

　　新中国成立后，我们党从一个领导人民为夺取全国政权而奋斗的党，成为领导人民掌握全国政权并长期执政的党。党所处的地位，党面对的形势、环境和任务，都发生了新的巨大变化，党自身面临着新的考验。一方面，党在执政以后，能否经受住执政的考验，继续保持和发扬党的优良传统和作风，保持党同人民群众的血肉联系，成为重大现实问题。另一方面，党肩负着带领人民巩固新政权、恢复国民经济、进行社会主义革命和建设的历史任务，党的建设能否得到加强，党的自身状况能否与党所肩负的历史重任相适应，成为又一个重大现实问题。在历史考验面前，毛泽东对执政后的党的建设，进行了不懈的探索，积累了宝贵的经验。这些经验主要有以下几点。

　　一　必须确立和坚持正确的思想、政治路线，确保党的建设健康顺利发展

　　新中国成立后27年党的建设实践充分表明，思想路线对头不对头，政治路线正确不正确，对党和党的事业至关重要。它关系党的建设的全局，决定党的建设各个方面的成效，是党的建设一个带有规律性的问题。从新中国成立到党的"八大"前后的七年中，由于我们党坚持了实事求是的思想路线，从实际出发制定了正确的政治路线，党的建设进行得就比较顺利和成功。从1957

年下半年到"文化大革命"前的十年中，党在思想路线和政治路线上几度发生动摇和偏差，党的建设就随之经历了曲折。在"文化大革命"的十年中，党在思想路线和政治路线上出了问题，"左"的错误愈加严重，党的建设因之遭受了严重挫折。新中国成立后27年党的建设实践的一条重要启示，就是：一定要确立和坚持马克思主义的思想路线和政治路线，只有把思想路线搞对头，把政治路线搞正确，党的建设才能顺利进行并取得成效。

二 必须坚持党的领导，并努力保持党的领导的正确

随着新中国的成立，我们党成为执政党，成为社会主义事业的领导核心。坚持党的领导，是历史的选择，是中国社会主义事业取得胜利的根本保证。但是，曾经有人不止一次发生疑问：进入和平建设时期，还要不要共产党的领导？共产党究竟能不能领导？对于这个问题，党的第一代中央领导集体是坚定而清醒的。毛泽东一再强调，"领导我们事业的核心力量是中国共产党"；[①] "中国共产党是全中国人民的领导核心。没有这样一个核心，社会主义事业就不能胜利"。[②] 同时，党的第一代中央领导集体又特别强调，要努力保持党的领导的正确。党的"八大"关于政治报告的决议指出：我们的一切任务能否胜利地完成，归根结底，是决定于党的领导是否正确。为了保持正确的、健全的领导，我们党必须不断地提高马克思列宁主义的思想水平，特别是提高高级干部的马克思列宁主义的思想水平；必须坚持用马克思列宁主义的实事求是的态度来指导工作，把我们的一切工作放在确实可靠的基础上。总之，坚持党的领导，并努力保持党的领导的正确，这是新中国成立后27年党的建设实践，提供给我们的一条重要经验。

---

① 毛泽东：《为建设一个伟大的社会主义国家而奋斗》（1954年9月15日），《毛泽东文集》第六卷，人民出版社，1999，第350页。

② 毛泽东：《中国共产党是全国人民的领导核心》（1957年5月25日）。《毛泽东文集》第七卷，人民出版社，1999，第303页。

三 必须坚持民主集中制和集体领导原则，防止个人专断和个人崇拜

对于这个问题，在新中国成立后 27 年党的建设实践中，取得了正反两方面的经验教训。从正面经验来看，党的第一代中央领导集体是高度重视这个问题的。毛泽东在 1957 年《关于正确处理人民内部矛盾的问题》、1962 年《在扩大的中央工作会议上的讲话》中，都强调并阐述了民主集中制问题。刘少奇、邓小平等在不同场合，也较多地强调和论述了这一问题。从新中国成立到党的"八大"，以及在开始全面建设社会主义时期的部分时间里，党在坚持民主集中制和集体领导原则的问题上，做得都是比较好的，促进了党和人民事业的发展。同时，也要看到，在这个问题上，教训也是相当深刻的。从 1959 年庐山会议起，党内民主生活开始遭到破坏，特别是在"文化大革命"中，民主集中制和集体领导原则遭到了严重破坏，个人崇拜盛行和泛滥，对党和人民的事业造成了严重损失。正反两方面的经验教训启示我们，一定要充分认识民主集中制和集体领导原则的极端重要性，切实把这一原则坚持好。正如邓小平在 1962 年扩大的中央工作会议上所说的："如果搞得不好，特别是民主集中制执行得不好，党是可以变质的，国家也是可以变质的，社会主义也是可以变质的。干部可以变质，个人也可以变质。"①

四 必须保持和发扬党的优良传统和作风，反对官僚主义，坚决同腐败现象作斗争

新中国成立后 27 年党的建设实践表明，我们党在保持和发扬党的优良传统和作风、反对官僚主义、坚决同腐败现象作斗争这个问题上，无论是在思想认识上还是在实际行动上，无论在各个历史阶段，都抓得很紧，是一以贯之的。新中国成立后开展的

---

① 邓小平：《在扩大的中央工作会议上的讲话》（1962 年 2 月 6 日），《邓小平文选》第一卷，人民出版社，1994，第 303 页。

1950 年、1957 年整风，其中的重要任务就是要克服官僚主义。开展"三反"运动，除了反对官僚主义，还反对贪污、浪费。因此，新中国成立初期，我们的党风是好的。在开始全面建设社会主义时期的 10 年中，我们的党风总的来说也是好的，党在群众中的威信比较高，所以才能带领人民群众克服遇到的困难，渡过难关。即使是在"文化大革命"中，尽管党在指导思想上发生严重错误，但在反对官僚主义，同腐败现象作斗争这个问题上，并没有放松过。邓小平后来曾说："'文化大革命'前的 10 年，应当肯定，总的是好的，基本上是在健康的道路上发展的。这中间有过曲折，犯过错误，但成绩是主要的。那个时候，党和群众心连心，党在群众中的威信比较高，社会风尚好，广大干部群众精神振作。所以，尽管遇到困难，还是能够比较顺利地渡过。"[1] 在新中国成立后 27 年党的建设实践中，我们党对于反对官僚主义、坚决同腐败现象作斗争，态度始终是鲜明、坚决的，在大部分时间里保持和发扬了党的优良传统和作风，这是党的建设的一大成绩，也是一条重要的经验。

五　必须正确处理党内矛盾和斗争，维护全党的团结统一

在这个问题上，从新中国成立后 27 年党的建设实践来看，既有正面的经验，也有反面的教训。在党的"八大"以前，我们党在这个问题上是做得比较好的。党通过整风的办法，通过批评和自我批评的办法，解决党内存在的矛盾。即使是在党内发生了高岗、饶漱石反党分裂活动的严重事件，我们党对此处理得正确得当，维护和增强了全党的团结统一。但是，从 1957 年反右扩大化，把党内一批同志错划为右派以后，党在这个问题上经历了较大的曲折。1959 年庐山会议和"反右倾"斗争，混淆了党内矛

---

① 邓小平：《对起草〈关于建国以来党的若干历史问题的决议〉的意见》（1980 年 3 月~1981 年 6 月），《邓小平文选》第二卷，人民出版社，1994，第 302 页。

盾的性质，把党内不同思想认识看作阶级斗争的反映，把阶级斗争引向了党内。在后来开展的社会主义教育运动中，使一些党员干部受到打击。特别是在十年"文化大革命"中，把党内矛盾混淆为敌我矛盾，使一大批党员干部遭到迫害，破坏了党的团结统一，削弱了党的战斗力。教训是极其深刻的。它启示我们，对于党内矛盾和斗争，要用正确的立场来对待，用正确的方法来解决。要通过正确处理党内矛盾和斗争，进一步维护和增强党的团结统一，而不是相反。

六　必须加强制度建设，使党的制度不因领导人的改变而改变，不因领导人的看法和注意力的改变而改变

在这个问题上，我们党既有经验，也有教训。从经验来看，在新中国成立初期，我们党就十分注意加强制度建设。1952年1月，毛泽东在批示一份"三反"报告中，指出："建立各种制度，保证贪污浪费和官僚主义不重犯，或犯了也易克服。"① 4月，经毛泽东亲自修改和审定，《中华人民共和国惩治贪污条例》颁布实施。1956年初，毛泽东在论及执行群众路线的问题时，指出："为此，我们需要建立一定的制度来保证群众路线和集体领导的贯彻实施。"② 应当说，党中央和毛泽东对制度建设是重视的。但总体来看，党内制度建设相对比较薄弱，而且没有一贯地得到切实执行。特别是在"文化大革命"中，党的许多好的制度遭到了破坏。正如邓小平后来所指出的："必须使民主制度化、法律化，使这种制度和法律不因领导人的改变而改变，不因领导人的看法和注意力的改变而改变。"③ "我们过去发生的各种错误，固然与某些领导人的思想、作风有关，但是组织制度、工作制度方面的

---

① 毛泽东：《转发志愿军十九兵团党委三反报告的批语》（1952年1月25日），《建国以来毛泽东文稿》第三册，中央文献出版社，1991，第95页。

② 毛泽东：《共产党人对错误必须采取分析的态度》（1956年4月），《毛泽东文集》第七卷，人民出版社，1999，第19页。

③ 邓小平：《解放思想，实事求是，团结一致向前看》（1978年10月11日），《邓小平文选》第二卷，第146页。

问题更重要。这些方面的制度好可以使坏人无法任意横行，制度不好可以使好人无法充分做好事，甚至会走向反面。即使像毛泽东同志这样伟大的人物，也受到一些不好的制度的严重影响，以至对党对国家对他个人都造成了很大的不幸。"① 这是对历史经验教训所作的深刻的总结。

除了以上主要经验，以毛泽东为核心的党的第一代中央领导集体，在对执政党建设的探索中，还创造和积累了其他许多宝贵经验。比如，要善于学习，努力成为各方面工作的内行；党要管党，一管党员，二管干部；执政党要不断提高党员素质，为更高的共产党员条件而斗争；党要接受监督，党员要接受监督，等等。所有这些经验，都是极其宝贵的财富，对于今天党的建设仍然具有重要的指导意义。

（本文是作者与郝首栋合作撰写的，原载《毛泽东思想研究》2011 年第 2 期，收入本书时作了较大删节）

---

① 邓小平：《对起草〈关于建国以来党的若干历史问题的决议〉的意见》，《邓小平文选》第二卷，第 333 页。

邓小平改革开放历史新时期
探索党的建设的基本经验

进入改革开放历史新时期以后，中国共产党所处的环境和肩负的任务发生了巨大的变化，如何适应这种新环境和新任务的要求，加强党的自身建设，成为摆在全党面前的一个十分严峻的问题。以邓小平为核心的党的第二代中央领导集体，在领导拨乱反正和改革开放的具体实践中，围绕这个问题进行了深入的探索，逐步积累了宝贵的经验。主要包括以下几个方面。

一　紧紧围绕经济建设这个中心来抓党的建设

党的建设从来都是同党的历史使命和根本任务紧密联系在一起的。围绕党在各个时期的中心任务来加强党的建设，是我们党的建设的一条基本规律。邓小平领导拨乱反正和改革开放的伟大实践，首先是从端正党的思想路线、确立"以经济建设为中心"的政治路线开始的。正是在他的正确领导下，我们党在改革开放历史新时期逐步提出并始终坚持"一个中心，两个基本点"的基本路线，使得党的建设始终沿着正确的方向前进。"十二大"提出要"把党建设成为领导社会主义现代化事业的坚强核心"，进一步明确了党在新时期所肩负的历史使命和根本任务，也明确了党的建设的目标和方向。以此为指导，党在领导改革开放和社会主义现代化建设的过程中，逐步积累了丰富的自身建设经验。

二　加强和改善党的领导，不断提高党的领导水平

历史已经证明，中国共产党是中国革命、建设和改革事业的坚强领导核心。在当代中国，只有共产党才有资格、有能力来领导社会主义现代化建设。改革开放之初，面对来自"左"、右两个方面的错误思潮，邓小平强调不仅要始终坚持党的领导，而且必须努力改善党的领导，提高党的领导水平。他认为，搞改革开放和现代化建设是一场深刻的伟大革命，全党同志一定要善于学习，钻研社会主义现代化，逐渐成为经济建设的内行；要求广大干部着重抓紧三个方面的学习，即学经济学、学科学技术、学管理知识，要从实践中学，从书本上学，从自己和人家的经验教训中学。正是在邓小平的正确领导下，我们党在领导拨乱反正和改革开放的具体实践中，始终注意把坚持党的领导和改善党的领导紧密联系起来，把学习业务和提高本领紧密结合起来，不断提高全党的领导水平和执政能力，在实践中积累了宝贵的经验。

三　必须坚持毛泽东思想，发展毛泽东思想

我们党的基本经验之一，就是始终高度重视理论创新，坚持把马克思主义基本原理与中国实际相结合，不断推进马克思主义中国化的历史进程。在领导拨乱反正和改革开放的具体实践中，邓小平最重大的理论贡献，就是既坚持了毛泽东思想，又发展了毛泽东思想。一方面，他强调要完整准确地把握毛泽东思想的科学体系，旗帜鲜明地反对"两个凡是"，反对歪曲和割裂毛泽东思想；另一方面，他又明确提出要高举毛泽东思想伟大旗帜，重新确立毛泽东思想在全党的指导地位，认为毛泽东思想这面旗帜丢不得，丢了就会否定我们党的历史，老工人通不过、贫下中农通不过、广大干部通不过，这不只是个理论问题，尤其是个政治问题。改革开放以来，在坚持毛泽东思想的过程中，我们党不断发展毛泽东思想，逐步找到了中国自己的建设道路，创立了邓小平建设有中国特色社会主义理论，第一次比较系统地初步回答了

中国这样经济文化比较落后的国家，如何建设社会主义、如何巩固和发展社会主义的一系列基本问题，用新的思想、观点，继承和发展了毛泽东思想。

四 坚持党要管党，从严治党，加强党的制度建设

进入改革开放历史新时期以来，我们党始终强调党要管党，在加强党的自身建设方面，进行了深入探索。党要管党，关键是要从严治党。针对党风方面存在的突出问题，党中央不仅提出了从严治党的方针，而且强调从严治党仅仅靠教育不能解决问题，必须严肃党的纪律，坚决清除那些败坏党和人民事业的腐败分子，加大了党要管党的力度。

党要管党，重在加强党的制度建设。为此，邓小平提出了"必须把我们党建设成为具有健全的民主集中制的党"的目标，强调党的自身建设也要走向制度化、规范化，特别是要实现党内生活民主化，通过健全党的集体领导制度和民主集中制，来保证党的决策的科学性，走出一条不搞政治运动，而靠改革和制度建设来加强党的建设的新路子。改革开放以来的实践经验表明，要实现党和国家的长治久安，就必须依靠制度作保障。对这个问题认识的不断深化和成功推进，是我们党能够健康发展、充满活力的可靠保证。

五 加强党的组织建设，保证党的事业后继有人

正确的政治路线确定之后，干部就是决定因素。干部队伍建设，是党的组织建设的核心内容；干部队伍的素质对党的路线方针政策的贯彻执行，具有决定性的意义。中国的事情能不能办好，社会主义和改革开放能不能坚持，经济能不能快一点发展起来，国家能不能长治久安，从一定意义上说，关键在人。为适应改革开放事业发展的需要，邓小平提出要实现干部队伍的"四化"，废除了实际存在的干部领导职务终身制；强调要按照"四化"标准选拔德才兼备的人进班子，认为"党的基本路线要管一百年，要长治久安，就要靠这一条。真正关系到大局的是这

个事"。① 总之，认真选好接班人，这是一个战略问题，是关系到党和国家长远利益的大问题，也是以邓小平为核心的第二代中央领导集体抓党的建设的一条重要经验。

六 必须自始至终抓好党的作风建设，坚决惩治腐败

党风反映着党和人民群众的关系，是关系到党的生死存亡的重大问题。这个问题在拨乱反正之初就严重存在，那时是因为受到十年"文革"的破坏，主要表现为干部特殊化、脱离群众、思想僵化等现象；到了全面改革开放以后，党的作风问题进一步凸显出来，主要表现为以权谋私、铺张浪费、贪污腐败等新的不正之风。这些不正之风不仅损害了党在人民群众心目中的形象和威信，也严重阻碍了改革开放的历史进程。邓小平认为，在改革开放和搞活经济的新环境、新条件下，腐败问题来势很猛，成为一个关系党的生死存亡的突出问题。他旗帜鲜明地指出，惩治腐败决不能手软，这是一项长期的工作，要贯穿在整个改革开放的历史进程当中。1989 年政治风波之后，邓小平总结了党风建设的经验教训，认为惩治腐败乃是"当务之急"，"要雷厉风行地抓"。1992 年，他在视察南方的谈话中，又进一步强调"在整个改革开放过程中都要反对腐败"。历史的经验，值得记取。

七 物质文明和精神文明建设，必须"两手抓，两手都要硬"

邓小平提出要把党建设成为"领导全国人民进行社会主义物质文明和精神文明建设的坚强核心"。在领导现代化建设的同时，加强精神文明建设，重视思想政治工作，是我们党的优良传统。但是一个时期以来，在实行对外开放和发展商品经济的条件下，由于各种错误思潮的影响，党内确实出现过忽视精神

---

① 邓小平：《在武昌、深圳、珠海、上海等地的谈话要点》（1992 年 1 月 18 日 ~ 2 月 21 日），《邓小平文选》第三卷，人民出版社，1993，第 380 页。

文明建设的情况，思想政治工作也受到极大的削弱。早在 1985 年，邓小平就批评过这种错误倾向并指出："社会主义精神文明建设，很早就提出了，不过就全国来看，至今效果还不够理想。主要是全党没有认真重视。"① 事实证明，"不加强精神文明的建设，物质文明的建设也要受破坏，走弯路"。② 他提出今后"思想政治工作和思想政治工作队伍都必须大大加强，决不能削弱"。③ 1989 年政治风波之后，他总结了党的建设方面的经验教训，认为"十年最大的失误是教育，这里我主要是讲思想政治教育"；在改革开放和建设精神文明、开展思想政治工作、打击经济犯罪等方面，出现了"一手比较硬，一手比较软"的情况。为此，他反复告诫新的中央领导集体，要注意"两手抓，两手都要硬"。

八　必须以改革的精神加强党的建设

中国共产党是马克思主义政党，党的性质、宗旨和历史使命决定了它既要敢于和善于在自己领导的伟大事业中不断改革创新，又要敢于和善于在自身建设中不断改革创新。进入改革开放历史新时期以后，党承担着领导改革开放伟大事业的历史使命，在自身建设中也必须充满改革创新精神。邓小平反复倡导这种精神，要求各级领导干部要不断研究新形势下的新情况，努力解决党的建设中遇到的新问题。他特别强调，在加强党的领导的同时必须改善党的领导，包括改善党的组织状况、思想状况、作风状况和领导方法等，改革党和国家领导体制，建立健全党的监督机制，摸索制度建党的具体途径和方法。总之，他认为只有坚持以改革创新的精神加强党的建设，我们党才能

---

① 邓小平：《在中国共产党全国代表会议上的讲话》（1985 年 9 月 23 日），《邓小平文选》第三卷，第 143 页。

② 邓小平：《在中国共产党全国代表会议上的讲话》（1985 年 9 月 23 日），《邓小平文选》第三卷，第 144 页。

③ 邓小平：《在中国共产党全国代表会议上的讲话》（1985 年 9 月 23 日），《邓小平文选》第三卷，第 145 页。

够永葆青春活力。改革开放以来，我们党正是遵照邓小平的要求，以这种改革创新精神，不断推进自身建设，提高创造力、凝聚力和战斗力，成为中国特色社会主义事业的坚强领导核心，始终走在时代前列。

（原载《毛泽东邓小平理论研究》2009 年第 9 期，收入本书时作了较大删节）

周恩来是当代马克思主义
政治家的楷模

中共十四届四中全会要求党的高级领导干部特别是省部以上主要领导干部，要努力成为治国理政的政治家，并提出必须具有坚定的政治信念、开阔的眼界、宽阔的胸襟、较强的领导能力和优良的作风五项具体标准。[①] 按照这样的标准来衡量，周恩来堪称当代马克思主义政治家的典范。

如果从 1927 年开始担任中共中央政治局常委算起，到 1976 年在中华人民共和国总理任上去世，在长达半个世纪的日子里，周恩来一直是党和国家的核心领导成员，是当代中国名副其实的政治家，在 20 世纪的国际舞台上，也享有盛誉。他以其坚定的革命信仰、卓越的领袖风范、杰出的政治智慧、超凡的领导才能和迷人的外交风度，成为党的高级领导干部学习的楷模。

周恩来之所以能够成为世所公认的马克思主义政治家，除了时势造英雄的客观原因之外，就主观方面来说，首先是因为他具有坚定的共产主义信仰，不管处于低潮还是高潮，他都坚信革命最终能够成功，在斗争中百折不挠，勇往直前，从不退缩，不动摇，鞠躬尽瘁，死而后已。其次，是因为他在领导中

---

① 江泽民：《推进党的建设新的伟大工程》（1994 年 9 月 28 日），《江泽民文选》第一卷，人民出版社，2006，第 412 页注释【2】。

国革命和建设的具体实践中，敢于坚持真理、修正错误，善于总结经验、纠正缺点，坚持同各种错误路线和倾向作斗争；能够做到革命的原则性和灵活性的统一，具有高超的领导艺术，时刻注意调解矛盾，解决分歧，团结同志，维护集体。再次，是因为他时时处处都能够以党和国家的利益为重，从不计较个人恩怨、得失，顾全大局，相忍为党；遵守党的纪律，服从党的决定，维护党的团结；从不居功，不诿过，维护党的集体领导的权威。最后，也是最重要的一点，就是因为他能够实事求是地把马克思主义普遍原理与中国革命和建设的具体实践相结合，在实际斗争中积累了丰富的革命经验，造就了卓越的组织才能和领导才能，善于开拓进取，打开复杂情况下的工作局面，和全党同志一起逐步摸索到了一条适合中国情况的革命道路，积累了宝贵的社会主义建设经验。正是上述种种精神、意志和修养，种种思想、能力和水平，种种品格、性格和人格，铸就了周恩来的领袖风范、革命楷模。

一 创基立业，功勋卓著

自古以来，大凡有志之士都追求"立功、立言、立德"。三"立"当中，首推"立功"。可见作为一个成功的政治家，首先要在政治上有所建树。在当今社会，按照这个标准来要求，就是要作出有益于人民的事业。

周恩来为中国革命和建设立下的卓著功勋，有口皆碑。早年，他加入巴黎共产主义小组，参与创建中国共产党的活动，是中共最早的党员之一。在大革命时期，他出色地领导过军队政治工作、地方政权工作和工人武装起义，是党内出了名的实干家。大革命失败后，他领导著名的八一南昌起义，打响武装反抗国民党反动派的第一枪，创建了第一支人民军队。因此，他不仅是党内最早认识到武装斗争的重要性并开始从事军事工作的领导人之一，而且是中国人民解放军的主要创建者和领导人之一。

毛泽东曾经说过，思想上政治上的路线正确与否是决定一切的。① 这是总结了中国革命正反两个方面经验教训后得出的科学结论。当然，作为一个政党，要领导全党乃至全国人民进行革命斗争，实现远大的奋斗目标，光有一条正确的政治路线还是不够的，还必须围绕着这条政治路线开展一系列的实际工作，包括军事工作、组织工作、宣传工作、群众工作，等等。只有通过这一系列的具体工作，才能够使党的正确路线得到充分的贯彻执行。特别是当错误路线在党内占据统治地位的时候，如何正确地开展工作，就显得尤为重要。因为这是纠正错误、减少损失的一个最有效、最直接的方法和途径。

在遵义会议之前，即在党的第一代领导集体走向成熟之前，周恩来不可能通过一己之力改变错误路线在党内占据主导地位的局面，但他利用自己的身份和地位，充分发挥"党内实干家"的领导才能和组织才能，通过兢兢业业、脚踏实地、开拓创新的实际工作，力保党的各级机构正常运转，各项工作全面展开，从而使得中共这个一开始还十分弱小，后来又几经曲折和失败的政党始终保持顽强的生命力和战斗力；同时也为党的领导集体克服历次错误路线，最终走向成熟奠定了基础。

在中共中央机关进入苏区之前，周恩来花费了大量精力和心血来开展白区党的工作。可以说，中共当时之所以能够在白区生存和发展，很大程度上要归功于他的苦心经营、开拓创新。后来，由于"左"倾错误路线的不断干扰，中共在白区的发展几次经历危难关头，都是周恩来出面力挽狂澜。比如1930年底，由于罗章龙分裂党和工会，造成了组织上的极大混乱。周恩来身为中央组织局负责人，为了避免更大的损失，置自身安危于不顾，冒着生命危险，日夜出没于白色恐怖之中，与散落在上海各中小旅馆的党内同志，特别是不了解国内情况的留苏学生接头，安排他们疏散。后来，党内又接连出现顾顺章、向

---

① 毛泽东：《在外地巡视期间同沿途各地负责人谈话纪要》（1971年8月~9月），《建国以来毛泽东文稿》第十三册，中央文献出版社，1998，第242页。

忠发叛变事件，周恩来积极组织人力，把他们的照片翻印出来，发给大家，要相关人员注意回避，以保安全。党的两位重要领导人相继叛变，这是何等严重的事件，但中央机关和一些骨干分子能够顺利撤出上海，安全渡过危机，这不能不归功于周恩来的正确应变和严密防范，归功于他一手创立起来的情报工作系统。

像这样在关键时刻挽救革命的事例，在周恩来一生中不知道有过多少次！突出的如遵义会议上拥护毛泽东的正确领导，长征途中同张国焘面对面的斗争，西安事变中运筹帷幄，重庆谈判时游刃有余，三大战役中协助毛泽东指挥若定，开国之初奠基立业，过渡时期日理万机，调整经济殚精竭虑，"文革"之中苦撑危局，等等。可以说，在长达半个世纪的领导岗位上，周恩来参与了中国共产党和中华人民共和国各个历史时期几乎所有重大的事件和决策，并且是这些事件和决策的重要组织者和指挥者，在多次关系到党和国家生死存亡的历史关头，他都始终立场坚定，沉着应对，起到了极为重要有时甚至是决定性的作用。他为中国革命和建设创立的丰功伟绩，人民不会忘记，历史不会忘记。

二 团结协作，维护核心

一个出色的政治家要做到建功立业也许并不难，难的是在建功立业的同时不居功自傲，虚怀若谷、淡泊名利，在领导集体里团结协作、取长补短，必要的时候能够做好配角、甘当助手。而周恩来，就是这样难能可贵的政治家。

列宁曾经说过，领袖是一个集团。在这个集团之内，每个成员都是经过大浪淘沙、千锤百炼的优秀分子。他们各有各的长处，各有各的特点，共同组成了一个强有力的集体。在中国共产党内，周恩来和毛泽东都是著名的革命领袖，同时也是世界齐名的政治家。他们长期合作共事，相辅相成，是一对难得的革命战友和政治伙伴。

毛泽东与周恩来的亲密合作，是从遵义会议开始的。此前，在中共尚未走向成熟的幼年时期，他们由于各自走过的具体道路不同，在党内所担任的领导职务也各不相同，但他们致力于把马克思主义普遍原理与中国具体实践相结合的态度是根本一致的，并在此基础上对中国革命的许多问题达成了共识。比如大革命失败后，他们便分别领导了当时最著名的两次武装起义——南昌起义和秋收起义。这种共同的认识和相似的经历，为他们后来的密切合作奠定了良好的思想基础。

1934 年 10 月，由于第五次反"围剿"失败，中央红军被迫长征。面对敌人的围追堵截，李德除了发脾气，一筹莫展，博古也只会在一旁唉声叹气，是周恩来在这个危急关头担起了实际的指挥责任。他集中央政治局常委、中革军委副主席、"三人团"成员三项要职于一身，在贵州黎平主持召开中央政治局会议，不顾博古、李德的反对，采纳了毛泽东等人北上的正确意见，为遵义会议的召开做好了准备。随后，在遵义会议上，他毫不客气地批评了博古、李德，明确指出导致第五次反"围剿"失败的主要原因是军事领导上战略战术的错误。当毛泽东作了长篇发言后，周恩来又以自己在党内的地位和威望，坚决支持毛泽东的正确主张，全力推举毛泽东参与领导中央红军今后的行动。他在会议期间所做的这些努力，起到了别人不可替代的关键作用。事后，毛泽东不无感慨地对贺子珍说："如果周恩来不同意，遵义会议是开不起来的。"①

遵义会议决定增选毛泽东为中央政治局常委，周恩来为"党内委托的对于指挥军事上最后下决心的负责者"，"毛泽东同志为周恩来同志在军事上的帮助者"。但周恩来从中国革命的最高利益出发，同时也出于对毛泽东军事战略思想和指挥才能的绝对信赖，主动让毛泽东全权指挥红军的军事行动。

周恩来曾经说过："我当不了头，只能作为正确路线领导下的好助手。"② 他是这样说的，也是这样做的。自遵义会议确立以

---

① 转引自杨尚昆《追忆领袖战友同志》，中央文献出版社，2001，第40页。
② 转引自杨尚昆《追忆领袖战友同志》，第41页。

毛泽东为核心的第一代中共领导集体正确领导以来，他就有意识地把自己放在助手和配角的地位，竭尽全力地协助毛泽东做好各项工作。突出的如解放战争后期指挥三大战役。当时，毛泽东是主帅，周恩来是名副其实的副帅。一般来说，战略性的电报大多由毛泽东起草，周恩来阅后发出；而执行战役计划的电报，则大多由周恩来起草，毛泽东审定后发出。那时候，周恩来几乎天天都要到毛泽东办公的地方去参与重大军事决策，又要在毛泽东下定决心后，具体组织实施。后来，毛泽东回忆说："恩来同志是我指挥人民解放战争的最主要助手。"①

新中国成立以后，毛泽东作为党的主席，主政一切；周恩来身为总理，是共和国的"大管家"，他们之间形成了一种天然互补的关系。如果说毛泽东像一个乐队的指挥的话，周恩来则是这个乐队的首席提琴手。他们和党的其他核心领导成员一起，共同撑起了共和国的大厦。那时候，周恩来身兼多项重任，既要参与党和国家大政方针的决策，又要倾注大量的时间和精力来处理繁重的党和国家的日常事务，工作范围比民主革命时期要大得多，广得多，真可谓是呕心沥血，日理万机。在中南海里，他是睡得最晚的领导人之一，办公室的灯光，每天都要亮到深夜。他曾经这样对身边的同志说："党和国家必须有个全面负责实际工作的人，我应该担起这个担子，这样好让毛主席、少奇同志安心坐下来，对党和国家的大事进行更多的深入思考和研究。"②

周恩来在领导中国革命和建设的具体实践中，甘当毛泽东的助手，除了出于对毛泽东由衷敬佩的感情基础之外，还与他的性格特点、价值标准有着密切的关系。早在 1916 年，他就在给友人的一首诗中写道："同侪争疾走，君独著先鞭。作嫁怜侬拙，急流让尔贤。"③ 对于一个才华横溢、志向远大的年轻人来说，这

①　杨尚昆：《相识相知五十年》，《人民日报》1998 年 2 月 27 日。

②　杨尚昆：《相识相知五十年》，《人民日报》1998 年 2 月 27 日。

③　周恩来：《送蓬仙兄返里有感（三首）》（1916 年 4 月），《周恩来青年时代诗集》，中央文献出版社，2008，第 5 页。

该是多么宽阔的胸襟。毫无疑问，正是这种博大的胸怀，使周恩来比同时代的许多人站得高、看得远，不拘泥于一时一事的得失，处处以党的事业、革命大局和人民利益为重。

在中共第一代领导集体里，周恩来和毛泽东相差不到 5 岁，属于同一代人。但由于不同的生活环境和成长经历，使他们形成了不同的气质、性格和特点。具体来说，毛泽东举重若轻，为人果断，大刀阔斧；周恩来举轻若重，处事周密，考虑精细。毛泽东质朴而直率，幽默而风趣；周恩来文雅而机敏，严谨而认真。毛泽东是哲学家、思想家兼诗人，是理想主义和浪漫主义的结合；周恩来是实干家、谋略家兼外交家，是现实主义的典型代表。他们两个人各有特点，各有所长，在工作中配合起来相得益彰。对此，尼克松曾经深有感触地说："中国共产党的胜利，与其说是毛泽东的胜利，还不如说是毛泽东与周恩来两人的胜利。"

尼克松的说法并不为过。自遵义会议以来，中共第一代领导集体的领袖们互相尊重，互相配合，共同组成了一个有生命力、战斗力的集体，成为领导全党全国人民的坚强核心。在这个团结合作的领导集体中间，周恩来从不居功，不诿过，以独特的亲和力，发挥了重要的作用。正因为如此，几十年来，尽管他在这个领导核心中间的排位顺序有所变动，但他作为核心领导成员的地位始终没有改变。特别是第二个《历史决议》把他排在毛泽东之后，居于第一代领导核心的第二位，这样评价完全符合历史实际。

三　坚持真理，修正错误

说周恩来是当代政治家的楷模，并不是说他就不犯错误。人不是神，没有不犯错误的。共产党员，党的领袖，也同样难免会犯这样那样的错误。实际上，自土地革命战争以来，党内接连出现三次"左"倾路线错误。那时候周恩来都在中央领导层，他从来没有推卸过自己的责任。

众所周知，知识分子是中国革命队伍中最早觉悟的分子。他们是革命的宣传者、马克思主义的传播者。因此他们最早成为中国革命的领袖，也是历史的必然。但是，由于中国国情的特殊性和中国革命的复杂性，决定了他们中间的绝大多数人在当时的历史条件下，对革命道路等问题不可能一下子就达到彻底的认识和全面的把握。因此，他们在制定中国革命的路线、方针、政策时，不可避免地会犯这样或那样的错误。实际上，从中共"一大"到"六大"，从六届一中全会到四中全会，从遵义会议到延安整风，中国共产党人无不是在同各种错误路线和倾向的斗争中逐步成长起来的，党的领导集体也正是在这种不懈的斗争中不断积累经验、纠正错误并逐步地成熟起来的。在那个大变动的年代，面对着过去从来没有遇到过的各种复杂而尖锐的矛盾，把马克思主义普遍原理同中国具体实际相结合，这是一项前人没有做过的缺乏现成经验的艰巨工程，需要一个在摸索中前进的过程。因此，真正的共产党人，从他投身革命的那一天起，就必须树立同错误路线作斗争的信心和勇气，坚持真理，修正错误。

周恩来的一生，追求真理最执着，经历的风浪最多，政治斗争经验也最丰富。党内接连发生三次"左"倾路线错误的时候，他都是党的核心领导成员中最早开始觉悟、努力开展斗争并不断进行纠正的成员之一。当初"立三路线"给刚刚复兴的革命事业带来严重危害的时候，正是他和瞿秋白接受共产国际的委派，回国召开中共六届三中全会，扭转了这一盲动主义对中国革命形势的极左估计。后来与王明"左"倾机会主义的斗争，更是艰难复杂。在遵义会议上，他不仅同博古、李德进行了面对面的斗争，而且诚恳地进行自我批评，主动承担了责任。可以说，如果没有周恩来在会上光明磊落的举动，错误的军事路线就不可能从根本上被否定。

与党内三次"左"倾错误路线的斗争，充分反映了周恩来坚持真理、修正错误的实事求是态度，反映了他以党和人民的利益为重，不计个人恩怨得失的高风亮节。如果说，在当时的历史条件下，以毛泽东为代表的一些领导干部是在用自己的实践探索，用自己对中国革命道路的认识成果去自下而上地同错误路线作斗争的话，那么周恩来则是在充分听取和接受毛泽东等人正确意见的基础上，在党的最高决策层同错误路线的主要领导人作面对面的斗争。他们对中国革命许多问题的认识可能有深有浅，对"左"倾错误路线的批判也可能有尖锐、激烈程度的不同，但是他们时刻注意总结经验教训、坚持真理、修正错误的革命态度是完全一致的。他们所进行的不同形式的批判和斗争，所起的作用也是同等重要的。

除了对党内错误路线的主要领导人进行面对面的斗争之外，周恩来对自己也始终坚持历史唯物主义的态度，不断开展批评和自我批评。特别是对自己的错误，他从不隐瞒，不辩护，坚持以马克思主义实事求是的态度来分析和检讨。新中国成立初期，为了告诫党的干部在社会主义革命和建设刚刚开始，没有现成的经验可供借鉴的时候，应该谦虚谨慎，戒骄戒躁，他总是以当初探索中国革命道路的艰辛经历作例子，反复检讨自己过去的一些失误。有段时间，政务院一开会，他就自我检讨，当着一些民主人士、党外副总理的面讲他犯过的错误，其态度之诚恳，催人泪下。后来毛泽东听说了，几次当面对他说，这些你已经讲过了，不要天天讲了。由此也可以看出，周恩来坚持真理、修正错误，不仅是对人，而且是对自己；或者说他是宽以待人、严于律己，表现了一个杰出政治家光明磊落的精神境界。

四　善解矛盾，求同存异

作为伟大政治家，周恩来还有一个显著的特点，就是善于调和，善解矛盾。他在领导中国革命和建设的具体实践中，始终能够坚持革命的原则性和灵活性的统一，具有高超的领导艺术和斗争艺术。不管遇到何种复杂的情况，他都能够以驾驭大局的本领，调解矛盾，解决分歧。

早在 1929 年，周恩来就曾经说过他天性富于调和。[1]　这里所

---

[1]　周恩来：《当信共产主义的原理——致谌小岑、李毅韬》（1922 年 3 月），《周恩来书信选集》，中央文献出版社，1988，第 41 页。

说的调和，实际上是指矛盾的斗争性和同一性、革命的原则性和灵活性的有机结合，是指对非对抗性质的矛盾要把握分寸，讲究策略，不搞残酷斗争、无情打击。用在党的领导核心之内，实际上就是讲要善于团结不同意见的同志，化解彼此之间的矛盾，维护党的集体领导，避免内部分裂。因为党内矛盾，主要是根本利益一致基础上的矛盾，大多表现为意见不同，认识分歧，虽然个别时候也有组织分裂、派别对抗的情况，但总体来说，是可以采取调和方式来解决的。历史的经验证明，无原则的调和要不得，有原则的调和则是一种斗争艺术，是维护党的团结的重要手段之一。任何一个政治家，如果只讲原则性不讲灵活性，只懂斗争不懂团结，都是不可能成为一个成功的政治家的。

中共成立初期，在党的集体领导还不完全成熟的情况下，努力调解矛盾，避免对抗，不使领导集体发生分裂，具有极其重要的意义。因为党是无产阶级的先锋队，它的任何形式的分裂，都会给革命事业带来不可估量的损失。正因为如此，自进入党的核心领导层以后，周恩来除了一方面坚持真理、修正错误，同各种错误思想和倾向开展严肃斗争之外，另一方面又长期致力于党的团结工作，多方化解矛盾。不管遇到多么复杂的党内斗争局面，他都能够坚持做到以理服人、以诚待人，动之以情、晓之以理，既坚持原则又照顾情面，赢得了党内绝大多数领导人甚至包括犯了严重错误的主要负责人的信任和尊重。这一点，在长征中与张国焘的斗争表现得尤为明显。当时，张国焘自恃人多枪多，企图夺取对军队的控制权。在党和红军有可能发生分裂的危难之际，周恩来与毛泽东等人商量后，主动提出让出自己的红军总政委一职，满足张国焘的部分要求，同时又坚决拒绝他担任中央军委主席的企图。决定做出后，周恩来又不计个人恩怨，忍辱负重，多次找张国焘谈话。几经劝说和调解，终于使张国焘接受了这个决定。在这场斗争中，周恩来表现出了高度的原则性和灵活性。

中华民族的历史源远流长，有着悠久的文化传统，其中如儒家的孝悌、中庸，墨家的兼爱、尚同，道家的寡欲无私、以柔克刚等思想观念和道德意识，都深深地渗入了中国人的血液。共产党人作为中华民族的精英，作为优秀文化传统的集大成者，也不例外。周恩来从大局出发，多方调和、化解矛盾的做法，是非常符合这一民族文化传统的。正因为如此，他不仅是调解党内矛盾的典范，而且是调解党外矛盾的典范，是党的领导人中做统战工作、联络工作、外交工作的典范。比如西安事变期间，面对各种复杂矛盾纵横交错、瞬息万变的情况，是他根据中共中央的正确决策，充分发挥善解矛盾的特长，求同存异，最后通过多方努力，推动了西安事变的和平解决，迎来了国共合作、共同抗战的大好局面。

正是通过妥善处理像西安事变这样一系列的复杂矛盾，周恩来为中共在极端困难的条件下，赢得了生存和发展的空间。土地革命战争时期，他多次代表中共中央与共产国际交涉，积极争取到了第三国际的支持。抗日战争时期，他通过对国民党上层人士及地方实力派的工作，逐步扩大了中共的影响。对此，连蒋介石都不得不感慨：与周恩来相比，国民党内无人。解放战争时期，他陪同毛泽东赴重庆谈判，运筹帷幄，游刃有余，妥善处理各种复杂的矛盾，挫败了国民党假和谈、真内战的阴谋。与此同时，他还通过与国统区民主人士的广泛联系和交往，以其渊博的学识、宽广的胸怀、高尚的人格、迷人的风采，赢得了各民主党派对中共的真心拥护。

总之，在中共领导人中间，周恩来最善于调解矛盾，广交朋友，联系群众。因此无论是在党内还是党外，他都具有极大的亲和力，既维护了党的集体领导，又为党的生存和发展争得了必要的空间，从而促进党的领导核心逐步地从不成熟走向成熟，推动了党的事业不断地向前发展。

五　顾全大局，相忍为党

周恩来之所以能够成为当代政治家的楷模，在长达半个世纪的日子里，一直作为党的核心领导成员，几经更迭而不变，还有一个重要的原因，就是他的组织观念极强，遵守党的纪律，服从党的决定，维护党的团结。即使是在党的主要领导犯错误的时候，他也能够顾全大局，相忍为党。其实，在复杂的革命斗争中，尤其是在党刚刚成立的幼年时期，犯这样或那样的错误，都是难以避免的。在这种情况下，精诚团结就显得尤为重要，决不能因为党犯了错误，就轻易地放弃革命，自乱阵营。大敌当前，最重要的是坚定地团结在革命的旗帜下，同心同德，共同对敌。

1964 年，周恩来在谈到这个问题的时候说：最重要的一点，就是要有坚持革命、团结对敌的精神。只要这个基本的立场不变，即使党的领导一时有错误，也要等待，逐步地改变，不能因此造成党的分裂，使革命受损失，使对敌斗争瘫痪下来。[1] 他还举例说：1934 年，在我们离开江西开始长征的时候，党中央的路线是错误的，是第三次"左"倾路线。毛主席当时的意见虽然是正确的，却是中央的少数，因此他也坚决执行了长征的决定。即使是遵义会议，那个时候也不可能一下子把"左"倾错误路线的实质全部都指出来，因为当时在战斗中，在长征中，环境不允许。加上当时的多数领导者，在认识上还没有完全达到毛主席这样成熟的程度。遵义会议以后，张国焘进行分裂党、分裂红军的活动，这就不是团结一致，而是已使革命的旗帜动摇了。所以张国焘那个时候反对党中央，是破坏党的纪律的。

周恩来的这段长篇讲话，讲出了自己的切身感受，也阐明了这样一个道理，就是一个政党、一个领袖，要领导人民取得革命的胜利，不在于自己不犯错误，而在于必须有坚持革命、共同对敌的精神，能够时时处处遵守党的纪律，维护党的团结。只要这个基本立场不变，即使党的领导一时有错误，也可以通过斗争，耐心说服，逐步使其改正。决不能因此就不讲团结，一味斗争，造成党的分裂，使对敌斗争陷于瘫痪。实际上，从 1927 年进入党的领导核心，一直到遵义会议，周恩来从来没有放弃过党内团

---

[1] 《周恩来年谱》（1949～1976）中卷，中央文献出版社，1997，第 679 页。

结和斗争这样两个武器。其间，连续与三次"左"倾错误路线主要负责人的斗争，每一次都可以说是呕心沥血，忍辱负重。但他始终都没有退缩，也没有放弃。如果没有革命家、政治家的责任感和使命感，没有共产党员的博大胸怀和恢弘气量，是根本不可能做到的。

周恩来顾全大局、相忍为党的高贵品质，不仅表现在战争年代，而且表现在建设时期。社会主义改造基本完成以后，党的核心领导层中间，对发展速度问题产生了两种截然不同的思路，经济建设开始出现急躁冒进的倾向。1956年，周恩来和陈云提出既反保守又反冒进、在综合平衡中稳步前进的方针。然而正是这一正确方针在党内却受到了错误的批评和指责。周恩来从维护党的团结的立场出发，主动承担责任，不断进行检讨，在很大程度上缓和了当时的紧张空气，使事态没有进一步恶化。

随后的"大跃进"带来大倒退的事实证明，反冒进是正确的，批评反冒进则是错误的。但是，周恩来并不争这个是非问题，而是不断检讨自己。他之所以这样做，首先是因为在当时的严重困境中，党内不允许有推诿过错、互争是非的现象发生，必须同舟共济，共挽危局；其次，是因为"大跃进"的风气是从上面一层一层地刮到下面去的，上级领导理所当然应该主动为下级干部承担责任，让他们轻装上阵、心情舒畅地做好国民经济调整工作。试想，如果中央领导人把责任推给地方，地方领导人又将责任推给基层，而下级又认为这些错误的产生与上级有关，这样推来推去，谁还有心思去战胜困难、共渡难关？由此可见，周恩来当时的检讨，是有其良苦用心的。

后来的"文化大革命"，周恩来更是被动地卷入了这场给党和国家带来严重灾难的内乱的。他以"我不入地狱谁入地狱"的献身精神，选择了一条比拍案而起的斗争方式不知要复杂艰难多少倍、于党于国于民有利而对自我身心则是万分痛苦的斗争方式，顾全大局，殚精竭虑，苦撑危局，相忍为党，把原则性和灵活性、各种形式的斗争和必要的妥协有机地结合在一起，同林彪、"四人帮"两个反革命集团巧妙周旋，躲过一次又一次明枪暗箭，力所能及地维系党和国家工作的继续运转，千方百计地保护了一大批党政军领导干部、民主人士和知识分子。在那些艰难的日子里，他一方面必须努力维护党的权威，维护毛泽东的威信；另一方面又要抓住时机，提出正确的方法和意见，将错误层面缩小到尽可能小的范围。毕竟历史给他留下的回旋余地太有限了，在万不得已的情况下，他也不得不说一些违心的话，有时候甚至要做一些违心的事。一个一生光明磊落的人，遇到这种场合，他内心的痛苦是可想而知的。

陈云曾经说过："没有周恩来同志，'文化大革命'的后果不堪设想。"[1] 在"文革"中，周恩来用他对党、对人民、对革命的全部信仰、忠诚和智慧，努力维护党和国家的团结、统一。他在孤立无援的逆境中，恰当地运用自己手中的权力，利用党和国家领导人的身份和地位，纵观全局，权衡利弊，竭尽全力避免了党的分裂、国家的分裂、人民军队的分裂。而在有利的时机和条件下，他也从来没有放弃过与林彪、"四人帮"的正面斗争。可以说，在中国这样一个人口众多的国家领导革命和建设，党的事业之所以一直没有被割断，其原因就在于党的各级领导层里都有着像周恩来这样顾全大局、相忍为党的中坚分子。他们是中国共产党的脊梁，是中国革命和建设事业的支柱。有了这样的脊梁和支柱，即使党在某一时期的方向和路线错了，只要它还坚持团结，开拓前进，经过一段时期的艰难曲折，党的领导核心还能够形成一个坚强的战斗集体，党的事业还会回到正确的发展轨道。

胡锦涛同志今年 2 月 27 日在周恩来诞辰 110 周年纪念座谈会上从六个方面总结了周恩来的高尚品格和精神风范，即始终信仰坚定、理想崇高，集中表现为他对党和人民无限忠诚的精神；始终热爱人民、勤政为民，集中表现为他甘当人民公仆的精神；始终顾全大局、光明磊落，集中表现为他高度珍视和自觉维护党的团结统一的精神；始终实事求是、严谨细致，集中表现为他求真

---

[1]　杨尚昆：《追忆领袖战友同志》，中央文献出版社，2001，第 44 页。

务实的精神；始终虚怀若谷、戒骄戒躁，集中表现为他谦虚谨慎
的精神；始终严于律己、廉洁奉公，集中表现为他无私奉献的精
神。① 这六个方面，既是对周恩来领袖风范的科学概括，也是在
新的历史条件下对党的高级领导干部的基本要求。因此，凡是有
志成为当代政治家的中国共产党人，都应该以周恩来为楷模，学
习他的这些高尚品格和精神风范。

（原载《湘潭大学学报》2008 年第 3 期，题为《周恩来——
当代政治家的楷模》）

---

① 胡锦涛：《在纪念周恩来同志诞辰 110 周年座谈会上的讲话》，《人民日报》
2008 年 3 月 1 日。

陈云是全党科学决策的典范

党的"十六大"向全党提出"加强党的执政能力建设，提高党的领导水平和执政水平"的伟大号召，要求各级党委和领导干部要适应新形势、新任务的要求，在实践中掌握新知识，积累新经验，增长新本领，不断提高科学判断形势的能力、驾驭市场经济的能力、应对复杂局面的能力、依法执政的能力和总揽全局的能力。正是根据"十六大"的战略部署，党的十六届四中全会又进一步作出《关于加强党的执政能力建设的决定》，要求全党按照推动社会主义物质文明、政治文明、精神文明协调发展的要求，不断提高驾驭社会主义市场经济的能力、发展社会主义民主政治的能力、建设社会主义先进文化的能力、构建社会主义和谐社会的能力、应对国际局势和处理国际事务的能力。从此，加强党的执政能力建设，成为全党共同面对的时代课题。

所谓执政能力，是指一个政党根据科学的指导思想，提出正确的路线、方针、政策，运用有效的领导方法和工作方法，动员和组织人民依法管理国家，进行经济、政治和文化建设的本领。新中国成立以来，我们党的三代领导集体都高度重视加强党的执政能力建设，领导全党紧紧围绕提高领导水平和执政水平，提高拒腐防变和抵御风险的能力这样两个历史性的课题，着重从思想和作风、体制和机制、方式和方法、素质和本领等方面加以探索和改进，留下了宝贵的精神财富，有力地推动了党和国家事业的发展。

当前，要加强党的执政能力建设，一个重要的方面，就是要认真总结党的历史，借鉴老一辈革命家治党、治国、治军的基本经验。陈云作为我们党的第一代领导集体和第二代领导集体的重要成员，在长达 70 多年的革命生涯中，积累了十分丰富的领导工作经验。1995 年 6 月，江泽民在纪念陈云诞辰 90 周年暨《陈云文选》第 2 版出版座谈会上发表重要讲话，对陈云光辉的一生包括他高超的领导艺术作出了高度的评价，指出："从我国国情出发，尊重实践，尊重群众，清醒地、科学地分析和判断情况，在此基础上创造性地、踏实细致地开展工作，并下大的决心一干到底、干出成果，这是陈云同志鲜明的工作特点和领导风格。""他从实践的切身体验中总结出来的'不唯上、不唯书、只唯实，交换、比较、反复'，是一个充满唯物辩证法的领导原则和工作方法。"[1] 在陈云 100 周年诞辰即将到来的时候，缅怀他的丰功伟绩，总结他丰富的执政党建设思想，学习他高超的领导艺术和科学的工作方法，对于进一步加强我们党的执政能力建设，无疑具有十分重要的现实意义。

陈云一贯重视掌握正确的领导方法和工作方法对于做好各项工作的极端重要性，在我们党内比较早地提出了"领导方式""领导艺术"这样的科学概念。早在 1933 年，他就写过一篇题为《这个巡视员的领导方式好不好》的文章，"希望大家来参加关于'领导方式'的讨论"，指出"支部的领导方式是做好工作的关键，有了正确的决议案还不够，要把正确的决议运用到群众中去，成为对实际工作的指导，还必须经过一种灵巧的工作方法和艺术的领导方式"。[2] 把如何有效地实施科学领导当作重大问题提出来，这在当时我们党内领导人的著作中还是不多见的。

① 卢继传：《陈云思想的基本出发点——陈云生平与思想杨他会评述》，朱佳木主编《陈云和他的事业——陈云生平与思想研讨会论文集》，中央文献出版社，1996，第 2～3 页。
② 陈云：《这个巡视员的领导方式好不好？》（1933 年 7 月 5 日），《陈云文选》第一卷，人民出版社，1995，第 24 页。

陈云作为一位职业革命家和党的卓越领导人，一生从事革命和建设事业的领导实践，不仅具有高度的理论自觉性，而且具有高度的实践自觉性。他的一生在许多问题上都为中央正确决策作出了重大贡献，堪称我党科学决策的一个典范；他的著作中贯穿着十分丰富的领导方法和理论，对我们党的领导科学的建立作出了卓越的贡献。薄一波曾经指出，陈云在从事中国革命和建设事业的一生中，能够从实际出发，坚持实事求是，这主要是因为他总结了一整套正确的领导方法和工作方法，我们从他留下的著作中，不仅可以看到他对这些科学方法的专门论述和反复倡导，还可以看到他在研究解决各种复杂、困难问题的时候，是怎样运用这些科学方法的。"这些方法，可以说是唯物辩证法的具体化。我们向陈云学习，这是首先应该学习的。"[1]

陈云为什么能够成为全党科学决策的典范？这首先是因为他一贯重视学习哲学的方法论意义。他多次强调："学习理论，最要紧的，是把思想方法搞对头。因此，首先要学哲学，学习正确观察问题的思想方法。如果对辩证唯物主义一窍不通，就总是要犯错误。"[2] 正因为把学习哲学提高到掌握方法论的高度，因此他一生对学习哲学情有独钟。早在延安时期，他就开始学习马克思主义哲学，比较系统地掌握了唯物辩证法的基本原理，终身受益不浅。新中国成立以后，他曾亲自组织中央财办的领导同志学习毛泽东哲学著作，强调领导干部要做好工作，首先思想方法要对头，这就要学习政治理论，特别要学习马列主义哲学。1987年，年逾八旬的陈云还深有感触地说道："学习哲学，可以使人开窍。学习哲学，终身受用。"[3]

① 薄一波：《陈云同志的业绩与风范永存》，《缅怀陈云》编辑组编《缅怀陈云》，中央文献出版社，2000，第20页。

② 陈云：《加强商业工作的政治观点、群众观点和生产观点》（1956年12月～1957年1月），《陈云文选》第三卷，人民出版社，1995，第46页。

③ 陈云：《身负重任和学习哲学》（1987年7月17日），《陈云文选》第三卷，第362页。

陈云如此强调学习哲学的重要意义，是受到了毛泽东的深刻影响。早在抗战初期，毛泽东就曾经三次向他提出要学习哲学，要把马克思主义世界观化为科学的方法论。正是通过对毛泽东一系列哲学著作的学习和研究，陈云掌握了实事求是的基本原则，奠定了领导方法和工作方法的科学基础。从此，他不再把自己的注意力投放于本体论的沉思，而是着眼于方法论的应用，努力把马克思主义哲学转化为解决中国具体实际的方法论，创造性地提出了一系列适合中国情况的科学的领导方法和工作方法，成为全党科学决策的典范。这些方法，主要包括以下几个方面。

一 实事求是的思想原则

实事求是是我们党的思想路线。陈云不仅是这条思想路线的坚决拥护者，而且是它的坚定执行者。他时时处处注意把这条思想路线贯彻到实际工作中去，把它当作开展工作、解决问题的基本原则和方法。1942 年，他在延安养病的时候，曾经仔细研究了毛泽东的著作和文电，从中得出一个基本的原则和方法，就是实事求是，从此身体力行，把实事求是作为认识和解决一切问题的基本点和出发点。1957 年，他提出："我们观察、分析和解决问题的方法，是唯物辩证法，也就是毛主席说的实事求是，从实际出发。"① 1978 年，在开始实行改革开放的关键时刻，他又再次强调："我们要坚持实事求是，就是要根据现状，找出解决问题的办法。"② 由此看来，实事求是，在陈云那里不仅是思想路线，而且是指导实际工作的科学原则。

正是对实事求是原则的正确认识和科学态度，奠定了陈云领导方法和工作方法的理论基础和实践基础。毫无疑问，陈云是深得毛泽东实事求是思想的精髓的。他的一生能够为党和人民、为

---

① 陈云：《加强商业工作的政治观点、群众观点和生产观点》（1956 年 12 月～1957 年 1 月），《陈云文选》第三卷，第 46 页。

② 陈云：《关于当前经济问题的五点意见》（1978 年 12 月 10 日），《陈云文选》第三卷，第 235 页。

国家和民族卓立功勋，主要原因之一，就是很好地掌握和运用了实事求是这一马克思主义的思想方法和工作方法，并在理论和实践方面，为它增加了许多丰富和生动的内容。可以说，无论在战火纷飞的革命年代，还是热火朝天的建设时期；无论是主持党的干部工作和组织工作，还是领导经济恢复、调整和建设，他都始终坚持这种实事求是的科学态度，努力把马克思主义基本原理与中国实际相结合，与自己领导的部门工作实际相结合，脚踏实地、卓有成效地推进党的事业。在他 70 年的奋斗生涯中，经历过无数次艰苦严峻的斗争，从没犯过大错误，主要原因就在于他自始至终、时时处处坚持这种科学态度，并且一贯谦虚谨慎，决不随心所欲，冒失从事。这不仅表现了一个共产党人最坚强的党性和最优良的工作作风，而且表现了对人民事业绝对负责的高尚品德。

二 "不唯上、不唯书、只唯实"的务实态度

围绕着怎样坚持实事求是的思想路线，陈云提出了一系列科学的领导方法和工作方法，其中最主要的一条就是要坚持"不唯上、不唯书、只唯实"的务实态度。

所谓"不唯上"，是指领导干部在决策的过程中，不能只是照抄照搬上级指示，而必须根据当时当地的实际情况，采取具体的方针政策来加以贯彻落实；所谓"不唯书"，是指领导干部在决策过程中，不能采取教条主义的态度，照抄照搬马列主义的本本，而是要把理论和实际结合起来；所谓"只唯实"，是指领导干部在决策过程中，必须从当时当地的实际情况出发，进行认真的调查研究。用陈云同志自己的话来说："不唯上，并不是上面的话不要听。不唯书，也不是说文件、书都不要读。""只唯实，就是只有从实际出发，实事求是地研究处理问题，这是靠得住的。"①

---

① 陈云：《不唯上、不唯书、只唯实，交换、比较、反复》（1990 年 1 月 24 日），《陈云文选》第三卷，第 371 页。

"不唯上、不唯书、只唯实",体现了我们党一贯倡导的一切从实际出发、实事求是的思想路线,体现了马克思主义的世界观和方法论,体现了坚持党性原则和同主观主义、教条主义毫不妥协的立场、观点和方法。这九个字,是陈云对毛泽东思想精髓的科学概括,是对党的实事求是思想路线的具体运用,是在实际工作中如何贯彻这条思想路线的创造性发展,也是始终贯穿于陈云理论和实践的科学方法论。它被学术界公认为是陈云领导方法和工作方法中最具特色的内容之一。这个方法的提出,不仅为正确掌握和坚持实事求是思想路线提供了具有补充意义和更具操作性的思想原则,而且更加强调了实事求是原则在人类认识运动中的过程性特点,即在实践中每迈出一步都必须坚持"只唯实"的原则,对上级指示和马克思主义经典著作,在与实际情况相结合的整个过程中,都要根据实际情况进行检验、丰富和发展。

如何才能做到"不唯上、不唯书、只唯实"?陈云主张"三个结合":一是把实事求是与创造精神相结合,二是把实事求是与群众观点相结合,三是把实事求是与调查研究相结合。这"三个结合",集中体现了他尊重实际、尊重群众、注重调查的工作作风,生动表现了他的高超的领导艺术。可以说,"只唯实"的科学方法和态度,是陈云思想方法的理论支点,也是他的哲学方法论的灵魂。

三 "交换、比较、反复"的辩证方法

为了真正做到实事求是,陈云除了提出要坚持"不唯上、不唯书、只唯实"的科学态度之外,还提出了"交换、比较、反复"的科学方法。他说我们要坚持实事求是,首先就要弄清实事,"这是关键问题"。"弄清'实事'并不容易。为了弄清'实事',我把它概括为六个字,就是:交换,比较,反复。"①

① 陈云:《关于当前经济问题的五点意见》(1978年12月10日),《陈云文选》
　　第三卷,第235页。

在这里，所谓"交换"，是指通过交换意见，使认识更加全面，因此陈云后来又把"交换、比较、反复"说成"全面、比较、反复"；所谓"比较"，就是对事物进行多方面、全方位的对比，以便把情况弄得更清楚；所谓"反复"，就是对事物进行深思熟虑的、反复的思考，避免因为考虑不周而匆忙作出决定。"目的是弄清情况，把事情办好。"① 可以说，"交换、比较、反复"，也就是在了解"实事"的基础上，进一步"求是"的方法。

"交换、比较、反复"的科学方法，是陈云积数十年领导经验的深刻体会。这六个字，把辩证法和实事求是的唯物主义原则结合起来，构成了完整的辩证唯物主义思想方法，是陈云对马克思主义辩证思维方法的创造性发展。它们不仅是揭露矛盾、分析矛盾、研究矛盾发展及其向对立面转化的科学方法，而且是防止和克服认识片面性、使之达到全面性的有效方法。作为辩证思维方法的范畴，它们既明白通晓、便于把握，又十分科学、内涵深刻，概括了现代决策科学对于决策程序的阐述，是我们进行科学决策的指导原则。

"交换、比较、反复"的辩证法，构成了陈云坚持实事求是、坚持正确思想方法和工作方法的基础。"交换、比较、反复"，即是对事物有一个全面的了解，并进行相互间的比较，作反复的思考，这是"实事"的必要条件，也是"求是"的必要前提。如果对事物没有正确的认识，无法作出合乎实际的判断，也就不可能"求是"。几十年来，陈云正是始终遵循这一指导原则来认识事物，弄清实事，了解情况，然后作出正确的判断和决策，因而能够成为实事求是的模范。

四 深入调查研究的工作作风

陈云一生注重调查研究。他在处理每个问题和作出每项决

---

① 陈云：《关于当前经济问题的五点意见》（1978 年 12 月 10 日），《陈云文选》第三卷，第 236 页。

策之前，总要开展认真、周密的调查研究活动。他指出："我们做工作，要用百分之九十以上的时间研究情况，用不到百分之十的时间决定政策。所有正确的政策，都是根据对实际情况的科学分析而来的。有的同志却反过来，天天忙于决定这个，决定那个，很少调查研究实际情况。这种工作方法必须改变。要看到，片面性总是来自忙于决定政策而不研究实际情况。"① 对于陈云注重调查研究的工作作风，毛泽东也十分欣赏。他曾经称赞说，陈云是非常注重调查研究的，不经过调查研究是不轻易发表意见的。

诚如毛泽东所言，陈云调查研究的作风确实是相当认真、细致的。对于每一个问题，他都从全面的调查研究开始，掌握大量材料，找出矛盾，特别是注意抓住带全局性的问题，有针对性地采取得力措施，加以解决。他的讲话和文章，有一个显著的特点，就是掌握材料十分具体周详，完全靠事实和数据说话，在对大量实际材料进行认真分析的基础上，得出自己的结论，因而能够经受住实践的检验。王丙乾曾经回忆说："在我印象中，陈云同志在重大问题上从不当场拍板，总要经过调查研究，尊重'实事'，深思熟虑，反复'求是'再作出决定。这是他多年来形成的工作作风，而且几十年如一日。他确实称得起'实事求是'的模范。"② 周太和指出，陈云搞调查研究有两种方法，一种是亲自率工作组或派工作组下乡、下厂蹲点调查；另一种是通过敢讲真话的知心朋友或曾在身边工作的人员，同他们建立固定的、长期的联系，听取基层干部、群众的呼声。这两种方法他经常是结合起来使用。新中国成立后，他主管财经工作，之所以能够运筹帷幄，就是因为他坚持实事求是，处理每个问题时，总是进行大量的、认真的、周密的调查研究，深刻分析事物的本质，找出它的规律性，弄清质量上和数量上的界线，作为制定、实施

① 陈云：《做好商业工作》（1956 年 11 月 19 日），《陈云文选》第三卷，第 34
页。
② 王丙乾：《纪念陈云同志》，《缅怀陈云》编辑组编《缅怀陈云》，中央文献
出版社，2000，第 73 页。

政策的科学依据。① 薄一波认为，陈云从全面的调查研究入手，有针对性地采取措施，解决问题，这种领导工作的方法，就是善于抓住牛鼻子，因而进退自如，疾徐由我，可谓"运用之妙，存乎一心"。②

五　坚持走群众路线的工作方法

陈云不仅是实事求是的模范，而且是坚持走群众路线的模范。他经常强调，领导者要善于从群众迫切要求解决的问题入手，从群众最高兴的工作做起，经常了解群众的心理，把握群众的情绪，善于根据群众的需要和自愿的原则，最大限度地调动广大群众的积极性。至于如何调动群众的积极性，他认为，领导艺术不在于口号提得多、提得高，而在于每个口号为当时当地的群众所接受并立刻起来斗争；一切工作都应该从群众"最高兴的事情做起"，善于"提出群众迫切要求解决的问题"，"这是一个关键"，抓住了这个关键，就等于抓住了"提高群众积极性的环子"，找到了打开工作局面，推动全盘工作的"钥匙"。③

早在中央苏区工作期间，陈云就大声疾呼关心群众生活，注意工作方法，认为我们苏维埃政府的工作人员，如果领导方法不对，不能采取正确、有效的工作方法，就会立即影响到工作成效，使苏维埃政府的各项工作得不到群众拥护，完不成革命任务。他曾经提出："要把正确的决议用到群众中去，成为对实际工作的指导，还必须经过一种灵巧的工作方法和艺术的领导

① 周太和：《建国初期财经战线上的三大决策和实施》，《陈云与新中国经济建设》编辑组编《陈云与新中国经济建设》，中央文献出版社，1991，第121页。
② 薄一波：《陈云同志的业绩与风范永存》，《缅怀陈云》编辑组编《缅怀陈云》，中央文献出版社，2000，第9页。
③ 陈云：《这个巡视员的领导方式好不好？》（1933年7月5日），《陈云文选》第一卷，人民出版社，1995，第23页。

方式。"① 这种方式方法，就是始终坚持党的群众路线。

陈云不仅强调要把群众路线的工作方法贯穿于各项工作的始终，而且提出了贯彻这一方法的许多具体的科学做法，例如领导和群众相结合的方法；集中广大职工群众的智慧，发动他们深入讨论的方法；在实践中根据群众的经验和创造，不断修改和补充方案的方法，等等。所有这一切，都充分体现了陈云群众路线领导方法的彻底性和创造性。

六　科学决策的领导艺术

只有不断改进领导方法和工作方法，才能够达到科学决策的目的。领导干部的主要职责之一就是作决策，因此从一定意义上讲，领导就是决策。陈云是我们党内著名的战略家，对于正确决策特别是战略决策，历来十分重视。他将正确决策与实事求是放到同等重要的地位，认为"实事，就是要弄清楚实际情况"，"求是，就是要求根据研究所得的结果，拿出正确的决策"。② 在他看来，正确的决策乃是根据对实际情况的全面分析得出来的，而"片面性总是来自忙于决定政策而不研究实际情况"，把片面的实事当作全面的实事，必然要导致决策的失误。

陈云的决策思想最显著的特征就是坚持了全面性的原则。他一再强调要时刻把握全局，通盘考虑，统筹兼顾，瞻前顾后；要注意从联系中、整体上去把握实事，发现规律；要有战略眼光，权衡利弊得失，抓住决定性的环节，解决关键性的困难；要多想大事，站得高些，看得远些，着眼大局、着眼全国，不要就经济谈经济，满脑子都是数目字。陈云的这些决策思想，充满了一系列科学的理念，其中包括政治理论与具体情况相结合的理念，"用百分之九十以上的时间研究情况，用不到百分之十的时间决定政策"的理念，正确认识和充分利用客观可能性的理念，"交

---

① 陈云：《这个巡视员的领导方式好不好？》（1933 年 7 月 5 日），《陈云文选》第一卷，第 24 页。

② 陈云：《怎样使我们的认识更正确些》（1962 年 2 月 8 日），《陈云文选》第三卷，第 188 页。

换、比较、反复"的辩证理念，决策就是选择的理念，细考察、细计算、细论证的分析理念，等等。这些理念，既是马克思主义的，又带着强烈的个性特征，是他对我们党的决策科学的重大贡献，是我们党的宝贵精神财富。

七 关于经济工作的领导方法和工作方法

陈云一生主要从事我们党和国家的经济领导工作，在各个不同历史时期的具体实践中，留下了十分丰富的经济工作领导经验。毛泽东曾经说过，陈云所管的财经工作不是教条主义的，是按照中国情况办事的，有创造性。这种创造性主要表现在以下几个方面：第一，统筹安排，综合平衡。他在纷繁复杂的经济生活中，紧紧抓住财政平衡、信贷平衡、物资平衡和外汇平衡这四大关键环节，科学处理了国民经济中各主要部门的关系。第二，分清主次，循序渐进。他非常注意从全局出发，分清不同时期工作的主次，始终把握重点，集中财力、物力和人力，解决最主要的问题，表现了驾驭复杂局面、解决疑难问题的高超领导艺术。第三，瞻前顾后，开源节流。他在考虑解决问题时有两个突出的着眼点，这就是全局观点和长远观点，从国民经济的全局出发，从长远利益考虑，最大限度地利用人力、物力资源。第四，在当时的历史条件下，始终强调计划经济与市场调节相结合。

作为新中国经济建设的开拓者和奠基人之一，陈云很善于领导经济工作，他在进行经济决策、制定经济政策和设计具体方案的时候，深思熟虑，多谋善断，有一套独特的工作方法。其特点一是慎重稳妥，充分估计困难；二是尽可能提出多种方案，科学比较决策；三是从大局出发，统筹兼顾；四是善于总结经验，使工作更上一层楼。总之，他能够始终坚持两点论、坚持辩证法，充分体现了实事求是、辩证分析的科学态度，注重调查研究的工作方法，努力探索和掌握客观经济规律的进取精神，以及时刻以满足人民需要、促进生产力发展为出发点的全局观念。他在经济矛盾的大千世界里显示了高超的分析矛盾、把握对立、掌握适度、驾驭平衡、运用规律的领导艺术。

八　关于干部工作的领导方法和工作方法

陈云对党的干部工作非常重视。早在延安时期就担任过七年中央组织部长，新中国成立以后特别是改革开放以后，他一再强调加强党的建设特别是干部队伍建设的重要性。在长期领导党建工作的具体实践中，积累了丰富的干部工作经验。

所谓干部工作，就是做人的工作，首先是做人的思想工作，也就是教育人、最大限度地调动人的积极性的工作。陈云在这方面也是全党的一个模范。他反复强调了解情况，掌握政策，出主意，用干部，知人善任，是领导者的责任。他在长期的工作实践中，提出了一系列使用和挑选领导干部的重要原则和标准，主要包括：（1）忠诚党的事业；（2）与群众有密切联系；（3）有独立工作能力和负责任；（4）守纪律；等等。这些标准，在我们党的干部队伍建设过程中，曾经长时期地发挥了极其重要的作用。可以说，正确掌握德才兼备的干部标准，选拔用好干部，是陈云干部工作方法的突出特征。在这个问题上，他始终强调两点：第一，必须牢固树立辩证唯物主义观点，防止主观片面、孤立静止地看待干部；第二，必须正确认识德才与资历的关系，坚决打破论资排辈的老框框。陈云把我们党的"用人之道"概括为十二个字：了解人、气量大、用得好、爱护人。他强调：调配干部要适当，提拔以后要信任，任命之后要帮助；对干部不安心的问题，要很有耐心、很彻底地去帮助解决，不要怕麻烦；对干部的缺点错误，基本的办法是批评教育，不要带大帽子，处罚必须适当；审查干部必须实事求是，既要严格，又要客观，要真正爱护干部的政治生命；要经常关心和解决干部的生活困难。所有这一切，都充分体现了关心干部、爱护干部的精神。

综上所述，陈云作为以毛泽东为核心的第一代中央领导集体和以邓小平为核心的第二代中央领导集体的重要成员，在参与领导中国革命、建设和改革的具体实践中，不仅形成了丰富的经济思想、哲学思想和党的建设理论，而且形成了高超的领导艺术和科学的工作方法，成为全党科学决策的典范。陈云的这些领导艺术和工作方法，与现代西方领导科学和管理科学所标榜的领导方法不同，有着自己显著的特点，即不仅具有高度的科学性，而且具有鲜明的党性，是党性和科学性的有机统一，是我们党的最可宝贵的精神财富。正因为如此，深入开展对陈云领导方法、工作方法的学习和研究，对于我们在新的历史条件下加强党的建设，特别是加强党的执政能力建设，具有十分重要的现实意义。

（原载《党建研究》2004 年第 6 期，题为《陈云领导方法和工作方法探析》，收入本书时有较大修改）

党的建设与中国特色
社会主义伟大事业

党的十七届四中全会的决定指出："没有中国共产党就没有新中国，就没有中国特色社会主义。"这是总结我们党执政兴国 60 年来的历史经验得出的科学结论。60 年来，我们党在领导和团结全国各族人民，进行社会主义革命、建设和改革，逐步探索、开创和发展中国特色社会主义伟大事业的历史进程中，高度重视自身建设，坚持把推进党的建设伟大工程和推进党领导的伟大事业紧密结合起来，始终成为中国特色社会主义伟大事业的坚强领导核心。

一 "领导我们事业的核心力量是中国共产党"

没有共产党，就没有新中国。这已经是被中国革命历史证明了的颠扑不破的真理。党的领导，是中国革命胜利的三大法宝之一。毛泽东曾说，指导伟大的革命，需要伟大的政党；没有这样一个政党，就不可能领导工人阶级和广大人民群众战胜帝国主义及其走狗。为了赢得中国革命的胜利，他提出迫切需要"建设一个全国范围内的、广大群众性的、思想上政治上组织上完全巩固的布尔什维克化的中国共产党"，并把建设这样一个政党的任务，称为"伟大的工程"。① 这一伟大工程，着眼于从思想上建党，不

① 毛泽东：《〈共产党人〉发刊词》，《毛泽东选集》第二卷，人民出版社，1991，第 602 页。

断教育和改造广大农民和小资产阶级出身的党员，加强党的思想、作风和组织建设，使中国共产党成为中国革命事业的坚强领导核心。

新中国成立后，我们党能否带领人民群众巩固新政权、建设新政权，学会管理国家的新本领，找到一条适合中国国情的发展道路，完成社会主义革命和建设的任务，实现国家的繁荣和富强，成为一个重大现实问题。面对新的挑战，以毛泽东为核心的第一代中央领导集体，进行了不懈的探索。一方面，领导开展了新中国成立初期的整风整党运动，努力保持和发扬战争年代的优良传统和作风；另一方面，不断加强党的领导水平和执政能力建设，要求党的各级领导干部，都要努力学习科学文化知识，提高管理国家和领导经济建设的本领。

随着国民经济的全面恢复和发展，党中央及时制定了过渡时期总路线，又开始领导新中国实现"从新民主主义革命到社会主义革命和建设的历史性转变"。在这个重要的历史关头，毛泽东明确提出，"领导我们事业的核心力量是中国共产党"；号召全国人民"为了建设一个伟大的社会主义国家而奋斗"。① 他认为，我们现在进入了一个钻社会主义工业化，钻社会主义改造，钻现代化国防，并且开始要钻原子能这样的历史新时期，适应这种新的情况钻进去，成为内行，这是我们的任务。为此，他还从发展社会主义事业的战略高度提出了"向外国学习"的口号，强调一切民族、一切国家的长处都要学，政治、经济、科学、技术、文学、艺术的一切真正好的东西都要学。当然，我们要"学习与独创相结合"。

在党中央的正确领导下，中国共产党人不仅成功地开辟了一条适合自己特点的社会主义改造道路，完成了社会主义革命的伟大任务，而且坚定地选择了社会主义道路，建立起社会主义基本政治制度和经济制度，为当代中国的一切发展和进步，为中华民

---

① 毛泽东：《为建设一个伟大的社会主义国家而奋斗》（1954 年 9 月 15 日），《建国以来毛泽东文稿》第四册，人民出版社，1990，第 554 页。

族的伟大复兴，奠定了根本政治前提和制度基础。

到 1956 年社会主义革命即将完成、社会主义建设时期就要到来的时候，毛泽东又要求全党进行独立思考，把马列主义的基本原理同中国具体实际相结合，找到适合中国国情的发展道路。他说，我们党能够领导民主革命，这已经在历史上证明了；又能够领导社会主义革命，现在也证明了，因为我们的社会主义革命已经基本上胜利了；但我们党能够领导经济建设，这一点还没有证明，至少还要经过三个五年计划的时间。① 党的"八大"召开前夕，毛泽东再次强调"领导我们事业的核心是我们的党"，要求对广大党员进行教育、说服和团结工作，使他们在人民中间更好地起核心作用。这样做的目的就是要团结党内外、国内外一切可以团结的力量，建设一个伟大的社会主义国家。

党的"八大"进一步向全党提出了善于学习的要求，强调党要把一个落后的农业国改变为一个先进的工业国，面前的工作是很艰苦的，经验是很不够的，因此必须善于学习。为了适应即将开始的全面建设社会主义的需要，"八大"还着重研究了加强执政党建设的问题。党中央明确提出执政党建设的根本任务，就是要把党建设成为领导社会主义事业的坚强核心，没有这样一个核心，社会主义事业就不能胜利。要在几十年内，努力改变我国在经济上和科学文化上的落后状况，迅速达到世界上的先进水平，决定一切的是要有干部。为此，毛泽东同志特别要求所有的省委书记、市委书记、地委书记以及中央各部门的负责人，都要努力使自己成为精通政治工作和经济工作的专家；各行各业的干部都要努力精通技术和业务，使自己成为经济建设的内行，做到又红又专。

《论十大关系》和《关于正确处理人民内部矛盾的问题》就是在这样的时代背景下相继问世的。1956 年的《论十大关系》确定了一个基本方针，就是要把国内外一切积极因素调动起来，为

---

① 毛泽东：《为了第八届中央委员会的选举问题》（1956 年 9 月 10 日），《毛泽东文集》第七卷，人民出版社，1999，第 103 页。

社会主义建设事业服务；1957 年的《关于正确处理人民内部矛盾的问题》提出，要把正确处理人民内部矛盾作为国家政治生活的主题。这两篇著作贯穿了一个根本指导思想，就是建设社会主义必须根据本国情况走自己的道路，必须领导和团结全国各族人民，发展我们的经济，发展我们的文化，建设一个强大的社会主义国家。正是在这些重要著作的指导下，我们党对适合中国情况的社会主义道路进行了初步探索，逐步提出了统筹兼顾、综合平衡，以农业为基础，以工业为主导，正确处理农轻重的比例关系，兼顾国家、集体和个人三者利益等这样一些关于社会主义建设的规律性认识。

到了 1960 年代，毛泽东总结了经济建设中的经验教训，进一步指出：在社会主义建设上，我们还有很大的盲目性，社会主义经济对于我们来说，还有许多未被认识的必然王国；从我们全党来说，社会主义建设知识非常不够，应当努力学习，在实践中逐步地加深对它的认识，弄清楚它的规律。① 在七千人大会上，他再次向全党提出进一步提高领导水平，以适应社会主义建设根本需要的要求。此后，党中央明确提出了实现四个现代化的强国目标和"两步走"的发展战略，领导人民逐步建立起了相对独立的、比较完整的国民经济体系，为社会主义现代化建设奠定了基础。正如《关于建国以来党的若干历史问题的决议》中所指出的："我们现在赖以进行现代化建设的物质技术基础，很大一部分是这个期间建设起来的；全国经济文化建设等方面的骨干力量和他们的工作经验，大部分也是在这个期间培养和积累起来的。"②

历史在探索中前进，有成功，也有失误。十年"文革"使中国社会主义事业的发展遭受了严重挫折。粉碎"四人帮"以后，以邓小平为代表的中国共产党人，拨乱反正，使社会主义事业重

---

① 毛泽东：《在扩大的中央工作会议上的讲话》（1962 年 1 月 30 日），《毛泽东文集》第八卷，人民出版社，1999，第 302 页。

② 《中国共产党中央委员会关于建国以来党的若干历史问题的决议》，《十一届三中全会以来重要文献选读》上册，人民出版社，1987，第 310 页。

新回到了正确发展轨道。历史再一次证明：我们的国家是伟大的国家，我们的党是伟大的党，它永远是中国社会主义事业的坚强领导核心。

二 "把党建设成为领导社会主义现代化事业的坚强核心"

进入改革开放历史新时期以后，以邓小平为核心的第二代中央领导集体，明确提出要"把党建设成为领导社会主义现代化建设事业的坚强核心"，不断加强党的自身建设，在领导改革开放和现代化建设的具体实践中，找到了适合本国国情的发展道路，开创了中国特色社会主义伟大事业。

在十一届三中全会前后，邓小平思考得最多的，就是"什么是社会主义、怎样建设社会主义"这个根本的问题，并认为"我们过去对这个问题的认识不是完全清醒的"。他从事关社会主义事业兴衰成败的高度来思考实行改革开放的战略意义，提出"如果现在再不实行改革，我们的现代化事业和社会主义事业就会被葬送"，从而深化了对"怎样建设社会主义"这一重大问题的认识。[①]

正是在邓小平的正确指导下，十一届三中全会重新确立了党的实事求是思想路线，作出了把党和国家的工作重点转移到社会主义现代化建设上来、实行改革开放的重大决策，开启了改革开放历史新时期，我国社会主义建设事业从此进入了一个新的发展阶段，逐步开始了"从高度集中的计划经济体制到充满活力的社会主义市场经济体制、从封闭半封闭到全方位开放的历史性转变"。

新的历史条件和历史任务，对加强党的领导提出了新的要求。邓小平坚定地指出，为了实现四个现代化，我们必须坚持四项基本原则，"如果动摇了这四项基本原则中的任何一项，那就

---

① 邓小平：《解放思想，实事求是，团结一致向前看》（1978 年 12 月 13 日），《邓小平文选》第二卷，第 150 页。

动摇了这个社会主义事业"。① 而坚持四项基本原则，核心是坚持党的领导。"中国的社会主义现代化建设事业由共产党领导，这个原则是不能动摇的"；"从根本上说，没有党的领导，就没有现代中国的一切"。② 因此，在党的十一届五中全会上，邓小平特别强调，修改党章要进一步明确党在四个现代化建设中的地位和作用。

坚持党的领导，必须改善党的领导，提高党的领导水平。邓小平认为，改革开放和现代化建设是一场深刻的伟大革命，全党同志一定要善于学习，摸索经济规律，不断提高党的战斗力。他提出党的各级领导干部不能长期安于当外行，要钻进去，逐渐成为经济建设的内行；要着重抓紧三个方面的学习，即学经济学、学科学技术、学管理知识；要从实践中学，从书本上学，从自己和人家的经验教训中学。他还特别强调党的高级干部，必须带头钻研现代化，只有学习好，才可能领导好高速度、高水平的社会主义现代化建设。正是在这些精神的指引下，我们党在领导改革开放和现代化建设的具体实践中，始终注意把坚持党的领导和改善党的领导紧密联系起来，把学习业务和提高本领紧密结合起来，不断提高全党的领导水平和执政能力，积累了宝贵的经验。

要把社会主义事业不断推向前进，关键是要找到一条适合我国国情的社会主义建设道路。邓小平指出："过去搞民主革命，要适合中国情况，走毛泽东同志开辟的农村包围城市的道路。现在搞建设，也要适合中国情况，走出一条中国式的现代化道路。"③ "十二大"提出"走自己的道路，建设有中国特色的社会主义"。"有中国特色的社会主义"建设道路的提出，标志着我们党对社会主义建设规律的认识实现了新的飞跃，中国的现代化建

① 邓小平：《坚持四项基本原则》（1979 年 3 月 30 日），《邓小平文选》第二卷，第 173 页。

② 邓小平：《目前的形势和任务》（1980 年 1 月 16 日），《邓小平文选》第二卷，第 266 页。

③ 邓小平：《坚持四项基本原则》（1979 年 3 月 30 日），《邓小平文选》第二卷，第 163 页。

设事业找准了前进的方向。

面对领导中国特色社会主义事业发展的新需要，"十二大"着重强调了党的建设问题，提出要"把党建设成为领导社会主义现代化事业的坚强核心"，从而进一步明确了党在新的时期肩负的历史使命和根本任务，也明确了新时期党的建设的目标和方向。此后，在进一步实行改革开放、全面开创中国特色社会主义事业新局面的历史进程中，这一目标得到了不断的深化。十二届二中全会作出关于整党的决定，强调一定要通过这次整党，"把我们党建设成为有战斗力的马克思主义政党，成为领导全国人民进行社会主义物质文明和精神文明建设的坚强核心"。

"十二大"以后，我们党对中国特色社会主义建设规律的认识不断得到深化，逐步形成了"三步走"的社会主义现代化发展战略；在政治体制改革方面，确立了社会主义民主政治的目标；在思想理论和文化建设方面，形成了社会主义精神文明建设的理论；在祖国统一问题上，提出了"一国两制"的完整构想，等等。正是在对这些新鲜经验进行深入总结的基础上，"十三大"作出了我国处于社会主义初级阶段的科学判断，提出了"一个中心，两个基本点"的基本路线，并把它称之为"我们党的建设有中国特色的社会主义的基本路线"。邓小平同志反复强调，基本路线要管一百年，一百年不动摇，充分说明了坚持这条基本路线对于发展中国特色社会主义的深远意义。

"十三大"以后，我国现代化建设进入了深化改革、扩大开放、加速发展的重要时期。这期间，中国特色社会主义事业的发展遭遇了严峻的挑战。邓小平作为改革开放和社会主义现代化建设的总设计师，在面对国内外风波的考验中强调了"稳定压倒一切"；在总结改革开放的经验教训过程中强调了"两手抓，两手都要硬"；在总结治理整顿的经验教训过程中强调了"发展才是硬道理"；在深化改革的具体实践过程中强调了"改革也是解放生产力"；在考察特区经济建设过程时强调了"计划和市场都是手段"。所有这一切，都对中国特色社会主义事业的发展起到了关键性的指导作用。特别是他在1992年初的南方谈话，不仅全面揭示了社会主义的本质，而且对十一届三中全会以来逐步形成的一系列重大理论问题进行了系统的概括，标志着邓小平建设有中国特色社会主义理论科学体系的形成。邓小平理论比较系统地初步回答了在中国这样经济文化比较落后的国家如何建设社会主义、如何巩固和发展社会主义等一系列基本问题，用新的思想、观点，继承和发展了马列主义、毛泽东思想，对我们党领导改革开放和现代化建设具有长远的指导意义，是我们党始终成为中国特色社会主义事业坚强领导核心的可靠思想保障。

三 "中国共产党是领导建设有中国特色社会主义伟大事业的核心力量"

党的十三届四中全会以来，以江泽民为核心的党的第三代中央领导集体，在国际国内环境发生重大变化的情况下，高举邓小平理论伟大旗帜，坚持改革开放、与时俱进，创立了"三个代表"重要思想，全面推进党的建设新的伟大工程，成功地把中国特色社会主义事业推向 21 世纪。

20 世纪 80 年代末 90 年代初，国内发生严重政治风波，国际上东欧剧变、苏联解体，世界社会主义遭遇严重曲折，我国社会主义事业的发展面临巨大的困难和压力。以江泽民同志为核心的第三代中央领导集体临危受命，承担起全面推进中国特色社会主义事业的历史重任。在这个重大历史关头，如何推进中国特色社会主义事业，关键是要坚持党的十一届三中全会的路线不动摇。江泽民在十三届四中全会上明确指出，我们党已经制定和形成了一条建设有中国特色社会主义的路线和一系列基本政策，我们必须坚定不移、毫不动摇地全面执行，做到一以贯之。他认为，这些既定的路线方针政策，集中体现在邓小平建设有中国特色社会主义理论体系当中。[①] 因此，"十四大"明确提出了用建设有中国特色社会主义理论武装全党的战略任务。

---

① 江泽民：《通报中央政治局常委"三讲"情况的讲话》，《江泽民文选》第二卷，人民出版社，2006，第 524 页。

要把中国的事情办好，关键在党。根据当时的形势，党中央牢记邓小平的政治嘱托，聚精会神地抓党的自身建设。江泽民多次发表重要讲话，要求按照党的基本路线的要求全面加强党的建设。党中央采取一系列重要措施，认真解决党组织和党员队伍中存在的思想混乱、组织涣散、作风不正、纪律松弛等突出问题，取得了明显成效。党的自身建设的加强，对政治和社会稳定起到了积极的促进作用，为中国特色社会主义建设事业的进一步发展创造了重要的政治、思想条件。

在新的历史条件下，要把中国特色社会主义伟大事业进一步推向前进，当务之急是要建立社会主义市场经济体制，实现"从高度集中的计划经济体制到充满活力的社会主义市场经济体制"的历史性转变。"十四大"把这一任务作为经济体制改革的目标提出来，标志着我国改革开放进入了一个新的发展阶段。十四届三中全会进一步阐述了社会主义市场经济体制的基本框架，使改革开放事业从理论到实践都取得了突破性进展，打开了我国经济、政治和文化发展的崭新局面。

在社会主义条件下发展市场经济，使我们党又一次面临着与过去不同的新问题新挑战。为此，十四届四中全会专门讨论了加强党的建设问题，江泽民在会上首次提出党的建设"新的伟大工程"的概念，并认为这一"新的伟大工程"是由邓小平开创的，要求全党在新的历史条件下把它进一步推向前进，确保中国特色社会主义事业的顺利进行。

在党的"十五大"上，江泽民强调指出，要把我们的事业全面推向21世纪，关键在于坚持、加强和改善党的领导，进一步把党建设好。他认为党的领导和党的建设，历来是同党的历史任务、同党为实现这些任务而确立的理论和路线紧密联系在一起的。① 面向新世纪，"十五大"提出党的建设的总目标，就是"要把党建设成为用邓小平理论武装起来、全心全意为人民服务、

---

① 江泽民：《高举邓小平理论伟大旗帜，把建设有中国特色社会主义事业全面推向二十一世纪》（1997年9月12日），《江泽民文选》第二卷，第42页。

思想上政治上组织上完全巩固、能够经受住各种风险、始终走在时代前列、领导全国人民建设有中国特色社会主义的马克思主义政党"。大会要求全党按照这个总目标，不断提高领导水平和执政能力、增强拒腐防变和抵御风险的能力，以新的面貌和更强大的战斗力，带领人民完成新的历史任务。

"十五大"还在对社会主义初级阶段基本国情进行深刻分析的基础上，提出了社会主义初级阶段的经济、政治、文化纲领，阐明了中国特色社会主义经济、政治、文化的基本特征和基本要求，这是我们党长期探索"建设什么样的社会主义"的最新认识成果，对推动中国特色社会主义事业的发展具有重要的指导作用。

"十五大"以后，在党的基本路线和基本纲领指导下，党中央强调发展是党执政兴国的第一要务，制定和实施了科教兴国、可持续发展、西部大开发、"引进来"和"走出去"相结合等重大方针政策和战略措施，保持国民经济的持续快速健康发展，在世纪之交顺利实现了现代化建设的前两步战略目标，人民生活整体上实现了由温饱到小康的历史性跨越。与此同时，党中央还适应经济发展和社会全面进步的要求，积极稳妥地推进政治体制改革，发展社会主义民主政治；大力加强社会主义精神文明建设，发展先进文化；采取一系列措施，加强军队和国防建设，等等。我国经济社会稳步发展，社会长期保持安定团结，国际影响显著扩大。

世纪之交，国内外形势发生重大而深刻变化，出现了许多新情况新问题。江泽民对"建设什么样的党、怎样建设党"这个直接关系到我们党和国家前途命运的重大问题，进行了长期深入的思考，明确提出"中国共产党是领导建设有中国特色社会主义伟大事业的核心力量"，强调"治国必先治党，治党务必从严"。2000年初，他在总结全党开展"三讲"教育实践经验的基础上，正式提出了"三个代表"的重要思想，在邓小平理论的基础上，进一步回答了什么是社会主义、怎样建设社会主义的问题，创造性地回答了建设什么样的党、怎样建设党的问题。江泽民指出，

"三个代表"重要思想是我们党的立党之本、执政之基、力量之源；要通过不懈的努力，保证我们党始终成为中国先进生产力发展要求、中国先进文化前进方向和中国最广大人民根本利益的忠实代表，始终成为中国特色社会主义事业的坚强领导核心。[①]

"三个代表"重要思想，顺应了时代发展的潮流和我国社会发展进步的要求，反映了全国各族人民的共同利益和愿望，深化了党对新的时代条件下推进中国特色社会主义事业和加强党的建设的规律性认识，进一步明确了党在新世纪的历史任务和奋斗目标，是我们党必须长期坚持的重要指导思想。

江泽民曾经总结说，十三届四中全会以来，党中央最关注的两大问题：一个是不断加强党的建设，巩固我们党的执政地位，使我们党始终成为领导全国人民进行改革开放和社会主义现代化建设的核心力量；一个是坚持"一个中心、两个基本点"的基本路线，加快经济发展和社会全面进步，不断增强我国综合国力，提高人民生活水平，为我国社会主义制度奠定强大的物质文明和精神文明基础。可以说，十三届四中全会以来的 13 年，我们党之所以能够经受住前进道路上各种困难和风险的考验，带领全国人民不断取得改革开放和现代化建设的伟大胜利，根本的原因就在于把"新的伟大工程"和"伟大事业"这两方面的工作紧密结合起来，围绕党的中心任务不断加强和改进党的建设，使党始终成为中国特色社会主义事业的坚强领导核心。

四 "党要站在时代前列带领人民不断开创事业发展新局面"，"始终成为中国特色社会主义事业的坚强领导核心"

党的"十六大"以来，以胡锦涛为总书记的党中央坚持以邓小平理论、"三个代表"重要思想为指导，求真务实、开拓创新，

---

① 江泽民：《始终做到"三个代表"是我们党的立党之本、执政之基，力量之源》（2000 年 5 月 14 日），《江泽民文选》第三卷，人民出版社，2006，第 6 页。

在继续推进党的建设新的伟大工程的同时，把中国特色社会主义事业不断推向前进。

以党的"十六大"为标志，我国进入了全面建设小康社会的新阶段。面对前所未有的机遇和挑战，以胡锦涛为总书记的党中央，从中国特色社会主义事业发展的战略高度出发，适应国际国内形势的新变化，在深刻把握经济社会发展趋势和规律的基础上，提出了科学发展观等重大战略思想。

科学发展观完整地回答了什么是发展、为什么发展和怎样发展这个新世纪新阶段的重大理论和现实问题，是我们党指导发展的世界观和方法论。它把发展作为党执政兴国的第一要务，进一步明确了我国经济社会的发展目标、发展思路和发展战略，表明我们党在全面建设小康社会的伟大实践中，对共产党执政规律、社会主义建设规律和人类社会发展规律的认识，达到了一个新的境界。

要深入贯彻和落实科学发展观，就必须切实加强和改进党的建设。胡锦涛指出："党要站在时代前列带领人民不断开创事业发展新局面，必须以改革创新精神加强自身建设，始终成为中国特色社会主义事业的坚强领导核心。"[1]

从毛泽东当初提出"领导我们事业的核心力量是中国共产党"，到"十二大"强调要"把党建设成为领导社会主义现代化事业的坚强核心"；从江泽民提出"中国共产党是领导建设有中国特色社会主义伟大事业的核心力量"，到胡锦涛强调党要"始终成为中国特色社会主义事业的坚强领导核心"，这些提法一脉相承，与时俱进，充分说明了我们党的历代领导集体，对党在社会主义建设时期的历史使命和党的建设的总体目标的认识，是完全一致的。

"十六大"以来，党中央从完成执政兴国历史使命的高度，

---

[1] 胡锦涛：《以改革创新精神全面推进党的建设新的伟大工程（2008年2月18日）》，《"十七大"以来重要文献选编》（上），中央文献出版社，2009，第229页。

加强党的执政能力建设和先进性建设，不断提高党的执政能力，保持和发展党的先进性，"使党的工作和党的建设更加符合科学发展观的要求"，为中国特色社会主义事业的发展提供了可靠的政治和组织保障。

执政能力建设关系到党的建设和中国特色社会主义事业发展的全局。胡锦涛指出，我们党是执政党，党的各方面建设，最终都应该体现到提高党的执政能力上来，体现到巩固党的执政地位上来。在执政条件和社会环境发生深刻变化的新形势下，面对承担的繁重任务和严峻挑战，进一步加强党的执政能力建设，提高党的领导水平和执政水平，是"我们要集中力量认真解决的一个重大课题"。

正是为了解决这个重大课题，十六届四中全会作出了《关于加强党的执政能力建设的决定》，要求全党坚持科学执政、民主执政、依法执政，不断提高驾驭社会主义市场经济、发展社会主义民主政治、建设社会主义先进文化、构建社会主义和谐社会、应对国际局势和处理国际事务"五个方面的能力"。加强执政能力建设，为我们党贯彻和落实科学发展观，完成执政兴国的历史使命，奠定了坚实的基础。

要贯彻和落实科学发展观，还必须加强党的先进性建设。正如十七届四中全会决定所指出的，"党的先进性和党的执政地位都不是一劳永逸、一成不变的，过去先进不等于现在先进，现在先进不等于永远先进；过去拥有不等于现在拥有，现在拥有不等于永远拥有"。[1] 正因为如此，党中央在新时期特别重视加强先进性教育。从 2005 年开始，在全党开展了历时一年半的保持共产党员先进性教育活动。胡锦涛同志还明确提出了新时期共产党员保持先进性的六条基本要求。这些基本要求鼓舞着广大党员干部在新世纪新阶段建设中国特色社会主义的伟大实践中，始终发挥着先锋模范作用。

---

① 胡锦涛：《在纪念党的十一届三中全会召开三十周年大会上的讲话（2008 年 12 月 18 日）》，《"十七大"以来重要文献选编》（上），第 807 页。

　　"十六大"以来，党中央坚持把党的执政能力建设和先进性建设作为主线，以改革创新的精神全面推进党的建设新的伟大工程，使党始终成为立党为公、执政为民的马克思主义政党，始终站在时代前列，不断开创中国特色社会主义事业发展新局面。在经济建设方面，党中央把发展作为解决中国一切问题的关键，聚精会神搞建设，一心一意谋发展，转变发展思路，坚持科学发展，深化改革，扩大开放，进一步完善社会主义市场经济体制；在社会建设方面，明确提出构建社会主义和谐社会的重大战略思想，社会主义建设的总体布局，由经济、政治、文化三位一体发展为经济、政治、文化、社会四位一体，这对于全面建设小康社会、发展中国特色社会主义事业具有重大而深远的意义；在政治建设方面，坚定不移发展社会主义民主政治，坚持党的领导、人民当家做主、依法治国的有机统一，不断推进社会主义政治制度自我完善和发展；在思想文化建设方面，坚持不懈地用马克思主义中国化的最新成果武装全党，大力推动社会主义核心价值体系建设，促进社会主义文化大发展大繁荣。所有这一切，都充分表明了我们党是中国特色社会主义伟大事业的坚强领导核心。

　　"十七大"以来，面对复杂多变的国际环境和艰巨繁重的改革发展任务，以胡锦涛为总书记的党中央带领全国各族人民，坚持用发展和改革的办法解决前进中的问题，保持了经济社会平稳较快发展。面对自然灾害以及经济政治领域的各种困难和风险，特别是严重的国际金融危机的冲击，党中央沉着应对，强调越是困难，越要坚持走科学发展的道路。在这一思想指导下，全党开展了深入学习实践科学发展观活动，广大党员干部的思想理论水平得到了提高，增强了贯彻落实科学发展观的自觉性和坚定性。在党中央的坚强领导下，全国人民齐心协力，共克时艰，取得了抗击经济危机的初步成效。2009年下半年，我国经济企稳回升，经济发展质量进一步提高。

　　经过60年的艰苦奋斗，中国人民的面貌、社会主义中国的面貌、中国共产党的面貌都发生了历史性变化。人民生活实现了由贫困到温饱再到小康的历史性跨越，国家经济建设、政治建设、文化建设、社会建设都取得了举世瞩目的成就。60 年的辉煌发展，充分证明了十七届四中全会的这样一个结论："没有中国共产党就没有新中国，就没有中国特色社会主义。办好中国的事情，关键在党。坚持中国特色社会主义道路，推进社会主义现代化，实现中华民族伟大复兴，必须毫不动摇地坚持中国共产党的领导。"

（本文是作者与王骏合作撰写的，原载《中国特色社会主义研究》2009 年第 6 期，收入本书时略有修改）

第二篇

永葆共产党员先进性

新时期共产党员先进性基本
要求的由来和发展

2005 年 1 月 14 日，胡锦涛在保持共产党员先进性专题报告会上的重要讲话中，明确提出了新时期共产党员保持先进性的六条基本要求。它们分别是：第一，坚持理想信念，坚定不移地为建设中国特色社会主义而奋斗；第二，坚持勤奋学习，扎扎实实地提高实践"三个代表"重要思想的本领；第三，坚持党的根本宗旨，始终不渝地做到立党为公、执政为民；第四，坚持勤奋学习，兢兢业业地创造一流的工作业绩；第五，坚持遵守纪律，身体力行地维护党的团结统一；第六，坚持"两个务必"，永葆共产党人的政治本色。

这六条基本要求，是一个有机统一的整体。其中，"坚持理想信念"，就是要解决好运用马克思主义的立场、观点、方法，正确认识人类社会发展和社会主义现代化建设的客观规律的问题，这是共产党员保持先进性的思想基础和精神动力；"坚持勤奋学习"，就是要解决好对"三个代表"重要思想"真学、真懂、真信、真用"，真正提高实践"三个代表"重要思想的本领的问题，这是共产党员保持先进性的前提；"坚持党的根本宗旨"，就是要解决好时刻把群众的安危冷暖挂在心上，有效地预防腐败现象产生的问题，这是共产党员保持先进性的核心所在；"坚持勤奋工作"，就是要解决好切实提高党的执政能力，树立和落实科学的发展观和正确的政绩观的问题，这是共产党员保持先进性的重要体现；"坚持遵守党的纪律"，就是要解决好摆正党员个人与组织的关系，坚决维护党的团结统一的问题，这是共产党员保持先进性的重要保证；"坚持'两个务必'"，就是要解决好在新时期更好地执政，居安思危，打破"历史周期率"的问题，这是共产党员永葆先进性的根本要求。

胡锦涛提出的这六条基本要求，深刻揭示了新时期保持共产党员先进性所必须解决的重大问题，是我们正确认识新时期共产党员先进性的基本内涵和主要表现的根本指针。它是在深入总结我们党的三代领导集体不断开展党的先进性教育实践的基础上，充分吸收全党关于共产党员先进性科学认识的基础上概括提炼出来的，是对我们党的三代中央领导集体开展先进性建设理论和实践的继承和发展。

共产党人肩负着解放全人类、最终实现共产主义的伟大历史使命。但是，在各个不同的历史时期和历史阶段，他们所承担的历史任务又是各不相同的，因此其先进性的基本内容、具体要求和主要表现也是各不相同的。中国共产党80多年的奋斗历程表明，党的先进性历来是随着形势和任务的变化而不断丰富和发展的。时代的发展，总是不断给共产党人提出新的目标和任务，要求他们在新的历史条件下充分发挥先锋模范作用，永葆共产党员的先进性。因此，我们必须用发展的而不是静止的、具体的而不是抽象的眼光去看待不同时代的共产党员的先进性，了解它的由来和发展，并根据实践的需要，不断赋予它新的内容。

毋庸置疑，由于时代主题和实践内容不同，我们党的历代主要领导人对共产党员先进性内涵的认识是有所区别、有所发展的，甚至在用词和表述方法上也各有不同。毛泽东特别强调共产党人要努力成为中国革命和中国人民的先锋队，要求他们要做"一个高尚的人，一个纯粹的人，一个有道德的人，一个脱离了低级趣味的人，一个有益于人民的人"，这实际上就是在革命战争年代对共产党员先进性要求的具体概括。邓小平在1980年底曾提出一个共产党员应该具备五种精神，即革命和拼命的精神，严守纪律和自我牺牲的精神，大公无私和先人后己的精神，压倒一切敌人和压倒一切困难的精神，革命乐观主义、排除万难去争取胜利的精神。他还特别指出："如果一个共产党员没有这些精神，就决不算是一个合格的共产党员。"这实际上是在改革开放初期对共产党员先进性要求的具体概括。江泽民十分注意根据形势的变化和任务的要求，不断探索共产党员先进性的标准。特别是他在党的"十四大""十五大"和"十六大"报告中，分别对共产党员的先进性和党员的先锋模范作用进行了论述。每一次论述既有本质上的联系，又有要求上的区别；既体现了他对党性和党员先锋模范作用认识的一贯性，又体现了紧跟实践的发展而发展的鲜明特点。这就表明，我们党对于先进性的探索和认识，也是不断深入、不断完善的，对于共产党员先进性的要求和标准也是不断丰富、不断发展的。因此，要结合形势和任务的发展，为党的先进性不断增加新的内涵。

以毛泽东、邓小平、江泽民同志为核心的党的三代中央领导集体关于加强党的先进性建设的理论和实践一脉相承，为我们党开展先进性建设积累了丰富的实践经验，奠定了坚实的理论基础，提供了科学的思想指南。在全面建成小康社会的新世纪新阶段，重温我们党的三代领导集体关于共产党员标准和要求的论述，对于我们正确理解和把握胡锦涛关于新时期共产党员保持先进性六条基本要求的由来和发展，具有直接的帮助和借鉴作用。

第一，关于坚持理想信念。

崇高的理想信念，始终是共产党人永葆先进性、发挥先锋模范作用的精神动力。对此，党的三代领导核心都曾有过非常系统的论述。早在第一次国共合作期间，毛泽东就曾针对有关共产党员在国民党内从事党务活动而不敢公开自己身份的说法，驳斥道："如果怕声明自己是共产主义者，也决不是真正共产党员了。"① 到了第二次国共合作期间，他又针对有关共产党员宣布为实现三民主义而奋斗，就等于放弃自己的共产主义信仰的言论，

① 中共中央文献研究室编《毛泽东著作专题摘编》（下），中央文献出版社，2003，第 2092 页。

郑重声明："这只会是拨弄是非者的谣言。"① 我们 "每个共产党员入党的时候，心目中就悬着为现在的新民主主义革命而奋斗和为将来的社会主义和共产主义而奋斗这样两个明确的目标，而不顾那些共产主义敌人的无知的和卑劣的敌视、污蔑、谩骂或讥笑"。② 他不断向全党提出这样的目标和任务：我们不但要完成民主革命，而且要使革命转变到将来的社会主义方向去！并要求"每个共产党员都应为此而奋斗，绝对不能半途而废"。

共产党人要实现共产主义的远大目标，就必须脚踏实地地为实现党在现阶段的基本纲领而不懈努力，扎扎实实地做好现阶段的每一项工作。毛泽东在领导中国革命和建设的具体实践中，深刻阐明了民主革命和社会主义革命的辩证关系，并在此基础上提出，共产党人必须坚持最高纲领和最低纲领的统一，最高理想和共同理想的统一，胸怀远大目标和切实做好当前工作的统一。他认为，任何忠实的马克思主义者，都必须同时具有现时实际任务与将来远大理想两种责任，并且应该懂得，"只有现时的实际任务获得尽可能彻底的完成，才能有根据有基础地发展到将来的远大理想那个阶段去"。③ 他要求一切中国共产党人，一切中国共产主义的同情者，都必须为着现阶段的目标而奋斗。如果不为这个目标奋斗，"就不是一个自觉的和忠诚的共产主义者"。④

毛泽东关于共产党人必须坚持最高理想和现实目标相统一的思想，在改革开放和现代化建设的历史新时期得到了进一步的丰富和发展。党的第二代、第三代中央领导集体都反复要求全党同志既要树立共产主义的远大理想，坚定信念，以高尚的思想道德要求和鞭策自己，更要脚踏实地地为实现党在现阶段的基本纲领而不懈努力，扎扎实实地做好现阶段的每一项工作。邓小平指

① 中共中央文献研究室编《毛泽东著作专题摘编》（下），第 2092 页。
② 毛泽东：《论联合政府》（1945 年 4 月 24 日），《毛泽东选集》第三卷，人民出版社，1991，第 1059 页。
③ 《论新阶段》（1938 年 10 月 12 日～14 日）《中共中央文件选集》第十一册，中央党校出版社，1991，第 628 页。
④ 毛泽东：《论联合政府》（1945 年 4 月 24 日），《毛泽东选集》第三卷，第 1059～1060 页。

出："我们共产党人的最高理想是实现共产主义，在不同的历史
阶段又有代表那个阶段最广大人民利益的奋斗纲领。因此我们才
能够团结和动员最广大的人民群众，叫作万众一心。有了这样的
团结，任何困难和挫折都能克服。"① 江泽民则进一步强调："在
革命、建设和改革的各个历史阶段中，我们党既有每个阶段的基
本纲领即最低纲领，也有确定长远奋斗目标的最高纲领。我们是
最低纲领和最高纲领的统一论者。""忘记远大理想而只顾眼前，
就会失去前进方向；离开现实工作而空谈远大理想，就会脱离
实际。"②

正是在充分总结党的三代领导核心关于最高纲领和最低纲领
相统一的思想基础上，胡锦涛把"坚持理想信念，坚定不移地为
建设中国特色社会主义而奋斗"作为新时期共产党员保持先进性
的第一条基本要求，指出："没有远大理想，不是合格的共产党
员；离开现实工作而空谈远大理想，也不是合格的共产党员。我
们既要胸怀共产主义崇高理想，也要坚定走中国特色社会主义道
路的信念，矢志不移地为实现党在社会主义初级阶段的基本路
线、基本纲领而奋斗，扎扎实实地做好当前的每一项工作。"

第二，关于坚持勤奋学习。

坚持勤奋学习，是每一个共产党员增强党性、提高本领、做
好工作的前提。因此，无论是在战争年代，还是在和平建设时
期，党的三代领导核心都非常重视党员的学习问题，注意根据时
代发展的要求，采取各种各样的方式方法，号召学习，组织学
习，领导学习，带头学习。

毛泽东作为马克思主义中国化的开创者，在把马克思主义与
中国具体实际相结合的过程中，不仅身体力行，努力向理论和实
际学习，为全党率先垂范，而且在不同的时期、不同的阶段，全
面论述了共产党员加强学习的极端重要性和开展学习的方式方

---

① 邓小平：《用坚定的信念把人民团结起来》（1986 年 11 月 9 日），《邓小平文
选》第三卷，人民出版社，1994，第 190 页。

② 江泽民：《在庆祝中国共产党成立八十周年大会上的讲话》，《人民日报》
2001 年 7 月 2 日。

法。从学习的内容来看，他首先强调要认真学习马克思主义理论，提出马克思主义哲学是每一个革命者都应该学习的学科。为了使广大党员干部真正弄懂马克思列宁主义，从延安时期开始，每到历史的关键时刻，他都注意结合实际需要，组织一定范围内的读书学习活动，并亲自向全党推荐马克思主义经典著作学习书目。其次，他非常注重文化知识的学习。强调学习文化是学习理论的基础，指出："我们的工农干部要学理论，必须首先学文化。没有文化，马克思列宁主义的理论就学不进去。"① 无论是戎马倥偬的战争年代，还是日理万机的经济建设时期，他都注意开办大大小小的识字班、读书班，组织许许多多的扫盲运动和教育普及活动。最后，是强调要注意学习一点自然科学和社会科学知识。在《工作方法六十条（草案）》中，他不仅要求全党同志学点哲学和政治经济学，而且要求学点自然科学和技术科学，学点历史和法学，学点文学，学点文法和逻辑。对于从事政治和军事工作的党员干部，他主张要注意学习业务工作，努力使自己成为又红又专的干部。他要求所有的党员都应该学习经济和技术，认为如果我们的党员不关心工业，不关心经济，也不懂得别的什么有益的工作，对于这些一无所知，一无所能，只会做一种抽象的"革命工作"，这种"革命家"是毫无价值的。"我们应该反对这种空头'革命家'，学习使中国工业化的各种技术知识。"②

在学习的方法上，首先，他强调要理论联系实际，多向实践学习。"学习马克思主义，不但要从书本上学，主要地还要通过阶级斗争、工作实践和接近工农群众，才能真正学到。"③ 其次，他主张为了解决中国问题和国际问题的需要而去请教马恩列斯，不是读死书，而是领会马克思列宁主义的精神实质。"读多了，

① 毛泽东：《整顿党的作风》（1942年2月1日），《毛泽东选集》第三卷，第818页。
② 毛泽东：《共产党是要努力于中国的工业化的》（1944年5月21日），《毛泽东文集》第三卷，第147页。
③ 毛泽东：《在中国共产党全国宣传工作会议上的讲话》（1957年3月12日），《毛泽东文集》第七卷，人民出版社，1999，第273页。

又不能消化，也可能走向反面，成为书呆子，成为教条主义者、修正主义者。"① 最后，他要求学会用马克思主义立场、观点、方法来观察和解决问题，强调对于马克思主义的理论，要能够精通它、应用它，精通的目的全在于应用。

在学习的态度上，他主张要不畏难，不自满，看不懂就"钻"，没时间就"挤"；认为学习的敌人是自己的满足，要认真学习一点东西，必须从不自满开始。"对自己，'学而不厌'，对人家，'诲人不倦'。"②"工作忙就要'挤'，看不懂就要'钻'，用这两个法子来对付它，学习是一定可以获胜的。"③

改革开放之初，百废待兴，邓小平把学习的任务重新提到了全党工作的高度，指出："实现四个现代化是一场深刻的伟大的革命。在这场伟大的革命中，我们是在不断地解决新的矛盾中前进的。因此，全党同志一定要善于学习，善于重新学习。"④ 至于学习什么？他认为根本的是要学习马列主义、毛泽东思想，大多数干部还要着重抓紧三个方面的学习：一个是学经济学，一个是学科学技术，一个是学管理。除此之外，他还特别强调要注意向外国学习，学习它们的先进技术和管理经验，为我们的现代化建设服务。

江泽民把讲学习看作讲政治、讲正气的前提和基础，认为在我们党几十年积累的丰富经验中，最重要的一条，就是根据各个时期党所面临的形势和任务的需要，刻苦学习，不断进行新的创业。他要求全党同志都要努力学习，领导干部更要带头学习，以不断提高自己，跟上时代前进的步伐。"勤于学习，善于学习，不仅有利于我们更好地改造客观世界，也有利于我们更好地改造

---

① 毛泽东：《关于教育革命的谈话》（1964 年 2 月 13 日），《建国以来毛泽东文稿》第十一册，中央文献出版社，1996，第 23 页。
② 毛泽东：《中国共产党在民族战争中的地位》（1938 年 10 月 14 日），《毛泽东选集》第二卷，人民出版社，1991，第 535 页。
③ 毛泽东：《在延安在职干部教育动员大会上的讲话》（1939 年 5 月 20 日），《毛泽东文集》第二卷，第 182 页。
④ 邓小平：《解放思想，实事求是，团结一致向前看》（1978 年 12 月 13 日），《邓小平文选》第二卷，第 152 页。

主观世界。全党同志特别是领导干部，一定要坚持学习、学习、再学习。"①

胡锦涛从努力提高实践"三个代表"重要思想的本领的高度，强调了在新世纪新阶段坚持勤奋学习的重要性。他指出，马克思主义政党的先进性，首先表现为理论上的先进性。共产党员要加强学习，首要的就是要加强理论学习。当前，广大党员干部要保持先进性，关键是要深刻理解和掌握"三个代表"重要思想并自觉付诸实践，真正做到真学、真懂、真信、真用。同时，还要广泛学习法律、科学、文化、社会、历史等方面的知识，学习现代化建设所需要的一切知识，用人类创造的优秀文明成果充实自己、提高自己。

第三，关于坚持党的根本宗旨。

中国共产党是中华民族和全中国人民利益的最忠实的代表，它始终坚持群众路线和群众观点。对此，毛泽东反复强调：共产党的路线，就是人民的路线；群众观点是共产党员革命的出发点与归宿。他要求"应该使每个同志明了，共产党人的一切言论行动，必须以合乎最广大人民群众的最大利益，为最广大人民群众所拥护为最高标准"。②

群众观点是我们党的基本政治观点，群众路线是我们党的根本工作路线，这是由我们党全心全意为人民服务的根本宗旨所决定的，也是毛泽东所反复倡导的。他认为共产党区别于其他任何政党的一个显著的标志，就是和最广大的人民群众取得最密切的联系，"全心全意地为人民服务，一刻也不脱离群众；一切从人民的利益出发，而不是从个人或小集团的利益出发；向人民负责和向党的领导机关负责的一致性；这些就是我们的出发点"。③ 强调我们的共产党和共产党所领导的八路军、新四军，是革命的军

---

① 江泽民：《论"三个代表"》，中央文献出版社，2001，第 111 页。
② 毛泽东：《论联合政府》（1945 年 4 月 24 日），《毛泽东选集》第三卷，第 1096 页。
③ 毛泽东：《论联合政府》（1945 年 4 月 24 日），《毛泽东选集》第三卷，第 1094～1095 页。

队。这个军队之所以有力量，是因为所有参加这个军队的人，都是为着广大人民群众的利益，为着全民族的利益而战斗的。"紧紧地和中国人民站在一起，全心全意地为中国人民服务，就是这个军队的唯一的宗旨。"①

邓小平在社会主义建设时期重申了毛泽东倡导的群众路线和群众观点，坚持了我们党的根本宗旨，指出，"党的全部任务就是全心全意地为人民服务"，"每一个党员必须养成为人民服务、向群众负责、遇事向群众商量和同群众同甘共苦的工作作风"。②"十年浩劫"之后，他大声疾呼要恢复和提倡"全心全意为人民服务"等庄严的革命口号，针对当时有人要对这些口号进行"批判"的错误倾向，严正指出："每一个有党性、有革命性的共产党员，难道能够容忍这种状况继续下去吗？"③

江泽民在新的历史时期，从建设一个什么样的党、怎样建设党的高度进一步明确了我们党的根本宗旨，认为加强和改进党的建设，乃是为了使我们党始终坚持工人阶级先锋队的性质和全心全意为人民服务的宗旨，始终保持先进性和纯洁性，始终充满生机和活力。他强调："全心全意为人民服务，立党为公，执政为民，是我们党同一切剥削阶级政党的根本区别。"④ 胡锦涛正是在此基础上，进一步提出："能不能坚持全心全意为人民服务的根本宗旨，是衡量一名党员是否合格的根本标尺。""共产党员心里要始终装着群众。党员干部无论职务高低、权力大小，都要当好人民的公仆，切实把立党为公、执政为民的要求具体、深入地落实到各项工作中去。"

第四，关于坚持勤奋工作，发挥先锋模范作用。

党和人民的事业是由无数具体工作推动的，是由无数党员的

① 毛泽东：《论联合政府》（1945年4月24日），《毛泽东选集》第三卷，第1039页。
② 邓小平：《关于修改党的章程的报告》（1956年9月16日），《邓小平文选》第一卷，人民出版社，1994，第217页。
③ 邓小平：《贯彻调整方针，保证安定团结》（1980年12月25日），《邓小平文选》第二卷，人民出版社，1994，第367页。
④ 江泽民：《论"三个代表"》，中央文献出版社，2001，第161页。

共同努力完成的。胡锦涛指出："全面建设小康社会，推进中国特色社会主义事业，离不开千百万共产党人在本职工作岗位上所做的具体工作和不懈努力。共产党员保持先进性，必须体现到改革发展稳定的各项工作中发挥先锋模范作用上，体现到带领群众为推动经济发展和社会进步而开拓进取的实际行动中。"可以说，在本职工作中充分发挥先锋模范作用，努力创造出一流的工作业绩，这是共产党员保持先进性最为突出、最为集中的表现。无论是革命战争年代，还是社会主义建设和改革开放的历史新时期，每个党员都要站在时代的最前列，通过自己的模范作用，影响和带动广大人民群众，不断前进。

毛泽东认为，党员的先锋模范作用应该体现在本职工作的方方面面。全面抗战开始后，他指出："共产党员应在民族战争中表现其高度的积极性；而这种积极性，应使之具体地表现于各方面，即应在各方面起其先锋的模范的作用。"① 具体来说，在军队工作中，应该成为英勇作战的模范、执行命令的模范、遵守纪律的模范、政治工作的模范；在政府工作中，应该成为十分廉洁、不用私人、多做工作、少取报酬的模范；在统战工作中，应该成为实行抗战任务的模范，处理各党相互关系的模范；在生产建设中，应该成为劳动的模范。除此之外，还要成为学习的模范，团结的模范。总之，他认为，"共产党员应是实事求是的模范，又是具有远见卓识的模范。因为只有实事求是，才能完成确定的任务；只有远见卓识，才能不失前进的方向"。②

改革开放之初，邓小平对党员在新时期的先锋模范作用作出了全面的规定，指出："共产党员的模范作用，包括努力学习专业知识，成为各种专业的内行，并且吃苦在前，享受在后，比一

---

① 毛泽东：《中国共产党在民族战争中的地位》（1938 年 10 月 14 日），《毛泽东选集》第二卷，第 521 页。

② 毛泽东：《中国共产党在民族战争中的地位》（1938 年 10 月 14 日），《毛泽东选集》第二卷，第 522 ~ 523 页。

般人负担更多的工作。"① 面对百废待兴的局面，他特别强调共产党员要做艰苦创业的模范。"艰苦创业，首先要我们党员、干部，特别是高级干部带头。""我们的党员、干部，特别是高级干部，一定要努力恢复延安的光荣传统，努力学习周恩来等同志的榜样，在艰苦创业方面起模范作用。"②

党的"十四大"以来，江泽民旗帜鲜明地提出了"关于新时期衡量党员先锋模范作用的标准问题"，并把它作为党员保持先进性的前提条件，认为"在新的历史时期，对共产党员的模范作用应该有新的要求"，只有明确了新时期党员先锋模范作用的基本内涵，才能"把共产党人的先进性在社会主义物质文明和精神文明建设中充分发挥出来"。③ 在建党 72 周年座谈会上，他要求党员"做解放思想、实事求是的模范，做艰苦奋斗、无私奉献、全心全意为人民服务的模范，做遵守纪律、坚持民主集中制的模范，做脚踏实地、勤奋工作、忠于职守的模范，做反对各种消极腐败现象、发扬社会主义新风尚的模范"。④ 这是在新的历史条件下，对共产党员保持先进性，发挥先锋模范作用的具体概括。

第五，关于遵守党的纪律，维护党的团结统一。

党的纪律是全党意志的体现，是党的各级组织和全体党员必须遵守的行为准则，是党的各项事业取得胜利的根本保证。胡锦涛指出："过去战争年代我们打胜仗，靠的是这一条；现在我们进行社会主义现代化建设，同样离不开这一条。我们党要团结带领全国各族人民全面建设小康社会、建设中国特色社会主义，面临的考验是严峻的，面对的挑战是巨大的，必须发挥纪律严明这个优势。"

---

① 邓小平：《目前的形势和任务》（1980 年 1 月 16 日），《邓小平文选》第二卷，第 270 页。

② 邓小平：《目前的形势和任务》（1980 年 1 月 16 日），《邓小平文选》第二卷，第 260 页。

③ 《加快改革开放和现代化建设步伐，夺取有中国特色社会主义事业的更大胜利》，《中国共产党第十四次全国代表大会文件汇编》，人民出版社，1992，第 53 页。

④ 江泽民：《论党的建设》，中央文献出版社，2001，第 77~78 页。

　　纪律严明，历来是我们党的根本优势，也是党的三代领导核心大力倡导和严格要求的。早在井冈山时期，毛泽东就强调："严格地执行纪律，废止对纪律的敷衍现象。"① 在延安时期，他又强调："身为党员，铁的纪律就非执行不可。"② 1937年，他毅然决定对少年时即参加红军，在井冈山斗争和在长征途中立过战功，到达延安后却逼婚杀人的黄克功执行枪决。对此，他的解释是："共产党与红军，对于自己的党员与红军成员不能不执行比较一般平民更加严格的纪律。""一切共产党员，一切红军指战员，一切革命分子，都要以黄克功为前车之鉴。"③

　　进入改革开放历史新时期以后，邓小平把纪律和理想放在同等重要的地位，认为搞社会主义精神文明，就是培养"有理想、有道德、有文化、有纪律"的"四有"新人，而在这"四有"里面，理想和纪律特别重要，它们是全党团结统一的根本保证。"我们这么大一个国家，怎样才能团结起来、组织起来呢？一靠理想，二靠纪律。组织起来就有力量。没有理想，没有纪律，就会像旧中国那样一盘散沙，那我们的革命怎么能够成功？我们的建设怎么能够成功？"④ 因此，他反复强调，要向青年进行有理想、有纪律的教育，没有理想和纪律，建设四化是不可能的。"要通过思想政治工作，加强全党的组织性、纪律性。各级组织、每个党员都要按照党章的规定，一切行动服从上级组织的决定，尤其是必须同党中央保持政治上的一致。这一点在现在特别重要。谁要违反这一点，谁就要受到党的纪律的处分。"⑤

　　只有纪律严明，才能保证党的理论和路线方针政策的贯彻落

　　① 毛泽东：《中国共产党红军第四军第九次代表大会决议案》（1929年12月），《毛泽东文集》第一卷，人民出版社，1993，第90页。
　　② 毛泽东：《关于整顿三风》（1942年4月20日），《毛泽东文集》第二卷，第416页。
　　③ 毛泽东：《给雷经天的信》（1937年10月10日），《毛泽东文集》第二卷，第39页。
　　④ 邓小平：《一靠理想二靠纪律才能团结起来》（1985年3月7日），《邓小平文选》第三卷，第111页。
　　⑤ 邓小平：《贯彻调整方针，保证安定团结》（1980年12月25日），《邓小平文选》第二卷，第366页。

实，也才能维护党的团结和统一。毛泽东把党内团结和党同人民的团结看作我们党"战胜艰难环境的无价之宝"，要求"全党同志必须珍爱这两个无价之宝"，① 努力做到有利于党的团结的话就说，不利于党的团结的话就不说，有利于党的团结的事就做，不利于党的团结的事就不做。他还特别强调要注意团结那些和自己意见不同的同志一道工作，指出："我们都是从五湖四海汇集拢来的，我们不仅要善于团结和自己意见相同的同志，而且要善于团结和自己意见不同的同志一道工作。我们当中还有犯过很大错误的人，不要嫌这些人，要准备和他们一道工作。"②

江泽民把党的团结看作党的生命，反复告诫各级领导干部要带头做坚持原则、严守纪律、维护大局、加强团结的模范。他认为讲团结，讲统一，讲顾全大局，是对各级领导干部的基本要求。每个真正的共产党人，都必须具有这样的政治品格和遵守这样的政治纪律。"在加快改革开放和现代化建设的关键时期，尤其需要全党同志在基本路线的基础上加强团结。每个党员特别是领导干部，都要自觉维护党的团结和中央的权威，在思想上、政治上同中央保持一致。决不允许有任何破坏和分裂党的行为存在。"③ 胡锦涛全面继承和发展了江泽民的上述思想，明确指出共产党员遵守党的纪律，首先必须遵守党的政治纪律。"党的各级组织和全体党员必须坚持党的基本理论、基本路线、基本纲领、基本经验，在思想上政治上同党中央保持一致，自觉维护中央权威，保证中央政令畅通。这是党和人民的最高利益所在。"

第六，关于坚持"两个务必"。

"两个务必"是毛泽东在新中国即将成立前夕向全党发出的警示，也是他对中国革命取得最终胜利的基本经验总结。在长期

---

① 毛泽东：《关于共产国际解散问题的报告》（1943 年 5 月 26 日），《毛泽东文集》第三卷，第 22 页。

② 毛泽东：《党委会的工作方法》（1949 年 3 月 5 日），《毛泽东选集》第四卷，人民出版社，1991，第 1443 页。

③ 《加快改革开放和现代化建设步伐，夺取有中国特色社会主义事业的更大胜利》，《中国共产党第十四次全国代表大会文件汇编》，第 53 页。

的革命战争中，他反复强调："我们应该谦虚，谨慎，戒骄，戒躁，全心全意地为中国人民服务，在现时，为着团结全国人民战胜日本侵略者，在将来，为着团结全国人民建设新民主主义的国家。"① 他认为"骄"与"躁"是革命工作的大敌，"谦虚谨慎，不骄不躁，是全党应取的态度。谦虚则不骄，谨慎则不躁"。在他看来，力戒骄傲是保持团结的重要条件；有无谦逊的态度是衡量干部的一条重要标准；不断地反骄破满，保持谦虚谨慎，是我们党取得革命战争胜利的一个重要因素。与此同时，他还反复强调，艰苦奋斗是我们党的优良传统和作风。全党同志只有艰苦奋斗，才能保持正确的方向，才能密切联系群众，克服困难，取得最后胜利。直到革命胜利后，他仍然强调我们要保持过去革命战争时期的那么一股劲，那么一股革命热情，那么一种拼命精神，把革命工作做到底。

新中国成立后，每到重要的发展关头，我们党的主要领导人都率先垂范，重申"两个务必"，使之成为加强和改进执政党建设，不断增强反腐防变和抵御风险能力的强大思想武器，成为始终保持党的先进性的重要法宝。特别是改革开放以后，邓小平根据形势的变化，把发扬谦虚谨慎和艰苦奋斗的精神同社会主义现代化建设结合起来，同社会主义精神文明建设结合起来，同反腐败斗争结合起来，为"两个务必"注入了鲜活的时代内容。他号召广大党员干部带头发扬党的优良传统，把我们党的艰苦朴素、密切联系群众的传统作风很好地恢复起来，坚持下去；强调"要教育全党同志发扬大公无私、服从大局、艰苦奋斗、廉洁奉公的精神"。② 党的十三届四中全会以后，以江泽民为核心的党中央高度重视坚持和弘扬"两个务必"的精神，并把它作为领导干部所必备的基本政治素质，强调始终保持谦虚谨慎的态度和艰苦奋斗的作风，"对于共产党员和各级干部来说，这也是对政治立场、

---

① 毛泽东：《两个中国之命运》（1945 年 4 月 23 日），《毛泽东选集》第三卷，第 1027 页。

② 邓小平：《贯彻调整方针，保证安定团结》（1980 年 12 月 25 日），《邓小平文选》第二卷，第 367 页。

政治观点、政治鉴别力的一种考验"。①

"两个务必",说到底是世界观、人生观、价值观的问题,是由中国共产党的性质和宗旨所决定的。一个共产党员是否合格,就看他能否始终保持谦虚谨慎的态度,保持艰苦奋斗的作风。因此胡锦涛把坚持"两个务必"作为新时期共产党员保持先进性的又一基本要求,认为谦虚谨慎、艰苦奋斗,作为我们党的优良传统和作风,作为马克思主义政党的政治本色,"是凝聚党心民心、激励全党全国人民为实现国家富强、民族振兴、社会和谐、人民幸福而共同奋斗的强大精神力量,是保持党同人民群众的血肉联系的一个重要法宝"。无疑,在新世纪现阶段,它也是我们共产党人永葆先进性的一个重要法宝。

综上所述,从毛泽东到胡锦涛,我们党的主要领导人在不同的历史时期,面对不同的时代主题和实践需要,都对共产党员先进性的基本内涵作出了自己的回答,进行了科学的论述。他们的这些论述,既有内容上的本质联系,又有要求上的具体区别;既体现了对党员先进性和先锋模范作用认识的一贯性,又体现了这一认识紧跟实践发展而发展的鲜明特征。从中不难看出,随着时代的前进,我们党对于先进性的探索和认识,是不断深入、不断完善的,对于党员先进性的要求和标准也是不断丰富、不断发展的。它们之间既一脉相承,又与时俱进,为我们党在新世纪新阶段开展先进性建设,为广大党员在全面建设小康社会的伟大实践中永葆先进性,发挥先锋模范作用奠定了坚实的理论基础,提供了科学的思想指南。

(本文是作者与宋佩玉合作撰写的,原载《江淮论坛》2006年第3期,收入本书时作了修改)

---

① 江泽民:《论党的建设》,中央文献出版社,2001,第245页。

毛泽东论共产党员的先进性

在党的基层组织和党员中深入开展创建先进基层党组织、争当优秀共产党员活动，是在新形势下巩固和拓展全党深入学习实践科学发展观活动成果的重要举措，是党的建设一项非常重要的经常性工作。

回顾我们党的历史，历代领导核心对发挥基层党组织的战斗堡垒作用和共产党员的先锋模范作用，都十分重视，有过许多明确的要求和重要的论述。我们党的事业，也正是在广大基层党组织的战斗堡垒作用和无数优秀共产党员的先锋模范作用带动下，取得一个又一个伟大胜利的。本文着重介绍毛泽东对发挥共产党员先锋模范作用的要求和论述。

无论是革命战争年代还是社会主义建设时期，毛泽东都十分重视发挥党员的先锋模范作用，强调要通过党内马克思主义理论教育和无产阶级思想教育，不断加强党性锻炼和道德修养，提高党员的思想觉悟，把他们培养成坚强的共产主义战士。

第一，他要求共产党员必须有坚定的理想信念。

崇高的理想信念，始终是共产党人永葆先进性、发挥先锋模范作用的精神动力。对此，毛泽东曾有过非常系统的论述。早在第一次国共合作时期，他就针对有关共产党员在国民党内从事党务活动而不敢公开自己身份的说法，驳斥道："如果怕声明自己是共产主义者，也决不是真正共产党员了。"①

---

① 中共中央文献研究室编《毛泽东著作专题摘编》（下），人民出版社，2003，第 2092 页。

到了第二次国共合作时期，他又针对有关共产党员宣布为实现三民主义而奋斗，就等于放弃自己共产主义信仰的言论，郑重声明："这只会是拨弄是非者的谣言。"① 我们"每个共产党员入党的时候，心目中就悬着为现在的新民主主义革命而奋斗和为将来的社会主义和共产主义而奋斗这样两个明确的目标，而不顾那些共产主义敌人的无知的和卑劣的敌视、污蔑、谩骂或讥笑"。② 他毫不隐讳地指出，共产党人决不抛弃其社会主义和共产主义的理想，他们将经过资产阶级民主革命的阶段而达到社会主义和共产主义的阶段，并要求每个共产党员都应为此而奋斗，绝对不能半途而废。

共产党人要实现共产主义的远大目标，就必须脚踏实地地为实现党在现阶段的基本纲领而不懈努力，扎扎实实地做好当前的每一项工作。毛泽东在领导中国革命和建设的具体实践中，深刻阐明了民主革命和社会主义革命的辩证关系，并在此基础上提出，共产党人必须坚持最高纲领和最低纲领的统一，最高理想和共同理想的统一，胸怀远大目标和切实做好当前工作的统一。他认为，任何忠实的马克思主义者，都必须同时具有现时实际任务与将来远大理想两种责任，并且应该懂得，"只有现时的实际任务获得尽可能彻底的完成，才能有根据有基础地发展到将来的远大理想那个阶段去"。③ 因此，一切中国共产党人，一切中国共产主义的同情者，都必须为着现阶段的目标而奋斗。"如果不为这个目标奋斗，如果看不起这个资产阶级民主革命而对它稍许放松，稍许怠工，稍许表现不忠诚、不热情，不准备付出自己的鲜血和生命，而空谈什么社会主义和共产主义，那就是有意无意地、或多或少地背叛了社会主义和共产主义，就不是一个自觉的

---

① 中共中央文献研究室编《毛泽东著作专题摘编》（下），人民出版社，2003，第 2092 页。

② 毛泽东：《论联合政府》（1945 年 4 月 24 日），《毛泽东选集》第三卷，人民出版社，1991，第 1059 页。

③ 《论新阶段》（1938 年 10 月 12 日～14 日），《中共中央文件选集》第十一册，中共中央党校出版社，1991，第 627～628 页。

和忠诚的共产主义者。"①

第二，他要求共产党员必须始终坚持勤奋学习。

坚持勤奋学习，是每一个共产党员增强党性、提高本领、做好工作的前提。因此，无论是在战争年代，还是在和平建设时期，毛泽东都非常重视党员的学习问题，注意根据时代发展的要求，采取各种各样的方式，号召学习，组织学习，领导学习。

作为马克思主义中国化的开创者，毛泽东在把马克思主义与中国具体实际相结合的过程中，不仅身体力行，努力向理论和实际学习，为全党率先垂范；而且在不同的时期、不同的阶段，全面论述了共产党员加强学习的极端重要性和开展学习的方式方法。

从学习的内容来看，他首先强调要认真学习马克思主义。为了使广大党员干部真正弄懂马列主义，从延安时期开始，每到历史的关键时刻，他都注意结合实际需要，组织一定范围内的读书学习活动，向全党推荐马克思主义经典著作。其次，他非常注重文化知识的学习，强调学习文化是学习理论的基础，认为工农干部要学理论，必须首先学文化；没有文化，马列主义理论就学不进去。最后，他提出要学习一点自然科学和社会科学知识。对于各行各业的党员干部，他还强调要注意学习业务工作、经济工作和技术工作等，努力做到"又红又专"。

在学习的方法上，他首先强调要理论联系实际，多向实践学习。其次主张为了解决中国的实际问题而去请教马恩列斯，领会马列主义的精神实质。最后，他要求学会用马克思主义立场、观点、方法来观察和解决问题。对于马克思主义的理论，要能够精通它、应用它，精通的目的全在于应用。

在学习的态度上，他主张要不畏难，不自满，看不懂就"钻"，没时间就"挤"；认为学习的最大敌人是自己的满足，要认真学习一点东西，必须从不自满开始。对自己，学而不厌；对

---

① 毛泽东：《论联合政府》（1945 年 4 月 24 日），《毛泽东选集》第三卷，第1059～1060 页。

人家，诲人不倦。

第三，他要求共产党员必须树立群众观点，坚持群众路线。

中国共产党是中华民族和全中国人民利益的最忠实的代表，它始终坚持群众路线和群众观点。对此，毛泽东曾经旗帜鲜明地指出：共产党的路线，就是人民的路线；群众观点是共产党员革命的出发点与归宿。我们每个同志都应该明了，"共产党人的一切言论行动，必须以合乎最广大人民群众的最大利益，为最广大人民群众所拥护为最高标准"。①

群众观点是我们党的基本的政治观点，群众路线是我们党的根本工作路线，这是由我们党全心全意为人民服务的根本宗旨所决定的，也是毛泽东所反复倡导的。他认为共产党区别于其他任何政党的一个显著的标志，就是和最广大的人民群众取得最密切的联系，全心全意地为人民服务，一刻也不脱离群众；"我们的共产党和共产党所领导的八路军、新四军，是革命的队伍。我们这个队伍完全是为着解放人民的，是彻底地为人民的利益工作的"②。这个军队之所以有力量，是因为所有参加这个军队的人，都具有自觉的纪律；他们不是为着少数人的或狭隘集团的私利，而是为着广大人民群众的利益，为着全民族的利益，而结合，而战斗的。"紧紧地和中国人民站在一起，全心全意地为中国人民服务，就是这个军队的唯一的宗旨。"③

第四，他要求共产党员必须始终坚持勤奋工作。

党和人民的事业是由无数具体工作推动的，是由无数党员的共同努力完成的。胡锦涛指出："共产党员保持先进性，必须体现到改革发展稳定的各项工作中发挥先锋模范作用上，体现到带领群众为推动经济发展和社会进步而开拓进取的实际行动中。"

---

① 毛泽东：《论联合政府》（1945 年 4 月 24 日），《毛泽东选集》第三卷，第 1096 页。

② 毛泽东：《为人民服务》（1944 年 9 月 8 日），《毛泽东选集》第三卷，第 1004 页。

③ 毛泽东：《论联合政府》（1945 年 4 月 24 日），《毛泽东选集》第三卷，第 1039 页。

可以说，在本职工作中充分发挥先锋模范作用，努力创造出一流的工作业绩，这是共产党员保持先进性最为突出、最为集中的表现。无论是在革命战争年代，还是在社会主义建设和改革开放的历史新时期，每个共产党员都要站在时代的最前列，通过自己的模范作用，影响和带动广大人民群众，不断前进。

毛泽东认为，共产党员的先锋模范作用应该体现在本职工作的方方面面。全面抗战开始后，他公开提出："共产党员应在民族战争中表现其高度的积极性；而这种积极性，应使之具体地表现于各方面，即应在各方面起其先锋的模范的作用。"① 具体来说，在军队工作中，应该成为英勇作战的模范、执行命令的模范、遵守纪律的模范、政治工作的模范；在政府工作中，应该成为十分廉洁、不用私人、多做工作、少取报酬的模范；在统战工作中，应该成为实行抗战任务的模范，处理各党相互关系的模范；在生产建设中，应该成为劳动的模范。除此之外，还要成为学习的模范，团结的模范。

总之，他认为，"共产党员应是实事求是的模范，又是具有远见卓识的模范。因为只有实事求是，才能完成确定的任务；只有远见卓识，才能不失前进的方向"。②

第五，他要求共产党员必须始终遵守党的纪律，维护党的团结。

党的纪律是全党意志的体现，是党的各级组织和全体党员必须遵守的行为准则，是党的各项事业取得胜利的根本保证。

纪律严明，历来是我们党的根本优势，是毛泽东大力倡导和严格要求的。早在井冈山时期，他就强调："严格地执行纪律，废止对纪律的敷衍现象。"③ 在延安时期，他又强调："身为党员，

---

① 毛泽东：《中国共产党在民族战争中的地位》（1938 年 10 月 14 日），《毛泽东选集》第二卷，第 521 页。

② 毛泽东：《中国共产党在民族战争中的地位》（1938 年 10 月 14 日），《毛泽东选集》第二卷，第 522 页。

③ 毛泽东：《中国共产党红军第四军第九次代表大会决议案》（1929 年 12 月），《毛泽东文集》第一卷，人民出版社，1993，第 90 页。

铁的纪律就非执行不可。"① 1937 年，他毅然决定对少年时即参加红军，在井冈山斗争和长征途中立过战功，到达延安后却逼婚杀人的黄克功执行枪决。对此，他的解释是："共产党与红军，对于自己的党员与红军成员不能不执行比较一般平民更加严格的纪律。""一切共产党员，一切红军指战员，一切革命分子，都要以黄克功为前车之戒鉴。"②

只有纪律严明，才能保证党的理论和理想方针政策的贯彻落实，也才能维护党的团结和统一。毛泽东把党内团结和党同人民的团结看作我们党"战胜艰难环境的无价之宝"，要求"全党同志必须珍爱这两个无价之宝"③，努力做到有利于党的团结的话就说，不利于党的团结的话就不说；有利于党的团结的事就做，不利于党的团结的事就不做。他特别强调要注意团结那些和自己意见不同的同志一道工作，指出："我们都是从五湖四海汇集拢来的，我们不仅要善于团结和自己意见相同的同志，而且要善于团结和自己意见不同的同志一道工作。我们当中还有犯过很大错误的人，不要嫌这些人，要准备和他们一道工作。"④

第六，他要求共产党员必须始终坚持"两个务必"。

"两个务必"是毛泽东在新中国即将成立时向全党发出的警示，也是他对中国革命取得最后胜利的基本经验总结。在长期的革命战争中，他反复强调："我们应该谦虚，谨慎，戒骄，戒躁，全心全意地为中国人民服务，在现时，为着团结全国人民战胜日本侵略者，在将来，为着团结全国人民建设新民主主义的国家。"⑤ 他认为"骄"与"躁"是革命工作的大敌，"谦虚谨慎，

① 毛泽东：《关于整顿三风》（1942 年 4 月 20 日），《毛泽东文集》第二卷，人民出版社，1993，第 416 页。

② 毛泽东：《〈农村调查〉序言一》（1937 年 10 月 6 日），《毛泽东文集》第二卷，第 39 页。

③ 毛泽东：《关于共产国际解散问题的报告》（1943 年 5 月 26 日），《毛泽东文集》第三卷，人民出版社，1996，第 22 页。

④ 毛泽东：《党委会的工作方法》（1949 年 3 月 13 日），《毛泽东选集》第四卷，人民出版社，1991，第 1443 页。

⑤ 毛泽东：《论联合政府》（1945 年 4 月 24 日），《毛泽东选集》第三卷，第 1027 页。

不骄不躁，是全党应取的态度。谦虚则不骄，谨慎则不躁"。① 在他看来，力戒骄傲是保持团结的重要条件；有无谦逊的态度是衡量干部的一条重要标准；不断地反骄破满，保持谦虚谨慎，是我们党取得革命战争胜利的一个重要原因。与此同时，他还反复强调，艰苦奋斗是我们党的优良传统和作风，全党同志只有艰苦奋斗，才能保持正确的方向，才能密切联系群众，克服困难，取得最后胜利。直到革命胜利后，他仍然强调我们要保持过去革命战争时期的那么一股劲，那么一股革命热情，那么一种拼命精神，把革命工作做到底。

第七，他要求共产党员必须不断加强党性修养。

增强党性修养，是共产党员保持先进性、发挥先锋模范作用的前提。如何增强党性修养？毛泽东在这方面的论述也很多，概括起来，有这样几个方面。

（1）要做革命的先锋队，做民族的先进分子。他认为加强党的建设，就是要造就一大批民族和人民的先进分子，"在革命的道路上起着向导的作用"。这种先锋分子是胸怀坦白的、忠诚的、积极与正直的，他们具有政治远见，充满着斗争精神和牺牲精神；他们是不谋私利的，唯一地为着民族与社会的解放；他们不怕困难，在困难面前总是坚定的，勇往直前；他们不是狂妄分子，也不是风头主义者，而是脚踏实地富于实际精神的人们。"中国要有一大群这样的先锋分子，中国革命的任务就能够顺利的解决"。②

（2）要忠诚于党和人民的事业，全心全意为人民服务。他认为党和人民的利益高于一切，共产党员要襟怀坦白，一切为了党，一切为了人民，大公无私，忠心耿耿，努力为人民服务。在《反对自由主义》一文中，他说一个真正的共产党员，就是应该襟怀坦白，忠实，积极，以革命利益为第一生命，以个人

① 毛泽东：《争取时间在粤北湘南创立五岭根据地》（1945年7月22日），《毛泽东文集》第三卷，第445页。

② 《毛泽东年谱（1893～1949）》中卷，人民出版社，1993，第33页。

利益服从革命利益；无论何时何地，坚持正确的原则，同一切不正确的思想和行为作不疲倦的斗争，用以巩固党的集体生活，巩固党和群众的联系；关心党和群众比关心个人为重，关心他人比关心自己为重。在《中国共产党在民族战争中的地位》一文中，他又郑重提出，共产党员无论何时何地都不应以个人利益放在第一位，而应以个人利益服从于民族的和人民群众的利益。"自私自利，消极怠工，贪污腐化，风头主义等等，是最可鄙的；而大公无私，积极努力，克己奉公，埋头苦干的精神，才是可尊敬的。"①

（3）能够坚持原则，顾全大局。他要求共产党员对重大原则问题都要坚持立场，站稳脚跟，不能退缩，不能让步；对于错误的东西要敢于批评，敢于斗争，不屈不挠，坚决抵制。他特别强调顾全大局，认为共产党员必须懂得以局部需要服从全局需要这样一个道理。"如果某项意见在局部的情形看来是可行的，而在全局的情形看来是不可行的，就应以局部服从全局。反之也是一样，在局部的情形看来是不可行的，而在全局的情形看来是可行的，也应以局部服从全局。这就是照顾全局的观点。"② 他认为，一个好的共产党员，必须善于照顾全局，善于照顾多数，并善于和同盟者一道工作。

（4）对工作要极端负责，对同志要满腔热忱。他号召共产党人要学习白求恩"毫不利己专门利人"的精神，这种精神主要就表现在对工作的极端负责任，对同志对人民的极端热忱；他称赞徐特立"总是拣难事做，从来也不躲避责任"的精神，主张革命第一、工作第一、他人第一，反对风头第一、休息第一、自己第一；他要求每个党员都要努力做到视群众如父母，敢于吃苦在前，甘于享受在后，毫无自私自利之心；批评有的党员对工作不负责任，拈轻怕重，把重担子推给人家，自己挑轻的，对同志对

---

① 毛泽东：《中国共产党在民族战争中的地位》（1938 年 10 月 14 日），《毛泽东选集》第二卷，第 522 页。
② 毛泽东：《中国共产党在民族战争中的地位》（1938 年 10 月 14 日），《毛泽东选集》第二卷，第 525 页。

人民不是满腔热忱，而是冷冷清清、漠不关心、麻木不仁，认为这种人其实不是共产党员，至少不能算一个纯粹的共产党员。总之，他强调对于上述种种共产主义精神，每个共产党员都应该好好学习。"一个人能力有大小，但只要有这点精神，就是一个高尚的人，一个纯粹的人，一个有道德的人，一个脱离了低级趣味的人，一个有益于人民的人。"①

（5）要独立思考，坚持真理，修正错误。他主张共产党人必须随时准备坚持真理，因为任何真理都是符合人民利益的；必须随时准备修正错误，因为任何错误都是不符合人民利益的。"如果我们思想中、工作中有了缺点错误，要随时准备修正，这叫作坚持真理、修正错误。真理要坚持，有时真理不被大多数人所认识和了解，我们也要反'潮流'。不论是错误是缺点，哪怕是很小的，我们都要准备修正。"② 他主张做任何事情都要独立思考，放下包袱，开动机器，多思多想。放下包袱，就是要解除各种思想负担，摆脱各种观念束缚，轻装前进；开动机器，就是要调动自己的大脑，研究情况，分析事物，解决问题，搞清楚哪些是正确的东西，应该坚持和发扬，哪些是错误的东西，应该改正和抛弃。

（6）为党和人民的事业鞠躬尽瘁，死而后已。他认为共产党人是以不怕困难著名的，"种种困难，遇到共产党人，它们就只好退却，真是'高山也要低头，河水也要让路'"。③ 他赞成这样的口号，叫作"一不怕苦，二不怕死"，而不赞成那样的口号，叫作"没有功劳也有苦劳，没有苦劳也有疲劳"；号召一切共产党员，一切革命家，一切革命的文艺工作者，都应该学鲁迅的榜样，做无产阶级和人民大众的"牛"，鞠躬尽瘁，死而后已。他

① 毛泽东：《纪念白求恩》（1939 年 12 月 21 日），《毛泽东选集》第二卷，第660 页。

② 毛泽东：《在西北野战军前委扩大会议上的讲话》（1948 年 1 月 14 日），《毛泽东文集》第五卷，人民出版社，1996，第 28 页。

③ 毛泽东：《在中国共产党全国代表会议上的讲话》（1955 年 3 月），《毛泽东文集》第六卷，人民出版社，1996，第 392~393 页。

认为要奋斗就会有牺牲，为人民而死，就死得其所，"虽死犹荣"；提倡一辈子做好事不做坏事，一生有益于人民，始终保持高尚的革命情操。他豪迈地指出："以中国最广大人民的最大利益为出发点的中国共产党人，相信自己的事业是完全合乎正义的，不惜牺牲自己个人的一切，随时准备拿出自己的生命去殉我们的事业，难道还有什么不适合人民需要的思想、观点、意见、办法，舍不得丢掉的吗?"①

毛泽东关于增强党性锻炼，高扬共产主义道德品质的论述，在邓小平那里得到了坚持和发展。进入改革开放历史新时期以后，邓小平反复强调要加强社会主义精神文明建设，并把加强党性锻炼和道德修养作为精神文明建设的基本内容，要求发扬光大。他反复强调要教育全党同志发扬大公无私、服从大局、艰苦奋斗、廉洁奉公的精神，坚持共产主义理想和道德；指出在长期革命战争中，我们在正确的政治方向指导下，从分析实际情况出发，发扬革命和拼命精神，严守纪律和自我牺牲精神，大公无私和先人后己精神，压倒一切敌人、压倒一切困难的精神，坚持革命乐观主义、排除万难去争取胜利的精神，取得了伟大的胜利。搞社会主义建设，实现四个现代化，同样要在党中央的正确领导下，大力发扬这些精神。如果一个共产党员没有这些精神，就决不能算是一个合格的共产党员。"没有这种精神文明，没有共产主义思想，没有共产主义道德，怎么能建设社会主义? 党和政府愈是实行各项经济改革和对外开放的政策，党员尤其是党的高级负责干部，就愈要高度重视、愈要身体力行共产主义思想和共产主义道德。"② 改革开放之初，针对思想理论界的一些混乱状况，他严正地指出：我们在新民主主义革命时期，就已经坚持用共产主义的思想体系指导整个工作；用共产主义道德约束共产党员和先进分子的言行；提倡和表彰全心全意为人民服务、毫不利己专

---

① 毛泽东：《论联合政府》(1945 年 4 月 24 日)，《毛泽东选集》第三卷，第 1096 ~ 1097 页。
② 邓小平：《贯彻调整方针，保证安定团结》(1980 年 12 月 25 日)，《邓小平文选》第二卷，人民出版社，1994，第 367 页。

门利人、一不怕苦二不怕死。"现在已经进入社会主义时期，有人居然对这些庄严的革命口号进行'批判'，而这种荒唐的'批判'不仅没有受到应有的抵制，居然还得到我们队伍中一些人的同情和支持。每一个有党性、有革命性的共产党员，难道能够容忍这种状况继续下去吗？"①

江泽民把共产主义道德建设作为社会主义先进文化的重要组成部分，要求共产党员、共青团员和一切先进分子，都必须身体力行共产主义道德，强调不能把个人利益、个人奋斗看得太重了，看得高于一切。"共产党员和各级干部尤其要注意这一点，要经得起金钱、权力、美色的考验。"② 他强调，加强社会主义精神文明建设的一项重要任务，就是积极建设同社会主义市场经济发展相适应的思想道德体系；要以为人民服务为核心，以集体主义为原则，以爱祖国、爱人民、爱劳动、爱科学、爱社会主义为基本要求，在全社会特别是在青少年中大力弘扬社会主义思想道德。

胡锦涛在全面阐述新时期共产党员六条基本要求的同时，还认真总结了党的三代领导核心关于增强党性锻炼、提高道德修养的要求和论述，强调指出："共产党员都要坚持高尚的精神追求，培育高尚的道德情操，养成良好的生活作风，自觉抵制拜金主义、享乐主义、极端个人主义的侵蚀，自觉防腐倡廉，永远保持共产党人的蓬勃朝气、昂扬锐气、浩然正气，永远保持共产党人的政治本色。"2006 年 1 月 6 日，他在中纪委第六次全体会议上的讲话中，又把加强道德修养与反腐倡廉结合起来，指出："切实加强广大党员、干部的道德修养可以为党风廉政建设和反腐败工作奠定重要基础。"他认为党员、干部的道德修养，不仅关系到他们的个人品行，而且关系到党的整体形象，强调"要教育引导党员、干部特别是领导干部自觉加强党性修养，常修为政之

---

① 邓小平：《贯彻调整方针，保证安定团结》（1980 年 12 月 25 日），《邓小平文选》第二卷，第 367~368 页。

② 江泽民：《宣传思想战线是我们党的一条极其重要的战线》（1993 年 1 月 15 日），《党建》1993 年第 3 期。

德、常思贪欲之害、常怀律己之心，牢固树立马克思主义世界观、人生观、价值观和正确的权力观、利益观、地位观，模范遵守社会公德、职业道德、家庭美德，坚决抵制各种腐朽落后思想文化的侵蚀，永葆共产党人的高风亮节"。

综上所述，毛泽东虽然没有提出"共产党员的先进性"这样明确的概念，但他一生都十分重视党的先进性建设，对党员发挥先锋模范作用，加强党性锻炼和道德修养，提出了明确的要求，进行了充分的论述。认真学习和深刻体会这些要求和论述，对全党深入开展"创先争优"活动和广大党员始终保持先进性，增强党性修养，充分发挥先锋模范作用，具有十分重要的指导意义。

（原载《毛泽东研究》2012 年卷，湘潭大学出版社 2013 年版，收入本书时作了修改）

邓小平论共产党员的先进性

　　早在 20 世纪 80 年代，邓小平就认识到了共产党员在新的历史条件下始终保持和发扬先进性问题的重要性，有针对性地指出，"我们的党员现在有一部分不合格"；要恢复党的优良传统和作风，发挥党员的先锋模范作用，首先就有一个"党员要合格的问题"。① 正是围绕着"怎样做一个合格的共产党员"，他对共产党员在改革开放历史新时期如何保持和发扬先进性的问题，进行了比较全面、系统、深刻的论述。在邓小平逝世 10 周年之际，深入学习他的这些科学论述，对于正确理解和全面把握胡锦涛同志关于新时期共产党员保持先进性的六条基本要求，具有直接的帮助和指导作用。

　　第一，关于坚持理想信念。

　　崇高的理想信念，始终是共产党人永葆先进性、发挥先锋模范作用的精神动力，也是衡量共产党员先进性的首要标准。党的十一届三中全会前后，针对思想理论界的混乱状况，邓小平反复强调要坚持四项基本原则，坚持社会主义理想信念。他指出："每个共产党员，更不必说每个党的思想理论工作者，决不允许在这个根本立场上有丝毫动摇。如果动摇了这四项基本原则中的如何一项，那就动摇了整个社会主义事业，整个现代

---

　　① 邓小平：《目前的形势和任务》（1980 年 1 月 16 日），《邓小平文选》第二卷，人民出版社，1993，第 268、269 页。

化事业。"① 在他看来，我们党过去几十年艰苦奋斗，靠的就是用坚定的信念把人民团结起来，为人民自己的利益而奋斗。没有这样的信念，就没有凝聚力；没有这样的信念，就没有一切。因此他主张不仅要在党员中间讲理想信念，而且要在人民中间讲理想信念。

在领导当代中国改革开放的具体实践中，邓小平特别强调要加强对青少年的理想信念教育，反复指出："我们一定要教育我们的人民，尤其是我们的青年，要有理想。为什么我们过去能在非常困难的情况下奋斗出来，战胜千难万险使革命胜利呢？就是因为我们有理想，有马克思主义信念，有共产主义信念。我们干的是社会主义事业，最终目的是实现共产主义。这一点，我希望宣传方面任何时候都不要忽略。""我们这些人的脑子里是有共产主义理想和信念的。要特别教育我们的下一代下两代，一定要树立共产主义的远大理想。一定不能让我们的青少年做资本主义腐朽思想的俘虏，那绝对不行。"②

苏联解体、东欧剧变以后，邓小平进行了认真总结，语重心长地告诫全党同志："一些国家出现严重曲折，社会主义好像被削弱了，但人们经受考验，从中吸取教训，将促使社会主义向着国家健康的方向发展。因此，不要惊惶失措，不要认为马克思主义就消失了，没用了，失败了。哪有这回事！"③ 正是在充分总结世界社会主义发展经验教训的基础上，他提出在我国巩固和发展社会主义制度还需要一个很长的历史阶段，需要几代人、十几代人，甚至几十代人坚持不懈的努力奋斗。在作出这种正确判断的同时，他又乐观地指出："我坚信，世界上赞成马克思主义的人会多起来，因为马克思主义是科学。它运用历史唯物主义揭示了

---

① 邓小平：《坚持四项基本原则》（1979 年 3 月 30 日），《邓小平文选》第二卷，第 173 页。

② 邓小平：《一靠理想二靠纪律才能团结起来》（1985 年 3 月 7 日），《邓小平文选》第三卷，人民出版社，1993，第 110、111 页。

③ 邓小平：《在武昌、深圳、珠海、上海等地的谈话要点》（1992 年 1 月 18 日～2 月 21 日），《邓小平文选》第三卷，第 383 页。

人类社会发展的规律。封建社会代替奴隶社会，资本主义代替封建主义，社会主义经历一个长过程发展后必然代替资本主义。这是社会历史发展不可逆转的总趋势，但道路是曲折的。"① 这些话，表达了一位老共产党员对共产主义前途和理想不可动摇的信念。

1992 年，邓小平已经 88 岁高龄。他在发表了著名的南方谈话之后，又指出："达到共产主义的目标，要经过社会主义阶段，而这个阶段是很长的。共产主义理想是伟大的，但要经过相当长的历史阶段才能达到。社会主义是可爱的，为社会主义奋斗是值得的。这同时也是为共产主义奋斗。"② "为共产主义而奋斗"，这是邓小平的肺腑之言，也是他终生追求的目标。

第二，关于坚持勤奋学习。

坚持勤奋学习，是每一个共产党员增强党性、提高本领、做好工作的前提。因此，无论是在战争年代，还是在和平建设时期，我们党的历代领导核心都非常重视党员的学习问题，注意根据时代发展的要求，采取各种各样的方式方法，号召学习，组织学习，领导学习，带头学习。

改革开放之初，百废待兴，邓小平把学习的任务提到了全党工作的高度，指出："实现四个现代化是一场深刻的伟大的革命。在这场伟大的革命中，我们是在不断地解决新的矛盾中前进的。因此，全党同志一定要善于学习，善于重新学习。"他援引全国胜利前夕毛泽东号召全党学习的成功经验，号召"全党必须再重新进行一次学习"，特别是"几百个中央委员，几千个中央和地方的高级干部，要带头钻研现代化经济建设"，只有"学习好，才可能领导好高速度、高水平的社会主义现代化建设"。③ 他认为，现在我们领导一个地区、一个部门，领导一个工厂、一个学

---

① 邓小平：《在武昌、深圳、珠海、上海等地的谈话要点》（1992 年 1 月 18 日 ~ 2 月 21 日），《邓小平文选》第三卷，第 383 页。

② 《邓小平年谱（1975 ~ 1997）》（下），中央文献出版社，2004，第 1348 页。

③ 邓小平：《解放思想、实事求是，团结一致向前看》（1978 年 12 月 13 日），《邓小平文选》第二卷，第 152 ~ 153 页。

校、一支部队，工作比过去复杂多了，在不断出现新情况、新问题面前，"我们党总是要学，我们共产党人总是要学，我们中国人民总是要学。谁也不能安于落后，落后就不能生存"。①

对于学习的方法，邓小平认为具体途径不外乎以下三种："从实践中学，从书本上学，从自己和人家的经验教训中学。"②而关键是要克服保守主义和本本主义，掌握马克思主义的立场、观点和方法，加强工作中的原则性、系统性、预见性和创造性，不断结合变化着的实际，探索解决新问题的答案。正因如此，他一再强调"学马列要精，要管用的"，认为要求任何人"都读大本子"的做法，"那是形式主义，办不到"。③

至于学习什么？邓小平认为根本的是要学习马列主义、毛泽东思想，要努力把马克思主义的普遍原则同我国实现四个现代化的具体实践结合起来。他要求不论是新干部还是老干部，都要学习马克思主义理论。"时代和任务不同了，要学习的新知识确实很多，这就更要求我们努力针对新的实际，掌握马克思主义基本理论。因为只有这样，才能提高我们运用它的基本原则基本方法，来积极探索解决新的政治经济社会文化基本问题的本领，既把我们的事业和马克思主义理论本身推向前进，也防止一些同志，特别是一些新上来的中青年同志在日益复杂的斗争中迷失方向。因此我希望党中央能作出切实可行的决定，使全党的各级干部，首先是领导干部，在繁忙的工作中，仍然有一定的时间学习，熟悉马克思主义的基本理论。"④

除了加强马克思主义基本理论的学习之外，邓小平又根据实际需要，提出当前大多数干部要着重抓紧以下三个方面的学习：

---

① 邓小平：《目前的形势和任务》（1980 年 1 月 16 日），《邓小平文选》第二卷，第 270 页。

② 邓小平：《解放思想、实事求是，团结一致向前看》（1978 年 12 月 13 日），《邓小平文选》第二卷，第 153 页。

③ 邓小平：《在武昌、深圳、珠海、上海等地的谈话要点》（1992 年 1 月 18 日 ~ 2 月 21 日），《邓小平文选》第三卷，第 382 页。

④ 邓小平：《在中国共产党全国代表会议上的讲话》（1985 年 9 月 23 日），《邓小平文选》第三卷，第 146 ~ 147 页。

"一个是学经济学，一个是学科学技术，一个是学管理。"① 不仅如此，他还特别强调要注意向外国学习，学习它们的先进技术和管理经验，为我们的现代化建设服务。

学习先进才有可能赶超先进，认识落后才有可能改变落后。邓小平认为，要提高我国的科学技术水平，首先必须依靠我们自己努力，坚持独立自主、自力更生的方针。但独立自主不是闭关自守，自力更生不是盲目排外。任何一个民族、一个国家都要学习别的民族、别的国家的长处，学习人家的先进科学技术。我们不仅因为今天科学技术落后需要努力向外国学习，即使将来我们的科学技术赶上了世界先进水平，也还要学习人家的长处。总之，他认为："社会主义要赢得与资本主义相比较的优势，就必须大胆吸收和借鉴人类社会创造的一切文明成果，吸收当今世界各国包括资本主义发达国家的一切反映现代社会化生产规律的先进经营方式、管理方法。"②

正是为了在全党倡导"重新学习"的风气，以适应现代化建设的需要，邓小平反复强调"科学是第一生产力""教育是一个民族最根本的事业"，大声疾呼"尊重知识，尊重人才"，要求"实现干部队伍革命化、年轻化、知识化、专业化"，不仅有力地推进了改革开放和现代化建设的历史进程，而且为全党的"重新学习"创造了良好的社会氛围。

第三，关于坚持党的根本宗旨。

中国共产党是中华民族和全中国人民利益的最忠实的代表，它始终坚持群众路线和群众观点。而群众观点就是我们党的基本政治观点，群众路线就是我们党的根本工作路线，这是由我们党全心全意为人民服务的根本宗旨决定的，也是邓小平所反复倡导的。

早在新中国开始进入社会主义建设时期，邓小平就重申了党

---

① 邓小平：《在中央政治局常委会上的讲话》（1986 年 1 月 17 日），《邓小平文选》第二卷，第 153 页。
② 邓小平：《在武昌、深圳、珠海、上海等地的谈话要点》（1992 年 1 月 18 日～2 月 21 日），《邓小平文选》第三卷，第 373 页。

的群众路线和群众观点，坚持了我们党的根本宗旨。在党的"八大"所作关于修改党章的报告中，他指出，"党的全部任务就是全心全意地为人民服务"，"每一个党员必须养成为人民服务、向群众负责、遇事向群众商量和同群众同甘共苦的工作作风"。①

改革开放之初，邓小平针对党的优良传统和作风遭到严重破坏的情况，反复强调"全心全意为人民服务"是我们党的根本宗旨，在党内大力倡导共产主义道德和精神文明。他指出："我们在新民主主义革命时期，就已经坚持用共产主义的思想体系指导整个工作；用共产主义道德约束共产党员和先进分子的言行；提倡和表彰'全心全意为人民服务'、'个人服从组织'、'大公无私'、'毫不利己、专门利人'、'一不怕苦、二不怕死'。现在已经进入社会主义时期，有人居然对这些庄严的革命口号进行'批判'……每一个有党性、有革命性的共产党员，难道能够容忍这种状况继续下去吗？"②

在邓小平看来，群众路线和实事求是是坚持党的全心全意为人民服务宗旨的关键。他反复强调，"毛泽东同志倡导的作风，群众路线和实事求是是最根本的东西"；"对我们党的现状来说，我个人觉得，群众路线和实事求是特别重要"。③ 针对改革开放和现代化建设的具体实际，他向全党提出："社会主义现代化建设极其艰巨复杂的任务摆在我们面前。很多旧问题需要继续解决，新问题层出不穷。党只有紧紧地依靠群众，密切地联系群众，随时听取群众的呼声，了解群众的情绪，代表群众的利益，才能形成强大的力量，顺利地完成自己的各项任务。"④ 无疑，邓小平在这里关于"听取群众的呼声""了解群众的情绪""代表群众的

---

① 邓小平：《关于修改党的章程的报告》（1956 年 9 月 16 日），《邓小平文选》第一卷，人民出版社，1993，第 217 页。

② 邓小平：《贯彻调整方针，保证安定团结》（1980 年 12 月 25 日），《邓小平文选》第二卷，第 367 页。

③ 邓小平：《完整地准确地理解毛泽东思想》（1977 年 7 月 21 日），《邓小平文选》第二卷，第 45 页。

④ 邓小平：《党和国家领导制度的改革》（1980 年 8 月 18 日），《邓小平文选》第二卷，第 342 页。

利益"等思想的论述，为党的第三代领导集体关于"三个代表"重要思想的提出，奠定了坚实的基础。

正是从坚持"全心全意为人民服务"的宗旨出发，邓小平特别强调改革开放新时期要搞好党风廉政建设。他认为，党是整个社会的表率，党的各级领导同志又是全党的表率。如果党组织和党员把群众的意见和利益放在一边，不闻不问，怎么能够要求群众信任和爱戴我们呢？如果我们党的领导干部不严格要求自己，不与群众同甘共苦，不接受群众的监督，又怎么能够指望他们去改造社会风气、去全心全意为人民服务呢？为此，他对官僚主义、干部特殊化等腐败现象深恶痛绝，认为干部搞特殊化，"当官做老爷"，必然脱离群众，丧失民心；反复强调"要坚决批评和纠正各种脱离群众、对群众疾苦不闻不问的错误"，"必须同群众打成一片，绝对不能同群众对立"，"如果哪个党组织严重脱离群众而不能坚决改正，那就丧失了力量的源泉，就一定要失败，就会被人民抛弃。全党同志，各级干部，特别是领导干部，必须经常记住这一点，经常用这个标准检查自己的一切言行"。① 后来，胡锦涛同志正是根据这一标准，进一步提出："能不能坚持全心全意为人民服务的根本宗旨，是衡量一名党员是否合格的根本标尺。"

第四，关于坚持勤奋工作，发挥先锋模范作用。

党员的先锋模范作用是实现党的领导的重要条件，也是党的先进性在党员身上最突出的表现。无论是革命战争年代，还是社会主义建设和改革开放的历史新时期，每个共产党员都要站在时代的最前列，通过自己的模范作用，影响和带动广大人民群众，不断前进。

邓小平把能不能成为群众的模范，看作一个党员是否合格的重要标准之一。1980 年 1 月，他出席中央政治局会议，就修改党章和《关于党内政治生活的若干准则》发表重要意见，明确要求

---

① 邓小平：《贯彻调整方针，保证安定团结》（1980 年 12 月 25 日），《邓小平文选》第二卷，第 368 页。

党章中必须规定党员应该成为群众的模范，指出，"党员合格不合格是个大事"，"要用党章规定的条件来衡量党员合格不合格"；"党章要写好，让人看了以后，感到耳目一新，对党有信心、有希望，照新党章办事就能把党整顿好"。① 而这里面最关键的一条，就是"发挥党员的模范作用"。② 与此同时，他还提出："在《关于党内政治生活的若干准则》里，要加这么一条：要有一支具有专业知识的干部队伍。没有专业知识，党员也起不了模范作用。"③ 此后，他反复强调要用新的党章来衡量党员的先锋模范作用。1983 年，在整党过程中，他就曾明确要求："每个党员、每个党员干部、每个党组织，都要对照党章进行检查，根据各自的具体情况，作出达到和坚持党章规定的合格标准的努力计划，并保证其实现。各级领导干部，特别是高级干部，更应该严格遵守党章、遵守《关于党内政治生活的如果准则》，起模范作用。"④

在邓小平看来，党员要成为群众的模范，而党内高级领导干部则要成为普通党员的模范。早在 1978 年，他就针对军队政治工作提出意见："要强调干部的模范作用，特别是高级干部。"⑤ 1979 年，他就中央和国务院准备下发《关于高级干部生活待遇的若干规定》发表重要讲话，要求"高级干部应自觉遵守《关于高级干部生活待遇的若干规定》，在整顿党风、搞好社会风气方面发挥模范带头作用"。⑥ 此后，他多次谈到党内高级领导干部要以身作则，在各方面为全体党员作出表率。

至于共产党员在新时期先锋模范作用的基本内涵，早在改革开放之初，邓小平就作过这样的界定："共产党员的模范作用，

① 《邓小平年谱（一九七五——一九九七）》（上），中央文献出版社，2004，第 595～596 页。
② 《邓小平年谱（一九七五——一九九七）》（上），第 596 页。
③ 《邓小平年谱（一九七五——一九九七）》（上），第 596 页。
④ 邓小平：《党在组织战线和思想战线上的迫切任务》（1983 年 10 月 12 日），《邓小平文选》第三卷，第 38～39 页。
⑤ 《邓小平年谱（一九七五——一九九七）》（上），第 295 页。
⑥ 《邓小平年谱（一九七五——一九九七）》（上），第 576 页。

包括努力学习专业知识，成为各种专业的内行，并且吃苦在前，享受在后，比一般人负担更多的工作。"① 他把解放和发展生产力，最终走向共同富裕看作社会主义的本质，强调党员和党员领导干部首先要做解放和发展先进生产力的模范，要带头学习新知识、新技术。他明确要求，上至中央委员、下至地方各级干部，都要带头钻研社会主义经济建设，带头学习经济和管理。而要发展生产力，又必须要有一股艰苦创业的精神，因此领导改革开放的具体实践中，他还反复强调党员要做艰苦创业的模范，认为"艰苦创业，首先要我们党员、干部，特别是高级干部带头"；"我们的党员、干部，特别是高级干部，一定要努力恢复延安的光荣传统，努力学习周恩来等同志的榜样，在艰苦创业方面起模范作用"。② 总之，在邓小平看来，共产党员的先锋模范作用应该体现在方方面面，即不仅是工作的模范，而且是学习的模范；不仅是廉洁奉公的模范，而且是遵守纪律的模范；不仅是发家致富的模范，而且是共同富裕的模范；不仅是解放思想、实事求是的模范，而且是无私奉献、全心全意为人民服务的模范。

第五，关于遵守党的纪律，维护党的团结统一。

党的纪律是全党意志的体现，是党的各级组织和全体党员必须遵守的行为准则，是我们党的各项事业取得胜利的根本保证。胡锦涛同志指出："过去战争年代我们打胜仗，靠的是这一条；现在我们进行社会主义现代化建设，同样离不开这一条。我们党要团结带领全国各族人民全面建设小康社会、建设中国特色社会主义，面临的考验是严峻的，面对的挑战是巨大的，必须发挥纪律严明这个优势。"

确实，纪律严明历来是我们党的根本优势，也是党的三代领导核心大力倡导和严格要求的。进入改革开放历史新时期以后，邓小平把纪律和理想放在同等重要的地位，认为搞社会主义精神

---

① 邓小平：《目前的形势和任务》（1980 年 1 月 16 日），《邓小平文选》第二卷，第 270 页。

② 邓小平：《目前的形势和任务》（1980 年 1 月 16 日），《邓小平文选》第二卷，第 260 页。

文明，就是培养"有理想、有道德、有文化、有纪律"的"四有"新人，而在这"四有"里面，理想和纪律特别重要，它们是全党团结统一的根本保证。"我们这么大的一个国家，怎样才能团结起来、组织起来呢？一靠理想，二靠纪律。组织起来就有力量。没有理想、没有纪律，就会像旧中国那样一盘散沙，那我们的革命怎么能够成功？我们的建设怎么能够成功？"① 他认为对于共产党员来说，理想和纪律缺一不可。"有了理想，还要有纪律才能实现。纪律和自由是对立统一的关系，两者是不可分的。"共产党员一定要严格遵守党的纪律，而"遵守纪律的最高标准，是真正拥护和坚决执行党的政策，国家的政策"。② 他反复强调，要在党内进行有理想、有纪律的教育，"没有理想和纪律，建设四化是不可能的"；③ "要通过思想政治工作，加强全党的组织性、纪律性。各级组织、每个党员都要按照党章的规定，一切行动服从上级组织的决定，尤其是必须同党中央保持政治上的一致。这一点在现在特别重要。谁要违反这一点，谁就要受到党的纪律的处分"。④

只有纪律严明，才能保证党的理论和路线方针政策的贯彻落实，也才能维护党的团结和统一。邓小平历来把团结问题看作党内的大局。粉碎"四人帮"以后，他深刻总结"文化大革命"的惨痛教训，特别强调党内团结问题，要求强调全党同志必须紧密"团结在毛泽东思想旗帜下，团结在党中央周围"，"这是大局，我们要有大局观念"。⑤ 他还把安定团结看作党和国家政治生活的主题，认为"安定团结是实现四个现代化的必要的政治条件"。⑥

① 邓小平：《一靠理想二靠纪律才能团结起来》（1985 年 3 月 7 日），《邓小平文选》第三卷，第 111 页。
② 邓小平：《一靠理想二靠纪律才能团结起来》（1985 年 3 月 7 日），《邓小平文选》第三卷，第 111、112 页。
③ 邓小平：《用坚定的信念把人民团结起来》（1986 年 11 月 9 日），《邓小平文选》第三卷，第 191 页。
④ 邓小平：《贯彻调正方针，保证安定团结》（1980 年 12 月 25 日），《邓小平文选》第二卷，第 366 页。
⑤ 邓小平：《在中央军委全体会议上的讲话》（1977 年 9 月 19 日），《邓小平文选》第二卷，第 84 页。
⑥ 《邓小平年谱（一九七五——一九九七）》（上），第 435～436 页。

在十一届三中全会上，他向全党发出了"解放思想，实事求是，团结一致向前看"的伟大号召。

在长期的革命和建设生涯中，邓小平始终是我们党内团结的典范。1989年11月20日，他在回顾二野的历史时说："二野的内部关系是非常团结、非常协调的。"① 这种团结，与他和刘伯承等二野主要负责人的表率作用是分不开的。晚年，他把这种团结的法宝传授给新的中央领导集体，指出，"最重要的问题是胸襟要开阔"，"要从大局看问题"，加强团结；"党内无论如何不能形成小派、小圈子。能容忍各方面、团结各方面是一个关键性的问题"，并"希望大家能够很好地以江泽民同志为核心，很好地团结"。② 这是一个老共产党员的政治嘱托。

第六，关于坚持"两个务必"。

"两个务必"是毛泽东在新中国即将成立前夕向全党发出的警示，也是他对中国革命取得最后胜利的基本经验总结。新中国成立后，每到重要的发展关头，我们党的主要领导人都率先垂范，重申"两个务必"，使之成为我们加强和改进执政党建设，不断增强反腐防变和抵御风险能力的强大思想武器，成为始终保持党的先进性的重要法宝。改革开放以后，邓小平根据形势的变化，把发扬谦虚谨慎和艰苦奋斗的精神同社会主义现代化建设结合起来，同社会主义精神文明建设结合起来，同反腐败斗争结合起来，为"两个务必"注入了鲜活的时代内容。

1977年8月，刚刚复出不久的邓小平就在"十一大"向全党呼吁："我们一定要恢复和发扬毛主席为我们党树立的谦虚谨慎、戒骄戒躁、艰苦奋斗的优良传统和作风，全心全意地为中国人民和世界人民服务。"③ 此后，他多次号召广大党员干部要带头发扬党的优良传统，"首先是高级干部起模范带头作用，把我们党的

① 邓小平：《对二野历史的回顾》（1989年11月20日），《邓小平文选》第三卷，第342页。
② 《邓小平年谱（一九七五——一九九七）》（下），中央文献出版社，2004，第1278页。
③ 《邓小平年谱（一九七五——一九九七）》（上），第182页。

艰苦朴素、密切联系群众的传统作风很好地恢复起来，坚持下去"；① "要教育全党同志发扬大公无私、服从大局、艰苦奋斗、廉洁奉公的精神"。② 他认为："为什么过去很困难的局面我们都能渡过？根本的问题是我们的干部、党员同人民群众一块苦。"而现在的物质条件比那个时候好一些，为什么群众对我们还有那么多意见？这确实同我们脱离群众，丢掉了谦虚谨慎、艰苦奋斗的优良传统有关。③

1980 年元旦，邓小平出席全国政协新年茶话会，提出 1980 年代要着重做好四件大事，其中一件就是要恢复和发扬艰苦奋斗的创业精神。他语重心长地告诫大家："我们要搞中国式的现代化，我们还很穷，就是要老老实实地创业，就是要吃点苦，否则不可能有今后的甜。"④ 半个月后，在中央召集的干部会议上，他又提出当前的现代化建设必须具备四个前提，其中一个前提就是"要有一股艰苦奋斗的创业精神"。他认为："我们穷，底子薄，教育、科学、文化都落后，这就决定了我们还要有一个艰苦奋斗的过程。中国这样的社会主义大国，不可能走'捷径'。……我们只有长期的奋斗才能赶上发达国家的水平。"⑤ 不仅如此，他还把艰苦奋斗与反腐倡廉结合起来，认为"提倡艰苦创业精神，也有助于克服腐败现象"；⑥ "反对特殊化是艰苦创业中的一个问题"，要求党员干部特别是高级领导干部带头反对特殊化，带头艰苦创业。⑦

在领导新时期改革开放和现代化建设的实践过程中，邓小平

① 邓小平：《高级干部带头发扬党的优良传统》（1979 年 11 月 2 日），《邓小平文选》第二卷，第 218 页。

② 邓小平：《贯彻调整方针，保证安定团结》（1980 年 12 月 25 日），《邓小平文选》第二卷，第 367 页。

③ 邓小平：《高级干部带头发扬党的优良传统》（1979 年 11 月 2 日），《邓小平文选》第二卷，第 217 页。

④ 《邓小平年谱（一九七五——一九九七）》（上），第 588 页。

⑤ 《邓小平年谱（一九七五——一九九七）》（上），第 593 页。

⑥ 邓小平：《在接见首都戒严部队军以上干部时的讲话》（1989 年 6 月 9 日），《邓小平文选》第三卷，第 306 页。

⑦ 《邓小平年谱（一九七五——一九九七）》（上），第 593 页。

始终把恢复和发扬我们党谦虚谨慎、艰苦奋斗的优良传统和作风，看作社会主义精神文明建设中的一件大事来抓，认为艰苦奋斗和有理想、有道德、有纪律，都是精神文明建设的题中应有之义。"我们的人民、我们的党，要继续发扬艰苦奋斗、自力更生的精神"，"要在全党和全国各族人民中间，形成这样一种风气、一种作风、一种精神状态"。① 他认为党的基本路线要管一百年，谦虚谨慎、艰苦奋斗的精神也要发扬光大一百年。"现在一百年已经过去三十八年，还有六十二年，所以说我们的路还很长。以后的六十二年，我们还要夹着尾巴做人，要很谨慎，并且要艰苦奋斗。艰苦奋斗还是要讲，一点不能疏忽，要勤俭办一切事情，才能实现我们的目标。"② 1989 年，他在回顾改革开放十年来的历史进程时指出，"我们最近十年的发展时很好的"，不足之处是"在经济得到可喜发展、人民生活水平得到改善的情况下，没有告诉人民，包括共产党员在内，应该保持艰苦奋斗的传统。坚持这个传统，才能抗住腐败现象。所以要加强对人民进行思想政治工作，提倡艰苦奋斗"；③ "艰苦奋斗是我们的传统，艰苦朴素的教育今后要抓紧，一直要抓六十至七十年。我们的国家越发展，越要抓艰苦创业"。④

党的十三届四中全会以后，以江泽民为核心的党中央根据邓小平的政治嘱托，高度重视保持谦虚谨慎的态度和艰苦奋斗的作风，并把坚持和弘扬"两个务必"的精神，作为领导干部所必备的基本政治素质，认为"对于共产党员和各级干部来说，这也是对政治立场、政治观点、政治鉴别力的一种考验"。⑤

"两个务必"，说到底是世界观、人生观、价值观的问题，是由中国共产党的性质和宗旨所决定的。一个党员是否合格，就看

---

① 《邓小平年谱（一九七五——一九九七）》（下），第 811 页。
② 《邓小平年谱（一九七五——一九九七）》（下），第 1216 页。
③ 邓小平：《保持艰苦奋斗的传统》（1989 年 3 月 23 日），《邓小平文选》第三卷，第 290 页。
④ 邓小平：《在接见首都戒严部队军以上干部时的讲话》（1989 年 6 月 9 日），《邓小平文选》第三卷，第 306 页。
⑤ 江泽民：《论党的建设》，中央文献出版社，2001，第 245 页。

他能否始终保持谦虚谨慎的态度，保持艰苦奋斗的作风。因此胡锦涛同志把坚持"两个务必"作为新时期共产党员保持先进性的又一基本要求，认为它"是凝聚党心民心、激励全党全国人民为实现国家富强、民族振兴、社会和谐、人民幸福而共同奋斗的强大精神力量，是保持党同人民群众的血肉联系的一个重要法宝"。无疑，在新世纪新阶段，它也是我们共产党人永葆先进性的一个重要法宝。

综上所述，围绕着"怎样做一个合格的共产党员"，邓小平在改革开放和社会主义现代化建设的历史新时期，对共产党员的先进性进行了多方面的论述。这些论述，与毛泽东、江泽民、胡锦涛同志的有关论述一起，共同反映了我们党的主要领导人在不同的历史时期，面对不同的时代主题和实践需要，对共产党员保持和发扬先进性的全面要求。它们既有内容上的本质联系，又有要求上的具体区别；既体现了对党员先进性和先锋模范作用认识的一贯性，又体现了这一认识紧跟实践的发展而发展的鲜明特点；它们之间既一脉相承，又与时俱进，为我们党在新世纪新阶段开展先进性建设，为广大共产党员在全面建设小康社会的伟大实践中始终保持先进性、发挥先锋模范作用，奠定了坚实的理论基础，提供了科学的思想指南。

（本文是作者与施维树合作撰写的，原载《毛泽东邓小平理论研究》2007 年第 1 期，收入本书时作了修改）

第三篇

中国特色社会主义道路的开辟

社会主义发展的历史进程
与前途命运

从 1848 年《共产党宣言》发表算起，科学社会主义的理论，从马克思到邓小平，已经经历了 150 年的发展。正确认识社会主义发展的历史进程，对于我们在 21 世纪建设好有中国特色的社会主义，具有十分重要的意义。

一 社会主义从空想到科学、从抽象到具体的发展历程

马克思曾经说过，在人类认识发展过程中，存在着两条不同的道路："在第一条道路上，完整的表象蒸发为抽象的规定；在第二条道路上，抽象的规定在思维行程中导致具体的再现。"① 在这里，第一条道路是从感性认识（完整的表象）到理性认识（抽象的规定）的发展过程，而第二条道路则是指理性认识自身从抽象（抽象的规定）上升到具体（思维中的具体）的发展过程。关于理论思维的发展是从抽象到具体的进程的思想，最早由黑格尔提出。马克思剔除了黑格尔思想中的唯心主义实质，保留了其辩证法合理内核，认为从抽象到具体只是思维用来掌握具体并把它当作一个精神上的具体再现的方式。

马克思、恩格斯正是在批判吸收德国古典哲学辩证思维的基

---

① 中共中央马克思、恩格斯、列宁、斯大林著作编译局编《马克思恩格斯选集》第二卷，人民出版社，1972，第 103 页。

础上，形成了辩证唯物主义和历史唯物主义，为社会主义由空想到科学的转变，由抽象到具体的发展，指明了正确的思想路线。他们运用这一科学的世界观来考察资本主义的生产方式，并借鉴英国古典政治经济学的思想成果，最终提出了剩余价值学说，从而彻底揭开了资本家剥削工人的秘密，阐明了无产阶级与资产阶级矛盾的不可调和性，得出了社会主义必然代替资本主义的科学结论。正是在这个意义上，恩格斯说过，由于唯物主义历史观和剩余价值理论的发现，社会主义已经变成了科学。

科学社会主义理论的创立，为人类对社会主义的进一步认识开辟了广阔的前景。马克思、恩格斯就是在对资本主义的经济事实这一感性认识进行深刻分析的基础上，作出了人类关于未来社会主义一般原则和基本特征的第一个比较全面、系统的论述。在他们笔下，未来社会主义的特征主要包括生产资料归全社会占有，社会生产有计划地进行，个人消费资料实行按劳分配等诸多方面。

应该指出，马克思、恩格斯对未来社会主义一般原则和基本特征的认识是"以生产力的巨大增长和高度发展为前提的"，这是"因为如果没有这种发展，那就只会有贫穷的普遍化；而在极端贫困的情况下，就必须重新开始争夺必需品的斗争，也就是说，全部陈腐的东西又要死灰复燃"。① 用恩格斯的话来说，他们的这些认识，"是从历史事实和发展过程中得出的确切结论；脱离这些事实和过程，就没有任何理论价值和实际价值"。②

马克思、恩格斯虽然从资本主义发展的经济事实中揭示了社会主义社会的普遍原则，但是对于未来社会主义究竟是什么样子，以及应该怎样建设社会主义等问题，并未作出过具体的论述。他们认为这些属于未来学的问题。列宁曾经说过，科学社会主义其实从未描述过任何未来的远景，它仅限于分析现代资本主

① 马克思和恩格斯：《费尔巴哈》，中共中央马克思、恩格斯、列宁、斯大林著作编译局编《马克思恩格斯选集》第一卷，人民出版社，1972，第39页。
② 恩格斯：《致爱德华·皮斯》（1886年1月27日），《马克思恩格斯全集》第三十六卷，人民出版社，1972，第420页。

义制度和研究资本主义社会组织的发展趋势，如此而已。

事实正是如此。马克思在《资本论》这部鸿篇巨制中，对于未来也只是提出了一些最一般的启示，只考察了未来的社会制度所以长成的那些现成的要素。这说明马克思当初并不想为后人设计具体而现成的方案，不想"许诺伟大的未来"。因此，对于什么是社会主义，以及如何建设社会主义等一系列问题，还必须依靠后人在各国具体的实践中加以进一步认识和发展。

总之，社会主义从空想到科学，从抽象到具体，并没有终结人类对社会主义的认识。这是因为在人类思维发展的历史上，抽象与具体的区分，往往只有相对的意义。任何思维中的具体，作为认识发展到特定阶段的产物，都必须在新的历史条件下加以进一步的发展。

二　科学社会主义从理论转化为现实

列宁是马克思主义发展史上运用科学社会主义理论来指导具体实践并取得巨大成功的第一人。他在帝国主义和无产阶级革命的时代条件下，提出了无产阶级有可能突破帝国主义阵线最薄弱的环节，首先在一国或数国获得社会主义革命胜利的学说，并以这一理论为指导，在经济文化相对落后的俄国率先建立了世界上第一个社会主义国家，使科学社会主义理论第一次以制度的形式转化为现实，为社会主义的进一步发展奠定了坚实的基础。

列宁认为，无产阶级夺取政权以后，社会主义便由一种学说转变为重大的实践。这是人类历史上的崭新事业，前进中必然会遇到许多新奇的复杂的问题。原来经济愈不发达的国家，遇到的问题也就愈多。他指出："现在已经到了这样一个历史关头：理论在变为实践，理论由实践赋予活力，由实践来检验。"[1] 众所周知，马克思、恩格斯当初设想的社会主义，是建立在生产力充分发展的较高阶段上，以生产资料公有制和按劳分配为特征。列宁

---

① 　中共中央马克思、恩格斯、列宁、斯大林著作编译局编《列宁全集》第三十
三卷，人民出版社，1985，第208页。

看到了俄国的历史实际与马、恩当初逻辑设想的差异，指出马克思、恩格斯所提供的只是一般的指导原则，这些原则的具体应用，在英国不同于法国，在德国不同于俄国。"在民主的这种或那种类型上，在无产阶级专政的这种或那种类型上，在社会生产各方面的社会主义改造的速度上，各个民族都有自己的特点。"①

实际上，社会主义制度的建立，这只是社会主义建设的开始而不是完成。因此对于那些业已走上社会主义道路的国家来说，都面临着一个如何进一步建设社会主义，如何巩固和发展社会主义的问题。在中国，毛泽东率先意识到了这一点。他在读苏联《政治经济学（教科书）》时，曾经指出：任何国家的共产党人，任何国家的无产阶级思想家，都要创造新的理论，写出新的著作，才能解决自己面对的新问题。在这方面，他自己也作过许多有益的探索，并写出了《论十大关系》《关于正确处理人民内部矛盾的问题》等科学著作，在充分总结新中国社会主义革命和建设实践经验和教训的基础上，提出了许多有价值的理论观点，丰富和发展了科学社会主义的理论。可惜的是，由于经验的缺乏，由于对生产力的实际水平缺少充分的了解，特别是由于长期以来"左"的错误干扰，这种对社会主义建设道路的艰辛探索后来中断了，步入了十年"文化大革命"的误区。

三 邓小平开辟了科学社会主义认识发展的新境界

邓小平是科学社会主义发展史上的又一位理论大师。他敏锐地把握时代跳动的脉搏，努力创造反映新时代的科学理论。他以大无畏的实践精神和理论勇气，在新的历史条件下重新认识什么是社会主义，怎样建设、发展和巩固社会主义，创造性地提出了建设有中国特色社会主义的科学理论，开辟了科学社会主义认识发展的新境界。这一理论是科学社会主义实践从世界到中国发展的历史结果，也是马克思主义经典作家关于社会主义的认识从抽

---

① 中共中央马克思、恩格斯、列宁、斯大林著作编译局编《列宁全集》第二十三卷，人民出版社，1985，第56页。

象到具体发展的逻辑结果。对此，邓小平曾经满怀信心地说：我们建设有中国特色的社会主义，"没有丢马克思，没有丢列宁，也没有丢毛泽东"。① 不仅没有丢，而且根据新的实践对过去的认识进行了补充和发展，拥有了新的语言、表现形式和内容，用邓小平的话说，是说了一些老祖宗没有说过的新话。正因为如此，我们说邓小平理论正是以它独具的时代特色，以它崭新的思想内容，对科学社会主义理论的发展做出了自己的贡献，它充分表现了新时期中国共产党人理论思维的成熟。

邓小平对科学社会主义的认识和贡献，来自当代中国改革开放和现代化建设的具体实践。他曾经这样说过，十一届三中全会以来，"我们主要做了两件事，一是拨乱反正，二是全面改革"。②

所谓拨乱反正，就是纠正"文化大革命"以来的错误路线，重新回到过去正确的理论和实践中去。十一届三中全会前后，邓小平支持和领导了批判"两个凡是"、讨论真理标准、重新确立实事求是思想路线、制定"历史决议"等一系列拨乱反正的具体实践，并在此基础上得出了"以发展生产力为中心"这一最基本的结论。他指出，"我们拨乱反正，就是要在坚持四项基本原则的基础上发展生产力"，③ 并强调"这是最根本的拨乱反正"。④

当然，在新的历史条件下，要真正发展生产力，光有拨乱反正的理论和实践还不够，还必须有开拓和创新，有改革和开放。用邓小平的话来说，就是要实行"全面改革"。为此，他又进一步指出："社会主义基本制度确立以后，还要从根本上改变束缚生产力发展的经济体制，建立起充满生机和活力的社会主义经济

① 邓小平：《总结经验，使用人才》（1991年8月20日），《邓小平文选》第三卷，人民出版社，1993，第369页。
② 邓小平：《在中国共产党全国代表会议上的讲话》（1985年9月23日），《邓小平文选》第三卷，第141页
③ 邓小平：《改革是中国发展生产力的必由之路》（1985年8月28日），《邓小平文选》第三卷，第138页。
④ 邓小平：《在中国共产党全国代表会议上的讲话》（1985年9月23日），《邓小平文选》第三卷，第141页。

体制，促进生产力的发展，这是改革，所以改革也叫解放生产力。"①

如果我们把拨乱反正看作坚持社会主义的实践，那么改革开放则是发展社会主义的实践。正是从十一届三中全会以来的这两大实践中，邓小平得出了发展生产力和解放生产力的双重结论。不仅如此，在新时期拨乱反正和改革开放的具体实践中，亦即在坚持和发展社会主义的具体进程中，邓小平还得出了消灭剥削、消除两极分化、最终达到共同富裕的科学结论。从发展社会主义的角度来讲，在初级阶段必须允许多种经济成分同时并存和多种分配方式互为补充，这就意味着有可能出现一定程度的剥削和一定范围的贫富差异；而从坚持社会主义的角度来说，社会主义的目的就是要全国人民共同富裕，不是两极分化。因此，要把坚持社会主义和发展社会主义结合起来，就必须通过解放和发展生产力、消灭剥削、消除两极分化来最终达到共同富裕。

以上我们考察了从马克思到邓小平之间 150 多年来科学社会主义理论发展的历程。如果把马克思、恩格斯当初对社会主义一般原则和普遍特征的概括看作这一认识的历史起点的话，那么邓小平关于社会主义的崭新论断则是这一认识发展的必然结果，它开辟了科学社会主义认识发展的新境界。这是反映了不同时代特征的两种既相联系又相区别的理论思维，它们在不同的时代条件和实践基础上，经历了一个不断深化和发展的历史过程。

四 科学社会主义的发展与 21 世纪中国的命运

科学社会主义理论的形成和发展是历史的必然，是永不停顿、永无止境的历史过程。在中国，自党的十三届四中全会开始形成的以江泽民为核心的第三代中央领导集体，始终致力于学习和宣传马克思主义、毛泽东思想特别是邓小平理论，对这个理论的科学体系作出了进一步的阐述和概括。尤其是党的"十四大"

---

① 邓小平：《在武昌、深圳、珠海、上海等地的谈话要点》（1992 年 1 月 18 日～2 月 21 日），《邓小平文选》第三卷，第 370 页。

以后，着眼于这一理论的具体运用，着眼于对实际问题的理论思考，研究新情况，解决新问题，总结新经验，提出新观点，在把邓小平开创的建设有中国特色社会主义不断推向前进的同时，也多方面地丰富和发展了邓小平理论。这一时期，新的中央领导集体在应用和发展邓小平理论过程中所表现出来的显著特点是，建设有中国特色社会主义的思路更加清晰，各方面的方针政策、办法措施更加清楚具体；同时，逐步摸索和掌握了各个方面、各个领域、各个行业的规律，逐步建立了比较明确的具体制度。

随着新千年的到来，科学社会主义在中国和世界的命运遇到了前所未有的挑战，也迎来了前所未有的发展机遇。党的"十五大"正是站在世纪之交的历史高度，提出旗帜问题至关重要，旗帜就是方向，旗帜就是形象。这次大会将高举邓小平理论的伟大旗帜，把建设有中国特色社会主义的事业全面推向 21 世纪作为主题，其意义就在这里。

正是为了高举邓小平理论的伟大旗帜，"十五大"对邓小平理论的历史地位和指导意义进行了深刻的论述。它第一次准确而科学地使用了"邓小平理论"的概念，至少表明了以下几层含义：在改革开放的实践基础上，中国特色社会主义已经形成了成熟的科学理论体系；这一理论的奠基人和首创者，是中国改革开放和现代化建设的总设计师邓小平；邓小平不仅是政治家、实践家，而且是思想家、理论家，他关于中国特色社会主义的论述是包含着普遍性、长久性、指导性的科学理论。

对于邓小平理论与马克思主义、毛泽东思想的相互关系，"十五大"也作出了科学的说明，指出在当代中国马克思列宁主义、毛泽东思想、邓小平理论，是一脉相承的统一的科学体系。因此，我们坚持邓小平理论，就是坚持马克思列宁主义、毛泽东思想；高举邓小平理论的旗帜，就是真正高举马克思列宁主义、毛泽东思想的旗帜。

邓小平理论经过 20 多年的发展，已经形成了具有独特价值的科学体系，这一点在党的"十四大"以后已经成为人们思想上的共识。"十五大"的论述更使我们懂得，邓小平理论不仅形成了一个建设有中国特色社会主义的科学体系，而且成为当代中国的马克思主义，是马克思主义在中国发展的新阶段。

党的"十五大"以后，我国的改革进入攻坚阶段。十五届二中全会通过了有关国务院机构改革方案，三中全会通过了有关进一步推进农村改革的方案，四中全会通过了有关深化国有大中型企业改革的方案。十五届五中全会通过《中共中央关于制定国民经济和社会发展第十个五年计划的建议》，提出以发展为主题、以结构调整为主线、以改革开放和科技进步为动力、以提高人民生活水平为根本出发点的"十五"建设新思路。所有这一切，都表明邓小平逝世以后的中国，正在按照邓小平所设计的改革开放和现代化建设道路稳步前进。江泽民在改革开放20周年纪念大会上总结了过去的辉煌历程，同时也进一步指出，当今世界正在继续发生重大而深刻的变化，科技进步一日千里，知识创新大大加快，综合国力竞争日益激烈。这种形势带来了新的挑战，也带来了新的机遇。第三代中央领导集体正是在这种新旧交替的历史时刻，把握住了一次又一次历史机遇，采取一系列正确措施，保证了社会政治稳定，经济持续增长，从而不仅在实践中应用了邓小平理论，而且在理论上发展了邓小平理论。

100年前，当20世纪来临的时候，旧中国政治黑暗，经济没落，文化衰败，根本没有可能去赶超世界先进潮流；100年后的今天，当我们迈进21世纪的时候，我国进入全面建设小康社会，实现社会主义现代化的新的发展阶段。我国完全有条件、有能力自立于世界民族之林，实现中华民族的更大发展。可以预言，只要我们继续高举邓小平理论的伟大旗帜，坚持走有中国特色社会主义的道路，我们的国家就大有希望，社会主义的事业就大有前途；在新的世纪里，关于科学社会主义的认识必将在新的实践基础上经历一轮又一轮从理论到实践、从抽象到具体的发展历程，并推动建设有中国特色社会主义的伟大事业不断前进。

（本文是作者与王小梅合作撰写的，原载《安庆师范学院学报（社会科学版）》2001年第1期，收入本书时略有修改）

改革开放的总设计师邓小平

邓小平在领导当代中国改革开放和现代化建设的具体实践中，不仅开辟了中国特色社会主义建设道路，而且首创了中国特色社会主义理论体系，制定了新时期改革开放的一系列重大路线方针政策。这些重大决策，充分体现了一个伟大战略家的辩证思维，为邓小平赢得了当代中国总设计师的光荣称号。在纪念改革开放 30 周年的今天，认真回顾和总结这些重大决策的形成发展过程及其蕴含的辩证思维，是对这位总设计师的最好缅怀。

一 运用矛盾的普遍性和特殊性关系的原理，提出"走自己的路，建设有中国特色的社会主义"的理论和实践主题

毛泽东曾经指出，"矛盾的普遍性和矛盾的特殊性，就是矛盾的共性和个性的关系"，"这一共性个性、绝对相对的道理，是关于事物矛盾问题的精髓，不懂得它，就对于抛弃了辩证法"。① 在领导中国革命的具体实践中，以毛泽东为核心的第一代中央领导集体，正确运用这一矛盾精髓思想，把马克思主义普遍原理与中国革命具体实际相结合，开创了农村包围城市、武装夺取政权的胜利道路，创建了新中国；找到了一条具有中国特色的社会主

① 毛泽东：《矛盾论》（1937 年 8 月），《毛泽东选集》第一卷，人民出版社，1991，第 319～320 页。

义改造道路，建立了社会主义制度。在此基础上，从中国国情出发，"以苏为鉴"，对社会主义建设进行了艰辛探索，取得了一系列重大的理论和实践成果。对于这些革命和建设的成功经验，邓小平进行了认真的总结。他认为，中国革命之所以能够成功，就是因为我们党"把马克思列宁主义同中国的实际相结合，走自己的路"；[①] 而在搞社会主义方面，毛泽东的最大功劳也是将马克思主义与中国具体实际相结合，"中国的社会主义道路与苏联不完全一样，一开始就有区别，中国建国以来就有自己的特点"。[②] 令人遗憾的是，后来我们犯了错误，开始不尊重经济规律，不仅违背了马克思主义基本原理，而且脱离了中国的具体实际。特别是"文化大革命"，"这是一场灾难，经济方面完全乱了。所以我们现在搞四个现代化，不得不进行几年调整"。[③]

正是运用矛盾普遍性和特殊性相结合的原理，通过对中国革命和建设经验教训的科学总结，邓小平在改革开放之初，逐步形成了"走自己的路，建设有中国特色的社会主义"的战略思路。他指出："过去搞民主革命，要适合中国情况，走毛泽东同志开辟的农村包围城市的道路。现在搞建设，也要适合中国情况，走出一条中国式的现代化道路。"[④] 而中国式的现代化，必须从中国的特点出发，真正摸准、摸清我们的国情。邓小平认为，这个国情的主要特点有二：一是底子薄；二是人口多、耕地少。在这样的国情基础上建设社会主义，我们既不能照搬西方资本主义国家的做法，也不能照搬其他社会主义国家的做法，必须根据自己的实际情况，走一条具有中国特色的社会主义建设道路。因此，在"十二大"开幕词中，他向全党明确提出："把

---

① 邓小平：《革命和建设都要走自己的路》（1984 年 10 月 26 日），《邓小平文选》第三卷，人民出版社，1993，第 95 页。

② 邓小平：《社会主义也可以搞市场经济》（1979 年 11 月 26 日），《邓小平文选》第二卷，人民出版社，1993，第 235 页。

③ 邓小平：《第三代领导集体的当务之急》（1989 年 6 月 16 日），《邓小平文选》第三卷，第 314 页。

④ 邓小平：《坚持四项基本原则》（1979 年 3 月 30 日），《邓小平文选》第二卷，第 163 页。

马克思主义普遍真理同我国的具体实际结合起来，走自己的道路，建设有中国特色的社会主义，这就是我们总结历史经验得出的基本结论。"①

"走自己的道路，建设有中国特色的社会主义"，表明我们党对正在进行的社会主义现代化建设的内涵和实质已经有了深刻的认识，达到了理论上的自觉，初步明确了中国特色社会主义理论和实践的主题。这个主题经过改革开放30年来的发展，形成了一个科学的思想体系。党的"十七大"把它概括为："在中国共产党领导下，立足基本国情，以经济建设为中心，坚持四项基本原则，坚持改革开放，解放和发展社会生产力，巩固和完善社会主义制度，建设社会主义市场经济、社会主义民主政治、社会主义先进文化、社会主义和谐社会，建设富强民主文明和谐的社会主义现代化国家。"② 这个思想体系，系统回答了在中国这样经济文化比较落后的国家如何建设社会主义、如何巩固和发展社会主义的一系列重大问题。

"走自己的道路，建设有中国特色的社会主义"，不仅是对过去历史的总结，而且是对改革开放以来具体实践的升华。邓小平说："从十一届三中全会到'十二大'，我们打开了一条一心一意搞建设的新路。"③ 这条新路，就是中国特色社会主义道路。它既说明了这条道路的性质——社会主义，又说明了这条道路的模式——中国特色；它不仅为我国改革开放和现代化建设指出了明确的方向和目标，而且提出了具体的方法和途径。因此，如果说在改革开放历史新时期我们党作出了一系列重大的决策，那么邓小平提出走中国特色社会主义道路，则是其中最大的决策。有了这一决策，"我们党对于社会主义现代化建设的指导思想就会更

① 邓小平：《中国共产党第十二次全国代表大会开幕词》（1982年9月1日），《邓小平文选》第三卷，第3页。
② 胡锦涛：《高举中国特色社会主义伟大旗帜，为夺取全面建设小康社会新胜利而奋斗》，《人民日报》2007年10月25日。
③ 邓小平：《一心一意搞建设》（1982年9月18日），《邓小平文选》第三卷，第11页。

加明确"。①

"走自己的道路，建设有中国特色的社会主义"，是邓小平在改革开放历史新时期运用矛盾普遍性和特殊性关系的原理，正确认识和分析我们党面临的历史任务所作出的重大决策，充分体现了这位改革开放总设计师的辩证思维和"照辩证法办事"的精神。正如胡锦涛在"十七大"报告中所指出的："中国特色社会主义道路之所以完全正确、之所以能够引领中国发展进步，关键在于我们既坚持了科学社会主义的基本原则，又根据我国实际和时代特征赋予其鲜明的中国特色。"②

二 抓住发展生产力这个主要矛盾，作出把工作重心转移到经济建设上来的重大决策

邓小平在把马克思主义普遍原理与中国经济建设具体实际相结合的过程中，不仅找到了适合自己的道路，创立了中国特色社会主义理论，而且提出了一整套建设中国特色社会主义的战略决策。这些重大决策，是中国特色社会主义理论体系的重要组成部分。而首当其冲的决策，就是把工作重心转移到经济建设上来。

善于抓住主要矛盾，并以此确定中心工作，这是唯物辩证法的基本要求，也是我们党的优良传统。早在 1956 年，中共"八大"就提出社会主义改造基本完成以后，全国人民的首要任务是集中力量发展生产力，实现国家工业化，逐步满足人民群众日益增长的物质文化需要。然而"八大"提出的这条正确路线在后来的实践中并没有得到全面贯彻和落实，相反地逐步形成了一整套"以阶级斗争为纲"的基本理论和路线。这种错误的理论和路线，直接导致了"文化大革命"的动乱，国民经济也因此到了崩溃的边缘。

粉碎"四人帮"之后不久，邓小平对这段历史进行了深刻的

---

① 邓小平：《中国共产党第十二次全国代表大会开幕词》（1982 年 9 月 1 日），《邓小平文选》第三卷，第 1 页。

② 胡锦涛：《高举中国特色社会主义伟大旗帜，为夺取全面建设小康社会新胜利而奋斗》，《人民日报》2007 年 10 月 25 日。

反思。从现有的材料来看，他的反思是从什么是社会主义、什么是社会主义的优越性这样一些最基本的问题开始的。他深有感触地说："不解放思想不行，甚至于包括什么叫社会主义这个问题也要解放思想。"① 我们的经验教训有许多条，其中最重要的一条，"就是要弄清楚什么叫社会主义和共产主义，怎样搞社会主义"。② 正是在不断思考和探索什么是社会主义这个首要和基本的问题过程中，邓小平逐步得出了搞社会主义必须发展生产力的重要结论。他认为："发挥社会主义的优越性，归根到底是要大幅度发展社会生产力，逐步改善、提高人民的物质生活和精神生活。"③

从搞社会主义就必须发展生产力这一历史唯物主义观点出发，邓小平进一步认清了社会主义建设时期的主要矛盾，明确了党在新时期的中心任务。他指出："我们的生产力发展水平很低，远远不能满足人民和国家的需要，这就是我们目前时期的主要矛盾，解决这个主要矛盾就是我们的中心任务。"④ 正是根据这一判断，他果断停止"以阶级斗争为纲"，适时作出把党和国家的工作重点转移到经济建设上来的重大决策，实现了我们党的历史上又一次伟大的转折。邓小平后来把这一历史转折称之为"最根本的拨乱反正"。⑤

以经济建设为中心，集中力量发展生产力，加紧实现四个现代化，不仅是最根本的拨乱反正，而且是最关键的战略决策。之所以说是最关键的决策，是因为"能否实现四个现代化，决定着我们国家的命运、民族的命运"。邓小平认为，这是"我们当前

---

① 邓小平：《社会主义首先要发展生产力》（1980 年 3 月～5 月），《邓小平文选》第二卷，第 312 页。

② 邓小平：《社会主义必须摆脱贫穷》（1987 年 4 月 26 日），《邓小平文选》第三卷，第 223 页。

③ 邓小平：《目前的形势和任务》（1980 年 1 月 16 日），《邓小平文选》第二卷，第 251 页。

④ 邓小平：《坚持四项基本原则》（1979 年 3 月 30 日），《邓小平文选》第二卷，第 182 页。

⑤ 邓小平：《在中国共产党全国代表会议上的讲话》（1985 年 9 月 23 日），《邓小平文选》第三卷，第 141 页。

最大的政治，因为它代表着人民的最大的利益、最根本的利益"。① 在他看来，社会主义现代化建设的任务虽然是多方面的，各个方面需要综合平衡，不能单打一，"但是说到最后，还是要把经济建设当作中心。离开了经济建设这个中心，就有丧失物质基础的危险。其他一切任务都要服从这个中心，围绕这个中心，决不能干扰它，冲击它"。②

以经济建设为中心，这一在拨乱反正基础上作出的重大决策，开启了改革开放历史新时期。用邓小平的话说："从十一届三中全会到'十二大'，我们打开了一心一意搞建设的新路。"③正是沿着这条新路，我们党在改革开放的具体实践中，始终坚持以经济建设为中心，逐步形成了"一个中心，两个基本点"的基本路线。邓小平认为，这条基本路线要管一百年，一百年不动摇。这条基本路线，为中国特色社会主义建设指明了前进的方向。

以经济建设为中心，也是建设中国特色社会主义的必由之路。邓小平指出："中国不走这条路，就没有别的路可走。只有这条路才是通往富裕和繁荣之路。"④ 而这条道路，也就是我们今天已经走了整整30年的改革开放道路。因为改革开放的最终目的，就是为了发展生产力，实现社会主义现代化。它积30年之功，已经为中国特色社会主义理想的实现、为中华民族的伟大复兴，奠定了雄厚的物质基础。站在历史的新高度，回顾邓小平在改革开放之初，作出把工作重心转移到经济建设上来的重大决策，不难看出其长远的战略眼光和辩证思维。事实证明，正是这种对马克思主义基本原理的正确把握和"照辩证法办事"的科学

---

① 邓小平：《坚持四项基本原则》（1979年3月30日），《邓小平文选》第二卷，第162、163页。

② 邓小平：《目前的形势和任务》（1980年1月16日），《邓小平文选》第二卷，第250页。

③ 邓小平：《一心一意搞建设》（1982年9月18日），《邓小平文选》第三卷，第11页。

④ 邓小平：《社会主义和市场经济不存在根本矛盾》（1985年10月23日），《邓小平文选》第三卷，第149、150页。

决策能力，保证了改革开放和现代化建设的顺利进行。从这个角度来说，邓小平的确不愧为改革开放和现代化建设的总设计师。

三　根据社会主义社会基本矛盾的理论和辩证法普遍联系的观点，作出改革开放的重大决策

几乎是在作出把工作重心转移到经济建设上来的重大决策的同时，邓小平逐步明确了改革开放的基本思路。用他后来的话说，就是"为了发展生产力，必须对我国的经济体制进行改革，实行对外开放的政策"。①

邓小平改革开放重大决策的提出，是对毛泽东关于社会主义社会基本矛盾理论的继承和发展。众所周知，早在 1957 年《关于正确处理人民内部矛盾的问题》一文中，毛泽东就明确提出，"在社会主义社会中，基本的矛盾仍然是生产关系和生产力之间的矛盾，上层建筑和经济基础之间的矛盾"，② 并认为它们之间既相适应又相矛盾的情况，可以通过社会主义制度本身不断地得到解决。这就奠定了新时期改革开放的理论基础，是对马克思主义社会矛盾学说的巨大贡献。但是毛泽东后来在运用这一学说指导社会主义建设实践的过程中，却忽视了生产力、经济基础的决定作用，片面夸大生产关系、上层建筑的反作用，没有真正找到改革开放的具体道路，最终陷入了"大跃进""人民公社化"和"文化大革命"的误区。邓小平总结了其中的经验教训，认为："指出这些基本矛盾，并不就完全解决了问题，还需要就此作深入的具体的研究。"③

正是在进行深入、具体研究的基础上，邓小平作出了改革开放的重大决策。他认为，以经济建设为中心，实现四个现代

①　邓小平：《改革是中国发展生产力的必由之路》（1985 年 8 月 28 日），《邓小平文选》第三卷，第 138 页。

②　毛泽东：《关于正确处理人民内部矛盾的问题》（1957 年 2 月 27 日），《毛泽东文集》第七卷，人民出版社，1999，第 214 页。

③　邓小平：《坚持四项基本原则》（1979 年 3 月 30 日），《邓小平文选》第二卷，第 182 页。

化，是一场伟大的革命，这场革命要大幅度改变落后的生产力，"就必然要多方面地改变生产关系，改变上层建筑"，因此，"各个经济战线不仅需要进行技术上的重大改革，而且需要进行制度上、组织上的重大改革。进行这些改革，是全国人民的长远利益所在"。① 在党的十一届三中全会上，他进一步提出："如果现在再不实行改革，我们的现代化事业和社会主义事业就会被葬送。"②

十一届三中全会以后，特别是农村改革取得重大突破之后，邓小平及时进行总结，对经济体制改革给予了极高的评价。他把改革称之为实现社会主义现代化宏伟目标的根本政策，明确提出"要发展生产力，经济体制改革是必由之路"③。他把改革提升到革命的高度来加以认识，认为革命是解放生产力，改革也是解放生产力；改革是社会主义制度的自我完善，是中国的第二次革命。无疑，这些认识既是对社会基本矛盾理论的发展，也是对社会革命理论的新贡献，体现了邓小平作为战略家的辩证思维。

在邓小平看来，改革并非是要改变社会主义基本制度，而是要清除阻碍生产力发展的旧体制，建立充满生机的新体制。他把改革看作社会主义事业发展的动力和源泉，是社会主义经济体制的革故鼎新和辩证否定。这种辩证的否定观，完全符合马克思主义经典作家关于辩证法的论述。列宁曾经把"辩证的否定"看作"辩证法的灵魂"，并引用黑格尔的说话说，这是"一切活动的内在源泉，是生命和精神的自己运动的内在源泉"。④

与经济体制改革相呼应，邓小平还深刻阐述了政治体制改革

---

① 邓小平：《工人阶级要为实现四个现代化作出优异贡献》（1978 年 10 月 10 日），《邓小平文选》第二卷，第 135、136 页。

② 邓小平：《解放思想、实事求是，团结一致向前看》（1978 年 10 月 11 日），《邓小平文选》第二卷，第 150 页。

③ 邓小平：《改革是中国发展生产力的必由之路》（1985 年 8 月 28 日），《邓小平文选》第三卷，第 138 页。

④ 列宁：《哲学笔记》，人民出版社，1974，第 246 页。

的基本思路。1980 年 8 月，他在中央政治局扩大会议上发表长篇讲话，明确提出改革党和国家领导体制的重大任务，认为这一改革的目的，乃是"为了充分发挥社会主义制度的优越性，加速现代化建设事业的发展"。① 此后，他在一系列重要讲话中，为政治体制改革设计了蓝图。

就在邓小平进行社会主义改革的抉择日益坚定的同时，他关于对外开放的思路也逐步明确起来。他认为，中国要发展，不仅对内要改革，而且对外要开放。因为现在的世界是开放的世界，事物是普遍联系的，世界各国也是普遍联系的。特别是第二次世界大战以后，随着科学技术的迅猛发展，各国的相互联系和相互依存日益加强，世界的发展离不开中国，中国的发展也离不开世界。"三十几年的经验教训告诉我们，关起门来搞建设是不行的，发展不起来。"② 因此，"实现四个现代化必须有一个正确的开放的对外政策"。③

在制定对外开放战略决策的过程中，邓小平运用毛泽东关于内外因关系的辩证思想，发展了"以自力更生为主、争取外援为辅"的方针，提出中国是一个大国，搞建设主要靠自己，靠独立自主、自力更生。但是，"独立自主不是闭关自守，自力更生更不是盲目排外。科学技术是人类共同创造的财富。任何一个民族、一个国家，都需要学习别的民族、别的国家的长处，学习人家的先进科学技术"。④ 我们的目标是实现四个现代化，"要实现四个现代化，就要善于学习，大量取得国际上的援助。要引进国际上的先进技术、先进设备，作为我们发展的起点"。⑤ 正是以他

① 邓小平：《党和国家领导制度的改革》（1980 年 8 月 18 日），《邓小平文选》第二卷，第 322 页。
② 邓小平：《建设有中国特色的社会主义》（1984 年 6 月 30 日），《邓小平文选》第三卷，第 64 页。
③ 邓小平：《社会主义也可以搞市场经济》（1979 年 11 月 26 日），《邓小平文选》第二卷，第 233 页。
④ 邓小平：《在全国科学大会开幕式上的讲话》（1978 年 3 月 18 日），《邓小平文选》第二卷，第 91 页。
⑤ 邓小平：《用先进技术和管理方法改造企业》（1978 年 9 月 18 日），《邓小平文选》第二卷，第 129 页。

的上述思想为指导，党的十一届三中全会提出，在自力更生的基础上积极发展同世界各国平等互利的经济合作，采用世界先进技术和设备，把我国建设成为社会主义现代化强国。至此，对外开放与对内改革一样被正式确定为社会主义经济建设的重要方针与举措。

对外开放的决策，被邓小平看作"是一项长期持久的政策，本世纪内不能变，下个世纪的前五十年也不能变"；① "到了后五十年，我们同国际上的经济交往更加频繁，更加相互依赖，更不可分，开放政策就更不会变了"。② 正是以这一长期持久的政策为指导，他积极提倡建立经济特区，吸收外国资本、先进技术和管理经验，逐步形成了全方位、多层次的对外开放格局，成功地处理了社会主义与资本主义和平共处、竞争发展的对立统一关系。后来，他这样总结说："社会主义要赢得与资本主义相比较的优势，就必须大胆吸收和借鉴人类社会创造的一切文明成果，吸收和借鉴当今世界各国包括资本主义发达国家的一切反映现代社会化生产规律的先进经营方式和管理方法。"③ 以此为指导，他明确反对凡事都问"姓资""姓社"的思维方式，提出了"三个有利于"的判断标准。

总之，自拨乱反正和实现党的工作重心转移以来，作为改革开放的总设计师，邓小平提出了一系列重大的方针政策，"这些政策概括起来，就是改革和开放"。④ 他满怀信心地对外国客人说："如果说构想，这就是我们的构想。"这个改革开放的构想也"叫作建设有中国特色的社会主义的道路"。实践证明，"这条道路是可行的，是走对了"，"现在可以告诉朋友们，我们的信心增

---

① 中共中央文献研究室编《邓小平思想年谱》，中央文献出版社，1998，第308页。

② 邓小平：《中国是信守诺言的》（1984年12月19日），《邓小平文选》第三卷，第103页。

③ 邓小平：《在武昌、深圳、珠海、上海等地的谈话要点》（1992年1月18日～2月21日），《邓小平文选》第三卷，第373页。

④ 邓小平：《要吸收国际的经验》（1988年6月3日），《邓小平文选》第三卷，第266页。

加了"。① 在邓小平看来，正是改革开放战略决策的形成，深化了对如何建设社会主义这一重大理论和实践问题的思考，标志着中国特色社会主义理论在实践中开始破题。因此他自己评价说："这是一件大事，表明我们已经开始找到了一条建设有中国特色的社会主义的路子。"② 这条路子，是在正确运用毛泽东关于社会主义社会基本矛盾的原理，努力把握经济建设内因和外因的辩证关系，从事物普遍联系的观点出发，科学处理社会主义和资本主义对立统一矛盾的基础上找到的，是邓小平"照辩证法办事"的又一成功范例。

四 根据事物发展的客观规律，制定了社会主义现代化建设的发展战略

作为战略家的邓小平，对辩证法的运用集中表现在对中国现代化建设发展战略的构想上。他立足于中国特色社会主义的具体实际，立足于生产力发展的实际水平，运用马克思主义的辩证发展观，总结毛泽东"两步走"战略设想的经验教训，正确处理现代化建设的战略目标和战略步骤的辩证关系，提出了中国现代化建设"三步走"的发展战略，在新的历史条件下发展了马列主义、毛泽东思想。

怎样科学地确立我国经济发展的长远战略和具体目标，在很长一段时间里，一直是困扰我们党的一个重要问题。毛泽东时代并没有真正解决这个问题。因此在十一届三中全会确定全党工作重心转移以后，正确回答这个问题就显得尤为紧迫。邓小平就对这个问题进行了认真的思考，指出"真正摸准、摸清我们的国情和经济活动中各种因素的相互关系"，乃是"正确决定我们的长

---

① 邓小平：《建设有中国特色的社会主义》（1984 年 6 月 30 日），《邓小平文选》第三卷，第 65 ~ 66 页。
② 邓小平：《在中国共产党全国代表会议上的讲话》（1985 年 9 月 23 日），《邓小平文选》第三卷，第 142 页。

远规划的原则"。① 显然，这里所说的长远规划，指的就是战略决策，它揭示了作为总设计师的邓小平正在思考的重点。

邓小平比较具体、比较明确地谈到中国经济发展的战略和目标，是1979年12月同日本首相大平正芳的谈话中。他指出："我们要实现的四个现代化，是中国式的四个现代化。我们的四个现代化的概念，不是像你们那样的现代化的概念，而是'小康之家'。"②"小康"的目标后来在1980年11月召开的五届人大四次会议上得到确认。中共"十二大"根据邓小平的这一设计，首次把"翻两番""实现小康"作为全党、全国人民的战略目标提出来，"从一九八一年到本世纪末的二十年，我国经济建设总的奋斗目标是，在不断提高经济效益的前提下，力争全国工农业总产值翻两番"，"达到小康水平"。③

自1984年以后，邓小平开始把目光投放到21世纪中国经济发展的战略步骤和目标的设计上，提出在实现"小康"以后，还要花30年到50年时间，才接近中等发达国家的水平。此后，又经过两年多的思考，到1987年，他终于规划出了一个清晰的中国经济建设"三步走"的发展蓝图。"十三大"确认了他的这一战略设想，指出通过实施"三步走"的发展战略，"到下个世纪中叶，人均国民生产总值达到中等发达国家水平，人民生活比较富裕，基本实现现代化"。④

改革开放以来的实践证明，邓小平提出的"三步走"经济发展战略，是一个积极而又切实的重大决策，体现了现代化的战略目标和战略步骤的辩证统一，适应中国特色社会主义的具体实际，符合现代化建设的客观规律，反映了事物发展从量变到部分

---

① 邓小平：《贯彻调整方针，保证安定团结》（1980年12月25日），《邓小平文选》第二卷，第356页。
② 邓小平：《中国本世纪的目标是实现小康》（1979年12月6日），《邓小平文选》第二卷，第237页。
③ 中共中央文献研究室编《十一届三中全会以来党的历次全国代表大会中央全会重要文件选编》（上），中央文献出版社，1997，第235页。
④ 中共中央文献研究室编《"十三大"以来重要文献选编》（上），人民出版社，1993，第16页。

质变、再到质变的辩证发展过程，运用和发展了马克思主义辩证法。

与"三步走"的经济发展战略相联系，邓小平在改革开放的具体实践中，还"照辩证法办事"，根据事物发展"波浪式前进"和"跳跃式发展"的辩证特点，先后提出了"先富带动后富"的发展战略和"台阶式"的发展战略。

早在十一届三中全会召开之际，邓小平就鲜明地提出："在经济政策上，我认为要允许一部分地区、一部分企业、一部分工人农民，由于辛勤努力成绩大而收入先多一些，生活先好起来。"他认为："这是一个大政策，一个能够影响和带动整个国民经济的政策。"① 此后，他又多次对这个"大政策"进行了阐述和发挥，使全党逐步认识到"这是加速发展、达到共同富裕的捷径"。②

"先富带动后富"的发展战略，体现了事物发展由平衡到不平衡再到新的平衡的发展规律。邓小平把事物发展平衡与不平衡的辩证关系运用到经济建设上来，把优先发展和共同富裕、不搞两极分化结合起来，形成了一部分人先富起来和共同富裕相结合的发展模式，形成了一部分地区先发展起来与各地区共同前进的发展局面，有力地推进了改革开放的历史进程，使马克思主义辩证法在实践中获得了新鲜活力。正是根据这一发展战略，他后来又进一步提出了照顾"两个大局"的发展思路。

所谓"台阶式"战略，实际上是波浪式发展规律的另一种表述方式。用邓小平的话来说，就是："可能我们经济发展规律还是波浪式前进。过几年又一个飞跃，跳一个台阶，跳了以后，发现问题及时调整一下，再前进。"③ 因此，"我国的经济发展，总

---

① 邓小平：《解放思想，实事求是，团结一致向前看》（1978 年 10 月 13 日），《邓小平文选》第二卷，第 152 页。

② 邓小平：《视察天津时的谈话》（1986 年 8 月 19 日~21 日），《邓小平文选》第三卷，第 166 页。

③ 邓小平：《总结经验，使用人才》（1991 年 1 月 28 日~2 月 18 日），《邓小平文选》第三卷，第 368 页。

要力争隔几年上一个台阶"①。

"隔几年上一个台阶"的决策，表现了邓小平强烈的机遇意识。搞改革开放，建设中国特色社会主义，没有紧迫感，把握不住机遇，就随时都有可能滑坡。邓小平认为，"经济能不能避免滑坡"是个大问题，使我们真正睡不着觉的，恐怕长期是这个问题；"中国能不能顶住霸权主义、强权政治的压力，坚持我们的社会主义制度，关键就看能不能争得较快的增长速度，实现我们的发展战略"。② 由此不难看出，邓小平关于"隔几年上一个台阶"的重大决策的战略意义。

在战争年代，毛泽东曾经把中国革命发展的不平衡性分为两个方面，一是不同地区发展的不平衡性，一是不同时期发展的不平衡性。在改革开放的历史进程中，邓小平运用这一原理，有针对性地提出了两种不同的战略决策，其中"先富带动后富"是针对不同地区、不同群体发展不平衡性所采取的方针；"台阶式发展"是针对不同时期、不同阶段发展的不平衡性所采取的方针。这两大决策的提出，在新的历史条件下丰富和发展了毛泽东哲学思想，使中国共产党人革命的辩证法转变为建设的辩证法。

五　按照唯物辩证法的"两点论"，提出"两手抓，两手都要硬"的一系列建设中国特色社会主义的战略方针

"两点论"是毛泽东对唯物辩证法的通俗表述，反映的是一种全面、科学、辩证的认识论和方法论。1956年，他在《论十大关系》的报告中指出，任何事物"总是有优点和缺点这两点"，"一万年都有两点。将来有将来的两点，现在有现在的两点，各人有各人的两点。总之，是两点而不是一点"。③ 他把"一点论"

①　邓小平：《在武昌、深圳、珠海、上海等地的谈话要点》（1992年1月18日~2月21日），《邓小平文选》第三卷，第375页。
②　邓小平：《国际形势和经济问题》（1990年3月3日），《邓小平文选》第三卷，第355、356页。
③　毛泽东：《论十大关系》（1956年4月25日），《毛泽东文集》第七卷，第41页。

和"两点论"比喻为形而上学和辩证法，认为："一点论是从古以来就有的，两点论也是从古以来就有的。这就是形而上学跟辩证法。"① 但是毛泽东晚年把"两点论"简单化、绝对化了，产生了主观性、片面性。邓小平在改革开放的具体实践中恢复了毛泽东思想的本来面目，提出了一系列"两手抓，两手都要硬"的战略方针，应用和发展了毛泽东的辩证法思想。

"两手抓"是邓小平一贯倡导的重要战略思想，是"照辩证法办事"的具体运用。自党的十一届三中全会以来，他围绕建设中国特色社会主义的主题，对这一重大战略方针，进行过多方面的论述，形成了一系列重大的战略决策。1979 年 10 月，他在中国文艺工作者第四次代表大会上指出："我们的国家已经进入社会主义现代化建设的新时期。我们要在建设高度物质文明的同时，提高全民族的科学文化水平，发展高尚的丰富多彩的文化生活，建设高度的社会主义精神文明。"② 在这里，他虽然还没有直接提出"两手抓"的概念，但已经初步明确了物质文明和精神文明"两手抓"的基本思路。1982 年 4 月，针对改革开放以来经济领域犯罪的严重情况，邓小平首次提出"两手抓"概念："我们要有两手，一手是坚持对外开放和对内搞活经济的政策，一手就是坚决打击经济犯罪活动。"③ 此后，这一策略逐渐为全党所接受，成为指导新时期改革开放具体实践的重要方针。1986 年 1 月，在中共中央政治局常委会议上，他又进一步强调："搞四个现代化一定要有两手，只有一手是不行的。所谓两手，即一手抓建设，一手抓法制。"④ 从而把法制建设等方面的内容也纳入了社会主义现代化建设的轨道。

---

① 中共中央文献研究室编《毛泽东著作专题摘编》（上），中央文献出版社，2003，第 137 页。
② 邓小平：《在中国文学艺术工作者第四次代表大会上的祝词》（1979 年 10 月 30 日），《邓小平文选》第二卷，第 208 页。
③ 邓小平：《坚决打击经济犯罪活动》（1982 年 4 月 10 日），《邓小平文选》第二卷，第 404 页。
④ 邓小平：《在中央政治局常委会上的讲话》（1986 年 1 月 17 日），《邓小平文选》第三卷，第 154 页。

　　1989 年政治风波之后，邓小平进行了深刻的反思。他特别指出："八十年代初建立经济特区时，我与广东同志谈，要两手抓，一手要抓改革开放，一手要抓严厉打击经济犯罪，包括抓思想政治工作。就是两点论。但今天回头来看，出现了明显的不足，一手比较硬，一手比较软。一硬一软不相称，配合得不好。"① 正因为如此，他认为当务之急是要做几件使人民满意的事情，"主要是两个方面，一个是更大胆地改革开放，另一个是抓紧惩治腐败"。② 这两件事情结合起来，对照起来，就可以使我们改革开放的政策更加明朗，我们的中国特色社会主义事业更能获得民心。

　　正是在不断总结经验教训基础上，到 1992 年视察南方的谈话中，邓小平开始系统地阐明"两手抓，两手都要硬"的战略思想。他强调："要坚持两手抓，一手抓改革开放，一手抓打击各种犯罪活动。这两只手都要硬。"③ 他还举例说，广东要在二十年之内赶上亚洲"四小龙"，不仅经济上要上去，而且社会秩序、社会风气也要搞好，"两个文明建设都要超过它们，这才是有中国特色的社会主义"。④ 在邓小平看来，中国特色的社会主义，不仅具有高度的物质文明，而且具有高度的精神文明。正是通过这样的论述，他把"两手抓，两手都要硬"的战略方针纳入了中国特色社会主义理论体系，成为其中的一个重要组成部分。

　　邓小平关于"两手抓，两手都要硬"的一系列战略方针，是对马克思主义社会矛盾理论的正确运用和发展，是完全符合历史发展的辩证法的。历史唯物主义认为，社会是由经济、政治、思想、文化等领域组成的有机统一体，虽然经济发展归根到底制约着社会历史的发展，但它也受到政治、思想、文化发展的制约。

① 邓小平：《在接见首都戒严部队军以上干部时的讲话》（1989 年 6 月 9 日），《邓小平文选》第三卷，第 306 页。

② 邓小平：《第三代领导集体的当务之急》（1989 年 6 月 16 日），《邓小平文选》第三卷，第 313 页。

③ 邓小平：《在武昌、深圳、珠海、上海等地的谈话要点》（1992 年 1 月 18 日~2 月 21 日），《邓小平文选》第三卷，第 378 页。

④ 邓小平：《在武昌、深圳、珠海、上海等地的谈话要点》（1992 年 1 月 18 日~2 月 21 日），《邓小平文选》第三卷，第 378 页。

因此，要顺利实现现代化，就必须使社会的经济、政治、文化协调发展，这是社会历史发展规律的客观要求。正是在这个意义上，邓小平把建设社会主义精神文明、打击经济犯罪活动、加强法制建设等重大战略措施，看作坚持社会主义道路的"必要保证"。①

邓小平关于"两手抓，两手都要硬"的一系列重大战略方针，体现了毛泽东一贯强调的"两点论"。根据唯物辩证法的基本观点，无论是一手抓改革开放、一手抓打击经济犯罪，一手抓物质文明、一手抓精神文明，一手抓经济建设、一手抓民主法制，彼此之间都存在着互相依存、相互促进的辩证关系。它们相互联结，构成了一个科学体系，成为指导中国特色社会主义建设的长期战略方针，充分体现了邓小平彻底的唯物主义立场和辩证思维方法的科学统一。

以上我们简要论述了邓小平在领导当代中国改革开放伟大实践中，以唯物辩证法为指导所作出的若干重大决策及其体现的辩证思维。这些论述主要集中在经济建设方面。实际上，作为改革开放的总设计师，邓小平的决策远远不止上述几个方面，也不仅仅局限于经济建设这个领域。如他在国际关系问题上提出的"反对霸权主义、维护世界和平"的国际战略；在祖国统一问题上提出的"一个国家、两种制度"战略构想；在军队和国防建设问题上提出的"建设强大的现代化、正规化的革命军队"的重大战略；在统一战线问题上提出的"要依靠广大人民建设社会主义"的战略方针；在党的建设问题上提出的"要加强和改善党的领导"的长远战略，无不体现着这位伟大战略家的辩证思维。突出的如他关于"一个国家、两种制度"的伟大构想，已经在解决香港、澳门问题上变为现实。这一构想就是运用唯物辩证法解决大陆社会主义制度与港澳资本主义制度之间复杂矛盾的成功范例。对此，邓小平也直言不讳地说："如果'一国两制'是一个对国

---

① 邓小平：《坚决打击经济犯罪活动》（1982年4月10日），《邓小平文选》第二卷，第403页。

际上有意义的想法的话，那要归功于马克思主义的辩证唯物主义和历史唯物主义。"①

邓小平自己曾经说过，"党的十一届三中全会以来我们制定的方针"，"是一整套相互关联的方针政策"。② 这些相互关联的重大决策，既立足于相互关联的基本国情，又着眼于相互关联的建设实践，构成了建设中国特色社会主义的发展战略，推动了改革开放前进的时代步伐。它们的提出，充分反映了邓小平这位当代中国改革开放总设计师的雄韬伟略。

作为伟大的战略家，邓小平一生把辩证法贯彻始终。在改革开放历史新时期，他特别注意运用唯物辩证法，抓总体设计和构思，制定远大目标和发展战略。他不但善于从整体中把握个别事物，而且善于从个别事物的联系中把握整体，通过调查研究，"把问题理一理，把主意拿好，然后再下手"。③ 这种"管事要管本行，议事要议大事，要把眼界搞开阔些"④ 的工作方法和思想方法，使得他对蓝图的设计、战略的勾画和方针政策的制定，更加适合国情，更加符合实际，从而无愧于改革开放总设计师的称号。

邓小平不仅自己注意议大事、拿主意，而且要求党的高级领导干部都要顾全大局、着眼长远。他认为"政治局、政治局常委会、书记处的同志，都是管大事的人，考虑任何问题都要着眼于长远，着眼于大局"，"眼界要非常宽阔，胸襟要非常宽阔"，"要从大局看问题，放眼世界，放眼未来"。⑤ 这是他的殷切期望，也是他的政治嘱托。

---

① 邓小平：《中国是信守诺言的》（1984 年 12 月 19 日），《邓小平文选》第三卷，第 101 页。

② 邓小平：《有领导有秩序地进行社会主义建设》（1987 年 3 月 8 日），《邓小平文选》第三卷，第 210 页。

③ 邓小平：《在全体人民中树立法制观念》（1986 年 6 月 28 日），《邓小平文选》第三卷，第 164 页。

④ 邓小平：《重要的是做好经常工作》（1961 年 12 月 27 日），《邓小平文选》第一卷，人民出版社，1993，第 296 页。

⑤ 邓小平：《组成一个实行改革的有希望的领导集体》（1989 年 5 月 31 日），《邓小平文选》第三卷，第 298～300 页。

　　以江泽民为核心的第三代中央领导集体，继承了邓小平的辩证思维，在世纪之交的复杂情况下，围绕建设什么样的党、怎样建设党，创造性地提出"三个代表"重要思想，创建社会主义市场经济新体制，推进党的建设新的伟大工程，形成了一系列重大发展战略，把邓小平开创的改革开放伟大事业全面推向21世纪。

　　在新世纪新阶段，以胡锦涛为总书记的党中央，发展了邓小平的辩证思维，围绕实现什么样的发展、怎样发展，提出了科学发展观等一系列重大战略思想。科学发展观是中国特色社会主义理论体系的重要组成部分，是马克思主义关于发展的世界观和方法论的集中体现，是在新的历史条件下对邓小平改革开放一系列重大决策的继承和发展。科学发展观的提出，堪称当代中国共产党人"照辩证法办事"的最新理论成果。

　　（原载《中国特色社会主义研究》2008年第6期，收入本书时略有修改）

邓小平是把握逻辑与历史
统一的光辉典范

江泽民在学习《邓小平文选》第三卷的报告会上指出："理论思维的成熟是党成熟的一个重要标志。"而逻辑与历史的统一，作为理论思维的重要原则和方法，又是衡量理论思维是否成熟的重要标志。邓小平在领导当代中国改革开放的具体实践中，坚持马克思主义逻辑与历史统一的方法论原则，创造了建设有中国特色的社会主义理论，实现了马克思主义中国化的第二次历史性飞跃，体现了我们党的理论思维的成熟。邓小平也因此成为我们党的历史上正确把握逻辑与历史统一的又一位光辉典范。

一 科学社会主义的发展充满着逻辑与历史的辩证统一

恩格斯曾经说过，主观思维和客观世界的一致，绝对地统治着我们的理论思维。所谓逻辑与历史的统一，说的就是这个意思。逻辑作为历史的东西在理论思维中的再现，是对历史的规律性认识，它抛弃了历史表面纷繁复杂的现象，而把握了历史的内在规律。逻辑是主客观的统一。说它是主观的，是因为它是对客观事物的一种认识，它的科学性的获得，依赖人的实践、经验、水平和能力；说它是客观的，是因为它反映的是客观事物的规律，必须随着历史的发展而发展，以历史的起点为逻辑的开端，进而研究事物在历史发展中所经过的各个阶段。"历史从哪里开始，思想进程也应当从哪里开始，而思想进程的进一步发展不过是历史过程在抽象的、理论上前后一贯的形式上的反映。"① 这就是恩格斯为我们描绘的逻辑与历史的具体统一过程。

马克思主义经典作家无不是逻辑与历史统一的光辉典范。列宁曾经指出："虽说马克思没有遗留下'逻辑',（大写字母的），但他遗留下《资本论》的逻辑，应当充分地利用这种逻辑来解决当前的问题。"② 在《资本论》中，马克思首先分析了资本主义社会里最普遍、最常见的商品交换关系，并将这种最简单的经济关系作为逻辑研究的开端，进而到货币，到资本，到剩余价值，最终揭示出资本主义社会无产阶级与资产阶级之间不可调和的矛盾，得出了资本主义必然灭亡和社会主义必然胜利的逻辑结论，从而使社会主义学说在人类认识史上第一次由空想变成科学。

马克思、恩格斯的科学社会主义理论，作为资本主义时代无产阶级革命的逻辑，为全世界无产者争取解放的道路指明了方向。列宁正是把马、恩创立的这一科学逻辑应用于帝国主义和无产阶级革命的时代，提出无产阶级有可能突破帝国主义阵线最薄弱的环节，首先在一国或数国获得社会主义革命胜利的学说，从而揭示了帝国主义时代无产阶级革命的逻辑，并在这一科学逻辑指导下，在俄国率先建立了世界上第一个社会主义国家，使科学社会主义的理论以社会制度的形式第一次转化为现实。

以毛泽东为代表的中国共产党人把马克思列宁主义的科学逻辑与中国革命的具体实际相结合，在反对"左"、右倾机会主义的斗争中开创新局面，并根据中国经济政治发展不平衡的历史特点，找到了以农村包围城市、武装夺取政权的革命道路，创立了新民主主义论，形成了有中国特色的无产阶级革命逻辑。在这一科学逻辑指导下，最终建立了中华人民共和国，走上社会主义革

① 中共中央马克思、恩格斯、列宁、斯大林著作编译局编《马克思恩格斯选集》第二卷，人民出版社，1972，第122页。

② 列宁：《哲学笔记》，人民出版社，1974，第357页。

命和建设的道路。

邓小平是科学社会主义发展史上又一位正确把握历史与逻辑统一的理论大师。他敏锐地把握时代跳动的脉搏，努力创造反映新时代的科学逻辑。他认为现时代既不同于马、恩所处的资产阶级一统天下的时代，也不同于列宁所处的帝国主义和无产阶级革命的时代，当然也有别于毛泽东所处的社会主义在许多国家同时获得胜利的时代。在现时代，和平和发展是当今世界的两大主题。正是与这种时代特征相呼应，邓小平以大无畏的实践精神和理论勇气，开始重新认识什么叫社会主义，怎样建设和发展社会主义，创造性地形成了建设有中国特色社会主义的理论。这一理论是对科学社会主义的应用和发展，是马克思主义的科学逻辑在中国社会主义现代化建设时期的具体再现，是逻辑与历史在新时代相结合的科学产物。对此，邓小平曾经满怀信心地说：我们"没有丢马克思，没有丢列宁，也没有丢毛泽东。老祖宗不能丢啊！"[1] 不仅没有丢老祖宗，而且根据新的实践对它进行了修正和补充，拥有了新的表现形式，采用了新的表述语言，其中还有许多是我们老祖宗没有说过的新话。

恩格斯在谈到理论思维的时候，总是根据逻辑与历史统一的原则，强调它的时代性，强调它是历史的产物，指出不同时代的理论思维应当具有非常不同的表现形式，并因而具有非常不同的实际内容。邓小平建设有中国特色社会主义的理论，正是以它自己所独具的时代特色，以它崭新的形式和内容，对科学社会主义理论的发展作出了自己的贡献，充分表现了新时期中国共产党人理论思维的成熟。

科学社会主义理论的发展进程虽然充满着逻辑与历史的辩证统一，但是在科学社会主义的实践中，却充满着曲折和斗争。这是因为，从理论到实践、从逻辑到历史，这是一个相当复杂的认识过程，必须充分发挥人的主观能动性。

---

① 邓小平：《总结经验，使用人才》（1991 年 8 月 20 日），《邓小平文选》第三卷，人民出版社，1993，第 369 页。

由于逻辑与历史的统一是在一定条件下的具体统一，因此，任何逻辑都不可能穷尽对历史的认识，必须随着历史的发展而向前发展。在这个世界上，一劳永逸的事情是从来没有的。不同的时代，总是需要不同的理论思维，新的历史，也必然呼唤新的逻辑来指导，寻求新的逻辑与历史的统一。如果不顾历史的实际，一味地按照过去的逻辑办事，那么这种逻辑就有可能成为束缚人们思想的框子，成为一种僵化的理论观念或固定的思维方式，甚至有可能在实践中阻碍历史的发展。更重要的是，已被揭示出来的历史逻辑，也只有在与时代发展的特点、在与每一个国家或民族的具体实际相结合并找到它得以实现的具体形式时，才能够在实践中取得成功。任何人为地割断历史或僵化逻辑的做法，都是有损于二者的统一的。时至今日，世界上一些国家在社会主义道路上走了几十年，最终却使社会主义成果毁于一旦，固然有多方面的原因，但有一点似乎是共同的，那就是没有把科学社会主义的普遍真理与本国的具体实际相结合，没有在这一科学逻辑指导下找到适合本国特点的社会主义建设道路，导致经济建设长期搞不上去。对此，邓小平同志总结说："世界上一些国家发生问题，从根本上说，都是因为经济上不去，没有饭吃，没有衣穿，工资增长被通货膨胀抵消，生产水平下降，长期过紧日子。"① 正是在总结国际共产主义运动和科学社会主义发展历史的经验与教训的基础上，他强调："我们的现代化建设，必须从中国的实际出发。"②

二 建设有中国特色社会主义理论是逻辑与历史的统一

真正对我国社会主义建设的历史经验进行全面的、认真的总结，是从党的十一届三中全会开始的。邓小平说过，"一九七八年我们党的十一届三中全会对过去作了系统的总结"，"开辟了建

① 邓小平：《国际形势和经济问题》（1990 年 3 月 3 日），《邓小平文选》第三卷，第 354 页。
② 邓小平：《中国共产党第十二次全国代表大会开幕词》（1982 年 9 月 1 日），《邓小平文选》第三卷，第 2 页。

设有中国特色社会主义的全新事业"。①

把党的十一届三中全会作为"建设有中国特色社会主义的全新的事业"的开端，是对恩格斯关于"历史从哪里开始，思想进程也应当从哪里开始"这一光辉思想的科学运用。因为在这里，邓小平所指的"全新的事业"，不仅包括实践中的开拓，而且包括理论上的创新，是理论与实践、逻辑与历史的科学统一。所以我们说十一届三中全会作为新时期改革开放的历史起点，同时也是建设有中国特色社会主义理论形成的逻辑开端。

十一届三中全会之所以成为建设有中国特色社会主义的历史起点和逻辑开端，首先是因为它重新确立了我们党解放思想、实事求是的思想路线。

这一路线不仅是新时期新事业的起点，而且是贯穿于此后十几年改革开放历史中的一条红线，是邓小平建设有中国特色社会主义理论的灵魂和精髓；它融汇于改革开放的历史之中，同时又贯穿于"特色理论"的逻辑之内，因而是逻辑与历史统一的光辉典范，是"特色理论"的哲学基础。

正是在解放思想、实事求是的思想路线指引下，党的十一届三中全会以后，开始了全面的拨乱反正，系统地总结历史经验。总结历史是为了更好地反映历史。因为今天的历史是在过去的历史基础上发展起来的，因此，只有站在今天的高度上对过去的历史作出科学的分析，吸取其中的经验，接受其中的教训，才能够比较全面、比较充分地再现历史，进而揭示出其中的内在规律。建设有中国特色的社会主义理论，正是在拨乱反正的具体实践和对以往的历史经验不断总结中逐步形成的。邓小平指出："把马克思主义的普遍真理同我国的具体实际结合起来，走自己的道路，建设有中国特色的社会主义，这就是我们总结长期历史经验得出的基本结论。"②

① 邓小平：《形势迫使我们进一步改革开放》（1988 年 6 月 22 日），《邓小平文选》第三卷，第 269 页。
② 邓小平：《中国共产党第十二次全国代表大会开幕词》（1982 年 9 月 1 日），《邓小平文选》第三卷，第 3 页。

　　"走自己的道路，建设有中国特色的社会主义"，是对过去历史的总结，同时又是新的历史的开端。这条道路的提出，标志着我们党对社会主义建设这个客观事物的认识实现了一个新的飞跃，表明建设有中国特色社会主义的理论已经开始产生。从此，我国社会主义建设的基本理论和基本实践，开始进入了一个新的发展阶段。

　　"十二大"是我党历史上一次极其重要的会议，邓小平曾将它看作"是党的第七次全国代表大会以来的一次最重要的会议"。① 这次会议是我国改革开放走向全面展开的新起点，是现代化建设走向飞速发展的新开端。在这样关键性的历史时刻，邓小平第一次明确提出"走自己的道路，建设有中国特色的社会主义"这一科学命题，绝非偶然的巧合，而是逻辑要求反映历史、主观思维要求积极反映客观现实的突出表现。

　　逻辑要正确地反映历史，首先就必须揭示出当前的历史所处的特定发展阶段。这对于我国新时期的社会主义建设来说，就是要正视生产力的实际水平，确立社会主义初级阶段基本共识。

　　邓小平曾经指出中国式现代化的起点有二，"一个是底子薄"，"第二条是人口多，耕地少"。正是从这一起点比较低的历史现实出发，他在领导新时期改革开放的历史进程中，推行了一系列特殊的政策，如农业生产责任制、发展多种经济成分、允许一部分人先富起来，在实践中取得了巨大的成功。

　　如果说，对以往历史经验的反思是提出建设有中国特色社会主义理论这一命题的必要前提，那么，运用逻辑和历史统一的原则和方法去总结实践中的新经验，去研究实践中出现的各种新情况、新问题，进行大胆的开拓和前进，则是这一理论赖以形成的最切近的现实基础。党的"十三大"正是以此为突破口，对实践中的上述经验进行了系统的总结和概括，并在此基础上形成了社会主义初级阶段的理论。

---

　　① 邓小平：《中国共产党第十二次全国代表大会开幕词》（1982 年 9 月 1 日），
　　《邓小平文选》第三卷，第 1 页。

初级阶段理论的提出，初步回答了我国社会主义建设的阶段、任务、动力、步骤、条件、布局和国际环境等基本问题，对建设有中国特色社会主义理论的形成，具有极其重要的意义。它说明了我们正在建立的社会主义模式——"中国特色"的全部依据，因而不仅是"特色理论"的一个重要组成部分，而且是它的起点和基础。正是立足于社会主义初级阶段的基础之上，"十三大"提出了"一个中心，两个基本点"的基本路线，即"以经济建设为中心，坚持四项基本原则，坚持改革开放"。这条基本路线，构成"特色理论"的基本框架，勾画了这一理论的大模样。

其实，关于"初级阶段"的提法，最早出自1981年的"历史决议"。但是由于实践的局限，在当时还不可能对这提法展开全面的论述。要形成基本的理论，还有待于历史和实践的进一步发展。关于"一个中心，两个基本点"，情况也是这样。其实践从十一届三中全会就已经开始了，但真正用科学的语言把它全面地概括出来，却是在几近十年之后。对此，邓小平回顾说："十三大确定了'一个中心、两个基本点'的战略布局。我们十年前就是这样提出的，十三大用这个语言把它概括起来。"[①] "用这个语言把它概括起来"，这便是理论的升华，是逻辑的结晶。正是因为有了这一概括，建设有中国特色社会主义的理论才有了得以形成的基本框架。这一事例说明，逻辑虽然并不处处追随历史，但它往往能够更深刻地反映历史。恩格斯曾经把逻辑的这种反映方式称之为"经过修正的"反映。他说："历史常常是跳跃式地和曲折地前进的，如果必须处处追随着它，那就势必不仅会注意许多无关紧要的材料，而且也会常常打断思想进程……因此，逻辑的研究方式是唯一适用的方式。"[②]

以上我们论述了初级阶段理论及其基本路线在"特色理论"形成中的地位和作用。如果说，这一理论还只是揭示了我们目前

---

① 邓小平：《坚持社会主义，防止和平演变》（1989年11月23日），《邓小平文选》第三卷，第345页。

② 中共中央马克思、恩格斯、列宁、斯大林著作编译局编《马克思恩格斯选集》第二卷，第122页。

正在建设有社会主义所处的量的阶段，那么邓小平关于社会主义的本质论，则揭示了这一社会主义的本质属性是"解放生产力，发展生产力，消灭剥削，消除两极分化，最终达到共同富裕"。①

抓住了解放和发展生产力这一社会主义的本质内容，也就是抓住了社会主义的根本逻辑，剩下的关键在于怎么去做，这便只是一个实践的问题而不再是一个理论的问题了。有了这一科学逻辑的指导，我们在实践中就不会发生偏离，思想便可以更解放一点，胆子便可以更大一点，步子也可更快一点。

当然，解放和发展生产力，本身都不是目的。社会主义的最终目的，是通过解放和发展生产力来消灭剥削，消除两极分化，最终达到共同富裕。贫穷不是社会主义，两极分化也不是社会主义。实现人民的共同富裕，这是一切社会主义者，包括空想社会主义者和科学社会主义者所共同追求的目标。但是对于怎样才能达到共同富裕，每个人的回答却各不相同。平均主义的道路走不通，这已为历史所证明。因此，邓小平提出一条新路子，这就是让一部分人、一部分地区先富起来，然后带动和帮助其他人、其他地区共同富裕。中国改革开放的实践已经证明，这是一条"加速发展、达到共同富裕的捷径"。②

邓小平关于社会主义的本质论，是对中国社会主义建设历史的科学反映，是对科学社会主义的逻辑发展，是迄今为止对社会主义本质所作出的最全面、最深刻的揭示。它既包括了生产力方面的内容，即"解放生产力，发展生产力"，又包括了生产关系方面的内容，即"消灭剥削，消除两极分化，最终达到共同富裕"。

任何理论的产生和形成，都是客观实践充分发展的产物。社会主义改革开放的实践从 1978 年就已经逐步展开，而社会主义的本质论却到 1992 年初邓小平在南方视察的谈话中才被全面地

---

① 邓小平：《在武昌、深圳、珠海、上海等地的谈话要点》（1992 年 1 月 18 日 ~ 2 月 21 日），《邓小平文选》第三卷，第 373 页。
② 邓小平：《视察天津时的谈话》（1986 年 8 月 19 日 ~ 21 日），《邓小平文选》第三卷，第 166 页。

概括出来，这也是由历史本身的发展规律所决定的。

客观现实是一个历史的发展过程，其丰富多样的特性，在初始阶段往往以隐蔽、潜在的形式存在着，只有当它充分发展到完全成熟而且具有典范形式的时候，才有可能对它作出清晰的、全面的分析，才有可能比较充分地反映历史，取得逻辑与历史前后一致的结论。对此，恩格斯总结说："历史从哪里开始，思想进程也应当从哪里开始，而思想进程的进一步发展不过是历史过程在抽象的、理论上前后一贯的形式上的反映……这时，每一个要素可以在它完全成熟而具有典范形式的发展点上加以考察。"①

1992年初的南方改革经过自十一届三中全会以来十几年的发展，实际上已经达到了恩格斯所说的"完全成熟而具有典范形式"的程度，邓小平正是在这样的"发展点上加以考察"的。他说："一九八四年我来过广东。当时，农村改革搞了几年，城市改革刚开始，经济特区才起步。八年过去了，这次来看，深圳、珠海特区和其他一些地方，发展得这么快，我没有想到。看了以后，信心增加了。"② 就是在对这些"具有典范形式"的特区考察过程中，他提出了社会主义的本质论。这一理论的突破，无疑是来自改革实践的发展，是对十几年来改革开放历史的深刻总结，是逻辑与历史统一的又一个光辉典范。

社会主义本质论，是建设有中国特色社会主义理论的又一个重要的组成部分，它与社会主义初级阶段理论一起，共同构成了"特色理论"的核心和基石。如果说，"特色理论"是科学社会主义的共性、普遍性同中国国情的个性、特殊性的统一的话，那么，社会主义初级阶段的理论则突出了其中的个性和特殊性，而社会主义本质论则凸显了其中的共性和普遍性。

明确了初级阶段的现实，把握了解放和发展生产力的本质，由此出发，达到建设有中国特色社会主义的最终目标，还必须找

---

① 中共中央马克思、恩格斯、列宁、斯大林著作编译局编《马克思恩格斯选集》第二卷，第122页。

② 邓小平：《在武昌、深圳、珠海、上海等地的谈话要点》（1992年1月18日～2月21日），《邓小平文选》第三卷，第370页。

到一条具体的道路。这条道路，就是改革开放。用邓小平同志的话说，"进行改革是必由之路"。

在社会主义初级阶段的基础上来进行改革，当然不是要改掉社会主义的根本制度，而是要使这一制度不断自我完善，是要改掉那些不能摆脱贫穷的不好的政策，改掉那些仍然束缚生产力、不适合现代化要求的经济体制。从这个意义上说，"改革也可以叫革命性的变革"。把改革当作一场革命，并认为"是中国的第二次革命"，这是邓小平的一大理论贡献。

改革不仅是实践中的变革，而且是观念上的变革。改变过去的思维方式，修正过去的逻辑，使之更加符合历史，这本身也是理论向前发展的实际需要。其实，在改革过程中，无论是政策的重新选择，还是体制的重新构建，都不仅仅是一个实践的问题，而且是一个理论的问题。我们进行改革就是要避免把那些不利于生产力发展的思想观念、方针政策甚至经济体制当作社会主义的逻辑来固守；同时也要避免把一些有利于生产力发展的思想观念、方针政策甚至经济体制当作资本主义的逻辑加以拒绝。

传统的观念一直认为社会主义必须实行计划经济，排斥市场经济，这有一定的由来和根据。然而随着实际的发展，却证明市场经济是发展经济、配置资源的效率较高的体制和方法。对此，邓小平以开拓马克思主义理论新境界的非凡勇气，明确提出："计划和市场都是方法嘛。只要对发展生产力有好处，就可以利用。它为社会主义服务，就是社会主义的；为资本主义服务，就是资本主义的。"①

把计划和市场都看作发展经济的方法和手段，从根本上解除了过去从社会基本制度来看待二者关系的思想束缚，是对传统的社会主义观念的突破。邓小平认为这是一次真正的理论意义上的突破，因而也是真正地发展了马克思主义。正因为如此，他对党

---

① 邓小平：《计划和市场都是发展生产力的方法》（1987 年 2 月 6 日），《邓小平文选》第三卷，第 203 页。

的十二届三中全会《关于经济体制改革的决定》评价极高，认为
"是写出了一个政治经济学的初稿，是马克思主义基本原理和中
国社会主义实践相结合的政治经济学"。①

十二届三中全会的决定是对我国改革开放历程的具体反映，
是新的历史的产物，因而也是新的逻辑。邓小平说："这次经济
体制改革的文件好，就是解释了什么是社会主义，有些是我们老
祖宗没有说过的话，有些新话。我看讲清楚了。过去我们不可能
写出这样的文件，没有前几年的实践不可能写出这样的文件。写
出来，也很不容易通过，会被看作'异端'。我们用自己的实践
回答了新情况下出现的一些新问题。"②

"用自己的实践回答了新情况下出现的一些新问题"，这是邓
小平对《关于经济体制改革的决定》这一新的逻辑与历史、与实
践统一的最好说明，正是在这种统一的基础上，"十四大"根据
邓小平同志的一系列科学论述，提出了建立社会主义市场经济的
理论，这一理论的形成是对建设有中国特色社会主义理论的又一
次重大发展，是"特色理论"的又一个重要组成部分。

"十四大"是我们党的历史上又一次极其重要的会议，它在
总结改革开放十四年来伟大实践的历史基础上，对邓小平建设有
中国特色社会主义理论作出了迄今为止最为系统、最为科学、最
为完整的概括，从而标志着这一理论体系已经正式形成。

从党的十一届三中全会这一改革开放的历史起点亦即逻辑
开端出发，到"十二大"提出"走自己的道路，建设有中国特
色社会主义"，我们前进了一大步；从党的"十二大"这一新
的历史开端到"十三大"提出社会主义初级阶段的理论，确立
"一个中心，两个基本点"的基本路线，我们又前进了一大步；
从"十三大"初级阶段的理论起点出发，到邓小平视察南方的
谈话中揭示出社会主义的本质论，再到"十四大"提出建设社

---

① 邓小平：《在中央顾问委员会第三次全体会议上的讲话》（1984 年 10 月 22
日），《邓小平文选》第三卷，第 83 页。
② 邓小平：《在中央顾问委员会第三次全体会议上的讲话》（1984 年 10 月 22
日），《邓小平文选》第三卷，第 91 页。

会主义的市场经济论。我们又大大地跨越了一步，最终形成了建设有中国特色社会主义的理论。与这种逻辑的发展线索相呼应的，是十几年来改革开放的具体历史进程。逻辑的线索清楚地表现在历史的线索之中。这一逻辑在与历史的共同发展过程中，有交叉，也有重复，有曲折，也有迂回，但更多的是互相依赖，互相促进。这两条并行不悖的线索，一明一暗、一隐一显，共同表现了逻辑与历史的有机统一。

如果说，在改革开放之初，我们对于什么是有中国特色社会主义以及怎样建设这一社会主义还不甚了了的话，那么现在就比较清楚了。因为经过十几年实践与认识的发展过程，经过上述几次理论上的重大突破，我们实现了认识上的飞跃，产生了建设有中国特色社会主义理论这一崭新的科学的逻辑。正如江泽民所说的那样："这一理论，第一次比较系统地初步回答了中国这样的经济文化比较落后的国家如何建设社会主义、如何巩固和发展社会主义的一系列基本问题，用新的思想、观点，继承、丰富和发展了毛泽东思想，是马克思主义同中国实际相结合的最新成果，是当代中国的马克思主义。"[①]

三　邓小平是把握逻辑与历史统一的光辉典范

邓小平是建设有中国特色社会主义理论的集大成者，是我国社会主义改革开放和现代化建设的总设计师。他立足于中国的大地而又面向整个世界，正视历史现实而又放眼未来，高瞻远瞩地构思和设计了有中国特色的社会主义的一整套发展战略。他在领导我国改革开放和现代化建设的历史实践中，进行了艰巨的、锲而不舍的理论探索，使马克思主义理论在当代中国进入了新的境界，达到了新的高度，因而是把科学社会主义逻辑与中国现代化建设历史相结合的光辉典范。

在长期的革命实践中，邓小平锤炼出的最鲜明的革命风格

---

① 《用邓小平同志建设有中国特色社会主义理论武装全党》（1993 年 11 月 2日），《"十四大"以来重要文献选编》（上），人民出版社，1995，第 445 页。

就是尊重历史、尊重实践。在我党的历史上，他曾经是出了名
的实干家。在早年，他为了革命的真理，不惜远涉重洋。为了
坚持革命的真理，不惜与"左"右倾机会主义者作最坚决的斗
争。在战争年代，他作为我党我军的重要领导人，直接指挥过
许多著名的战役战斗，积累了丰富的革命斗争经验；在和平建
设时期，他长期作为党的总书记、国务院副总理，直接参与领
导各项政治建设和经济建设，积累了丰富的社会主义建设经验。
可以说，正是在革命和建设双重实践的基础上，他逐步地认识
了历史的规律，把握了时代的脉搏，为他后来的理论创造奠定
了坚实的基础。

在改革开放的新时期，邓小平表现出来的最显著的特征就是
思想解放，实事求是。他既不迷信也不盲从，既继续前人又突破
陈规，既借鉴世界经验又不照抄别国模式。他总是注意从历史的
实际和时代的主题出发去分析问题，解决问题，每到关键时刻，
都表现出非凡的胆略和勇气，总是要求全党"看准了的，就大胆
地试，大胆地闯"。[①] 他批评了在改革开放过程中"议论得多，行
动不快"的现象，批评了片面纠缠姓"资"姓"社"的争论的
现象，认为这实际上是在固守一种过去的逻辑，走不出思想僵化
的圈子。

在创造建设有中国特色社会主义理论的过程中，邓小平特别
强调要有开拓马克思主义理论新境界的创新精神。他认为："世
界形势日新月异，特别是现代科学技术发展很快。现在的一年抵
得上过去古老社会几十年、上百年甚至更长的时间。不以新的思
想、观点去继承、发展马克思主义，不是真正的马克思主义
者。"[②] 正是为了继承和发展马克思列宁主义、毛泽东思想，在改
革开放的新时期，邓小平虽然如此高龄，思想却一直保持着青春
和活力，永不停滞，永不僵化，始终站在开拓马克思主义理论新

---

① 邓小平：《在武昌、深圳、珠海、上海等地的谈话要点》（1992 年 1 月 18 日～
2 月 21 日），《邓小平文选》第三卷，第 372 页。

② 邓小平：《结束过去，开辟未来》（1989 年 5 月 16 日），《邓小平文选》第三
卷，第 291～292 页。

境界的最前列。

邓小平对马列主义的新贡献，对建设有中国特色社会主义理论的独特创造，突出地表现在《邓小平文选》第三卷以及最近再版的第二卷中。可以说，这两部著作，是建设有中国特色社会主义理论的奠基之作，同时也是马克思主义理论在当代中国进入新境界、达到新高度的代表之作。尤其是第三卷，系统地反映了从1982年"十二大"到1992年"十四大"之前这十年间我国改革开放的实践发展和建设有中国特色社会主义理论形成的具体过程。

这十年，是我们排除一切干扰全力以赴地进行改革和建设的十年，也是我们根据实践在理论上进行最为积极、最富有成效的探索和创造的十年。第三卷就是对这十年历史的反思、经验的总结、理论的概括、逻辑的升华。从开卷到终卷，关于"走自己的道路，建设有中国特色社会主义"这一主题反复出现，内容不断展开，思想不断深化。不仅遵循了十年历史的发展规律，而且表现了逻辑上的前后连贯。而这种连贯性，也是逻辑与历史达到有机统一的一种显著特征，是新时期我们党的理论思维达到成熟的重要标志。

从新一卷的《邓小平文选》中我们可以看出，邓小平的思维和逻辑自始至终都是一贯的，是全面而又深思熟虑的，当然也是经历了一个发展过程的。难能可贵的是，他始终能够走在实践的最前头，走在历史的最前头，因而也就能够走在理论的最前头。每当历史进入一个新的阶段，他的思考也就上升到一个新的台阶。他为解决现实问题而发表的每一篇文章，在党的重要会议上所作的每一次讲话，与国际友人或其他知名人士所进行的每一次交谈，都无不反映出这种整体水平的提高。

新一卷的《邓小平文选》与马恩列斯及毛泽东的著作比较起来，长文不多，但同样表现出体系完整、内容突出、逻辑鲜明的特征。这是因为邓小平同志的每一篇文章都是对历史和实践的及时总结，有一点便总结一点；每一个思想都有其由来和发展。正因为遵循了历史，因而逻辑也就变得十分清晰，这便是逻辑的线索表现在历史的线索之中。除此之外，邓小平的文章之所以短小精悍，还得益于他尊重历史、尊重实践的风格，能够对历史和实践中的问题烂熟于胸，论述起来自然可以高屋建瓴、言简意赅。精深的道理被他深入浅出地讲述出来，这便是厚积薄发，见微知著。

逻辑作为历史和实践的产物，它一经形成之后，便对历史具有巨大的指导作用。因此，任何科学的逻辑都必须回到实践中去，具体化为解决实际问题的路线、方针、政策，在指导新的实践中去进一步把握历史，创造未来。

所谓把握历史、创造未来，即是指科学的逻辑通过对历史深层次矛盾的揭示，总结出历史发展的经验教训，进而对未来作出有科学根据的发展战略。新一卷的《邓小平文选》中的每一篇文章，几乎都是围绕着科学逻辑的这一指导功能而展开的。

纵观建设有中国特色社会主义理论产生的过程，实际上就是一个为解决实际问题而不断地提出路线、方针、政策的过程。理论的科学性决定了路线的正确性，路线的胜利即为理论的成功。正因为如此，理论一旦形成之后，就必须回到实践中去，保持在实践中的连续性，亦即路线上的连续性。新一卷的《邓小平文选》就突出强调了这种连续性。江泽民说它表达了"老一辈无产阶级革命家对后辈的殷切期望和谆谆嘱托"。

逻辑与历史的统一，既是脚踏实地的，又是高瞻远瞩的。它要回到实践中去结出硕果，产生定型的制度，对此，邓小平认为："恐怕再有三十年的时间，我们才会在各方面形成一整套更加成熟、更加定型的制度。在这个制度下的方针、政策，也将更加定型化。"① 党的十四届三中全会通过的《关于建立社会主义市场经济体制若干问题的决定》，就是在建设有中国特色社会主义理论这一新的科学逻辑指引下，朝着新经济体制及其方针政策定型化的方向迈出的创造性的一步。

---

① 邓小平：《在武昌、深圳、珠海、上海等地的谈话要点》（1992 年 1 月 18 日～2 月 21 日），《邓小平文选》第三卷，第 372 页。

　　总体来说，邓小平不仅总结了历史和现实的基本经验，创立了建设有中国特色社会主义理论这一科学的逻辑，而且根据这一逻辑制定了党在改革开放时期的一系列路线、方针、政策，并使之初步定型化。正是因为如此，我们说他是我国改革开放和现代化建设的总设计师，是运用逻辑来指导历史的光辉典范。

　　从历史上出了名的实干家到今日为世人瞩目的总设计师，这不仅是邓小平在中国革命和建设实践中个人形象的日渐丰满，而且是全中国人民对他从开拓历史中创造未来的科学认同，是全世界人民对他用新的逻辑来指导和设计新的历史的客观评价。

　　（原载《江淮论坛》1994 年第 6 期，收入本书时略有修改）

新中国现代化战略目标的
提出及其发展演进

今年是新中国成立 60 周年。60 年来，围绕着如何把一个贫穷落后的农业国迅速改变为一个强大的社会主义现代化国家这个主题，中国共产党人先后提出了工业化、四个现代化、富强民主文明和富强民主文明和谐这样几个既相联系又有区别的奋斗目标。深入研究这些战略目标形成的历史背景、实施的具体步骤和发展的曲折历程，对新世纪新阶段抓紧实施第三步发展战略，全面建设小康社会，最终实现社会主义现代化，具有非常重要的理论意义和现实意义。

一　从工业化到四个现代化

工业化是中国人对现代化的最初表述形式。早在新民主主义革命时期，毛泽东就提出过要为中国的工业化而斗争的战略目标。在中共七届二中全会上，他要求全党做好准备，迅速恢复和发展生产，使中国稳步地由农业国变为工业国。新中国成立后，最初的设想是用大约 10 年到 15 年的时间，进行工业化的建设，完成从农业国到工业国的转变。经过三年的恢复时期，又进一步把工业化的目标与社会主义的前途结合起来，提出了"一化三改"的过渡时期总路线，即把实现工业化与进行农业、手工业和资本主义工商业的社会主义改造同时并举，并把工业化看作总路线的主体和整个国家经济建设的主要任务。

1953 年底，经毛泽东修改审定的中宣部关于过渡时期总路线宣传提纲指出，基本的任务是改变国家的经济状况，由落后的贫困的农业国，变为富强的社会主义工业国家。围绕这一奋斗目标，当时提出的战略步骤是，在大约三个五年计划时期内，基本上建成一个完整的工业体系。

1956 年，随着"三大"改造任务的迅速完成，宣告了过渡时期的结束。应该说，这为进一步实现工业化的奋斗目标，创造了极为有利的条件。以毛泽东为核心的中国共产党人在借鉴苏联成功经验的同时，开始逐步看清了苏联式工业化道路"把农民挖得很苦"、严重挫伤了农民的积极性等种种弊端。根据中国是一个农业大国的基本国情，力图走出一条中国式的社会主义建设道路。在《论十大关系》的讲话中，毛泽东强调要在优先发展重工业的前提下，更多地发展农业和轻工业；要用多发展一些农业和轻工业的办法来促使重工业的发展更加稳固。后来，在《关于正确处理人民内部矛盾的问题》的讲话中，他又进一步提出了发展工业必须和发展农业同时并举的思想，把正确处理农、轻、重的发展关系看成"中国工业化的道路问题"，认为中国是一个农业大国，如果不发展农业，只是片面地发展工业，中国广大地区的落后状况势必会影响整个国家的工业化进程。显然，毛泽东这种工农业同时并举的工业化建设思想，既符合马克思主义的基本原理，也符合当时中国的基本国情，实际上找到了既不同于西欧，也不同于苏联、东欧的第三条工业化道路，即一条中国式的社会主义工业化道路。

然而，令人遗憾的是，恰恰就在这个时候，"左"倾急躁情绪开始冒头。特别是在 1957 年 11 月访苏期间，为了迅速改变世界上社会主义与资本主义两大阵营的力量对比，与苏联赶超美国的发展步伐相对应，毛泽东表示了在钢铁等生产指标上赶超英国的决心。后来，他在此基础上形成了"15 年赶英超美"的发展构想，打乱了过去工业化的奋斗目标和战略部署，并最终提出了"鼓足干劲，力争上游，多快好省地建设社会主义"的总路线。正是在这种战略决策的影响下，新中国接连犯下了"大跃进"和"人民公社化"的严重错误,不仅宣告了"赶英超美"战略的失败,而且也使得在 15 年内基本实现工业化的奋斗目标化为泡影。

经过一系列的挫折和碰壁,新中国领导人开始进行深刻的反思。1962 年初,在七千人大会上,毛泽东深有感触地指出,中国人口多,底子薄,经济落后,要使生产力很快地发展起来,赶上和超过世界上最先进的资本主义国家,没有 100 年的时间,我看是不行的。他的这一想法,为邓小平后来对中国现代化发展战略的进一步思考,留下了广阔的空间。

正是经过对"大跃进"和"人民公社化"运动的深刻反思,新中国领导人开始把工业化奋斗目标的提法逐步改变为四个现代化的战略目标。这是因为事实已经证明,一个国家能否实现现代化,并不是仅仅以某一个经济门类(如工业)的生产水平或某一种工业产品(如钢铁)的产量来衡量,而必须实行综合平衡,全面发展,否则就难免出现像 1958 年"大炼钢铁"那样的荒唐事情。特别是事实还证明,像中国这样一个农业人口占 80% 的传统农业国家,要迅速实现现代化,仅仅提出工业化这样一个战略目标显然还具有一定的局限性和片面性,因为这个口号还不足以全面反映国民经济建设的总方针。周恩来后来在反思这段历史时就曾经说过:"工业国的提法不完全,提建立独立的国民经济体系比只提建立独立的工业体系更完整。"他一针见血地指出:"苏联就是光提工业化,把农业丢了。"①

针对"大跃进"运动中"大炼钢铁"等荒唐做法,毛泽东早在 1959 年的纠"左"过程中,就提出了要把发展农业放在首要地位的意见。这年的 10 月 12 日,国务院副总理兼国家计委主任李富春在关于 1960 年国民经济建设方针给毛泽东的请示报告中说,整个国民经济的发展以农业为纲的提法是否妥当?或者提以农业为基础,或者在党内提、党外不提,或者索性都不提,请你

---

① 周恩来:《国家经济发展的方针和目标》(1963 年 8 月 23 日),《周恩来经济文选》,中央文献出版社,1993,第 519 页。

考虑。我觉得提以农业为基础是无问题的。毛泽东阅后要求陈伯达等人对此进行研究，提出具体意见。10 月 15 日，陈伯达给毛泽东写信说，对农业的提法，这是一个带有理论性的问题，是可以公开的，似乎不宜在党内党外采取不同的提法。我想可以继续保持您原来的"发展工业必须和发展农业同时并举"的提法。这个提法具有科学的严格性，而且已经深入人心。而在实际措施、计划部署、问题解释时，将您最近所说的"把发展农业放在首位"的意见，加以具体化，使大家进一步明确认识这一问题。毛泽东为这封信拟了一个标题《关于经济口号的提法》，批转给中央政治局常委和书记处有关同志阅读，并要求开会进行讨论。[①]根据讨论的结果，国家计委关于 1960 年国民经济计划的报告中最后采用的提法是：1960 年国民经济计划的安排，应当进一步地以农业为基础，按照优先发展重工业和迅速发展农业互相结合的原则，更好地处理农业、轻工业、重工业各部门之间的关系。1960 年 3 月，根据毛泽东的意见，国务院副总理兼财政部部长李先念在关于 1959 年国家决算和 1960 年国家预算草案的报告中，又把这句话进一步修改为：1960 年应当进一步确定以农业为基础，以工业为主导，把优先发展重工业和迅速发展农业结合起来，正确地处理农业、轻工业、重工业之间的关系。后来，正是在此基础上，全党确立了"以农业为基础，以工业为主导"的发展国民经济总方针。

从提"建立独立的工业体系"到提"建立独立的国民经济体系"的目标，并确立"以农业为基础，以工业为主导"的发展国民经济总方针，标志着新中国领导人对社会主义现代化建设的认识有了进一步的深化。由于"国民经济体系不仅包括工业，而且包括农业、商业、科学技术、文化教育、国防各个方面"，[②] 这就为从工业化的战略目标到四个现代化的战略目标的转变留下了

---

① 毛泽东：《关于经济口号的提法问题的批语》（1959 年 10 月 13 日、15 日），《建国以来毛泽东文稿》第八册，中央文献出版社，1993，第 550～552 页。
② 周恩来：《国家经济发展的方针和目标》（1963 年 8 月 23 日），《周恩来经济文选》，第 519 页。

契机。

其实，关于四个现代化的提法，早在在 20 世纪 50 年代就已经出现。1954 年，周恩来在一届人大政府工作报告中提出，如果我们不建立起强大的现代化的工业、现代化的农业、现代化的交通运输业和现代化的国防，我们就不能摆脱落后和贫困。当然，那时候的"四个现代化"还不是后来完整意义上的"四个现代化"，不仅从内容到文字的表述上都存在着一定的差异，而且也还没有完全提升到战略目标的范畴。可以说，当时关于"四个现代化"的提法还不过是对"社会主义工业化"的进一步解释和补充，因此仍然从属于"工业化"这一奋斗目标之下。

如前所述，"四个现代化"提法的逐步丰富和完善，是来自对"大跃进"和"人民公社化"运动的不断总结和反思。1959 年底，为了进一步总结经验教训，深入研究我国社会主义现代化建设的基本规律，毛泽东号召领导干部学习苏联《政治经济学（教科书）》，并亲自组织了一个读书小组，边读边议。在议论中，他提出："建设社会主义，原来要求是工业现代化，农业现代化，科学文化现代化，现在要加上国防现代化。"① 周恩来在随后组织的读书会上，又把"科学文化现代化"改为"科学技术现代化"，从而使得"四个现代化"的提法更加准确、完善。

1964 年底，根据毛泽东的提议，周恩来在三届人大政府工作报告中提出，我们的目标是要在不太长的历史时期内，把我国建设成为一个具有现代农业、现代工业、现代国防和现代科学技术的社会主义强国。从此，实现四个现代化，正式成为中国社会主义建设的奋斗目标。为了实现这一目标，三届人大还提出了中国经济社会发展的战略设想：第一步，用 15 年的时间，建成一个独立的比较完整的工业体系和国民经济体系，实现农业机械化；第二步，在 20 世纪末，全面实现农业、工业、国防和科学技术现代化，使中国国民经济走在世界前列。

---

① 《文献和研究》1984 年第 6 期。

四个现代化奋斗目标的提出，充分总结了新中国社会主义现代化建设的经验教训，尤其是认真吸取了过去正确处理工业与农业发展关系的经验教训，突出强调了现代农业、现代工业、现代国防和现代科学技术在国民经济建设中的重要地位。它不再是一个单一的工业化目标，也不仅仅是一个工农业建设的总体目标，而是一个涉及经济、文化和国防建设的多层面的综合性目标，是一个有着一定的内在逻辑联系的战略目标体系。因此，从总体上说，它比工业化的奋斗目标要更加全面、更加深入、更加具体。

当然，用四个现代化的奋斗目标取代工业化的奋斗目标，并不是说从此就不能再提工业化。实际上，只要工业化的任务没有实现，工业化的提法就永远不会过时。只不过它不再是中国社会主义现代化建设目标的总体和全部，而是这个战略目标体系的重要组成部分之一。在今天，继续完成工业化仍然是我国现代化进程中艰巨的历史性任务，"以信息化带动工业化"等战略口号时常见诸报端。这就说明，实现工业化，在我国社会主义现代化建设的发展过程中，始终占据极其重要的地位。

二 从四个现代化到"富强、民主、文明"

十一届三中全会以后，我国进入了改革开放的新时期。邓小平作为新时期社会主义现代化建设的总设计师，继续高举四个现代化的伟大旗帜，坚持四个现代化的奋斗目标。在改革开放之初，他说得最多的一句话就是"一心一意地搞四个现代化"，并认为这是当前最大的政治。

随着改革开放的进一步发展，邓小平在继续坚持四个现代化奋斗目标的同时，开始对实现这个战略目标的具体步骤进行了更为深入的思考。他认为在将来的某一天，即使我们真的实现了四个现代化，也还只是中国式的现代化，其现代化程度仍然不会很高，因此我们要走的是一条中国式的现代化建设道路。

邓小平比较具体、比较明确地谈到中国经济发展的战略和目标，是1979年12月同日本首相大平正芳的谈话中。他指出：

"我们要实现的四个现代化，是中国式的四个现代化。我们的四个现代化的概念，不是像你们那样的现代化的概念，而是'小康之家'。"①"小康"的目标后来在 1980 年 11 月召开的五届人大四次会议上得到确认。中共"十二大"根据邓小平的这一设计，首次把"翻两番""实现小康"作为全党、全国人民的战略目标提出来，"从一九八一年到本世纪末的二十年，我国经济建设总的奋斗目标是，在不断提高经济效益的前提下，力争全国工农业总产值翻两番"，"达到小康水平"。②

自 1984 年以后，邓小平开始把目光投放到 21 世纪中国经济发展的战略步骤和目标的设计上，提出在实现"小康"以后，还要花 30 ~ 50 年时间，接近中等发达国家的水平。此后，又经过两年多的思考，到 1987 年，他终于规划出了一个清晰的中国经济建设"三步走"的发展蓝图。"十三大"确认了他的这一战略设想，指出通过实施"三步走"的发展战略，"到下个世纪中叶，人均国民生产总值达到中等发达国家水平，人民生活比较富裕，基本实现现代化"。③

改革开放以来的实践证明，邓小平提出的"三步走"经济发展战略，是一个积极而又切实的重大决策，体现了现代化的战略目标和战略步骤的辩证统一，适应中国特色社会主义的具体实际，符合现代化建设的客观规律，反映了事物发展从量变到部分质变、再到质变的辩证发展过程，运用和发展了马克思主义辩证法。

"三步走"的战略步骤虽然是以经济指标来作为划分的标准，但是它的效果却是落实在人民物质文化生活的改善上面，从而体现了生产建设与人民生活的统一；它着眼于综合国力的

① 邓小平：《中国本世纪的目标是实现小康》（1979 年 11 月 26 日），《邓小平文选》第二卷，人民出版社，1993，第 237 页。
② 中共中央文献研究室编《十一届三中全会以来党的历次全国代表大会中央全会重要文件选编》（上），中央文献出版社，1997，第 235 页。
③ 中共中央文献研究室编《"十三大"以来重要文献选编》（上），人民出版社，1993，第 16 页。

提高，用国民生产总值来作为衡量的尺度，充分体现了速度与效益的统一。正是随着这一战略步骤的提出和逐步实施，人们明显地感受到了四个现代化这一奋斗目标的局限性，即对现代化的理解仍然比较狭窄，只涉及经济、文化的层面而未涉及政治、社会的层面，只涉及物质文明的层面而未涉及思想和体制的层面，不能反映社会主义精神文明和民主政治建设的目标，没有考虑到经济与社会发展的齐头并进和协调发展。因此，从"十三大"以后，四个现代化的概念开始逐步淡出人们的记忆。

放弃长期以来关于四个现代化的提法，并不是突发奇想，而是有其历史的原因。早在 1979 年新中国成立 30 周年的时候，叶剑英就在国庆讲话中指出，我们所说的四个现代化，是实现现代化的四个方面，并不是说现代化的事业只以这四个方面为限。他认为，改革和完善社会主义制度，发扬社会主义民主，健全社会主义法制，建设社会主义精神文明，"这些都是我们社会主义现代化的重要目标"。① 邓小平后来进一步深化和发展了这一思想，指出："现代化建设的任务是多方面的，各个方面需要综合平衡，不能单打一。"② 十一届六中全会通过的《历史决议》在继续强调四化建设乃是"我们党在新的历史时期的奋斗目标"的同时，提出"逐步建设高度民主的社会主义政治制度，是社会主义革命的根本任务之一"，"社会主义必须具有高度的精神文明"，③ 从而首次把高度民主和高度文明纳入了社会主义现代化建设的目标体系之中。"十二大"提出党在新时期的总任务是："团结全国各族人民，自力更生，艰苦奋斗，逐步实现工业、农业、国防和科学技术现代化，把我国建设成为高

---

① 《向着四个现代化的目标前进》，中共中央文献研究室编《十一届三中全会以来重要文献选读》上册，人民出版社，1987，第 81 页。
② 邓小平：《目前的形势和任务》（1980 年 1 月 16 日），《邓小平文选》第二卷，第 250 页。
③ 中共中央文献研究室编《十一届三中全会以来重要文献选读》上册，人民出版社，1987，第 347～348 页。

度文明、高度民主的社会主义国家。"① 在这里，开始把实现四个现代化作为达到社会主义现代化强国的步骤和途径，而把高度文明、高度民主看作社会主义现代化强国的目标和特征。"十三大"正是在此基础上使用了"富强、民主、文明"这样的概念，提出"为把我国建设成为富强、民主、文明的社会主义现代化强国而奋斗"的宏伟目标，② 从而正式取代了过去一直使用过的四个现代化奋斗目标的提法。

富强、民主、文明的社会主义现代化奋斗目标的提出，不仅是着眼于人民物质和文化生活的改善与提高，而且是着眼于社会主义经济、政治、文化三个方面的统一，反映了整个社会全面发展和共同进步的特征。因此，相对于过去提出的工业化和四个现代化的目标来说，它是一个更加全面的社会主义现代化奋斗目标。新的目标建立在改革开放的基础之上，涉及社会生活的各个层面，要求改变我国社会传统的生活方式、思维方式和行为方式，重新构建我国的社会经济结构，从而把一个经济文化相对落后的中国变成一个富强、民主、文明的社会主义现代化强国。可以说，这不仅是一个综合性的奋斗目标，而且是一个立体化的奋斗目标。

从单一的工业化，到多方面的四个现代化，再到全方位的富强、民主、文明，表明中国共产党人对什么是有中国特色社会主义这一宏伟目标的认识已经越来越全面、越来越具体、越来越深入，换言之，即是越来越符合当代中国的具体实际。

三 "富强民主文明"的战略目标与社会主义初级阶段的基本纲领

党的十三届四中全会以后，以江泽民为核心的第三代中央领导集体认真总结十一届三中全会以来的基本理论和基本实践，并

---

① 中共中央文献研究室编《十一届三中全会以来重要文献选读》上册，人民出版社，1987，第476页。
② 《中国共产党人第十三次全国代表大会文件汇编》，人民出版社，1987，第13页。

在十三届七中全会通过的《关于制定国民经济和社会发展十年规划和"八五"计划的建议》中，从经济、政治和文化等方面提出了建设有中国特色社会主义的十二条原则，标志着我们党对社会主义现代化建设规律的认识已经更加深刻和全面。

1991年，江泽民在全面总结建党70年来中国现代化追求与探索的历程时，首次提出了建设有中国特色的社会主义经济、政治和文化这样三个概念，对"富强、民主、文明"的基本目标作了进一步阐释。此后，"十四大"把发展社会主义市场经济、建设社会主义民主政治和精神文明三者并列，作为有中国特色社会主义的三大目标，进一步深化了"富强、民主、文明的社会主义现代化强国"的基本内涵。

党的"十五大"强调："围绕建设富强民主文明的社会主义现代化国家的目标，进一步明确什么是社会主义初级阶段有中国特色社会主义的经济、政治和文化，怎样建设这样的经济、政治和文化，是必要的。"[1] 从而明确地把社会主义现代化的奋斗目标与建设有中国特色社会主义经济、政治和文化的基本目标直接挂起钩来。可以说，有中国特色社会主义经济、政治和文化的基本目标与富强、民主、文明的现代化奋斗目标，是两个相互对应的范畴，它们之间互为补充，互相说明。江泽民同志正是在这种有机统一的基础上，提出了社会主义初级阶段基本纲领的科学概念。他认为，正是"建设有中国特色社会主义的经济、政治和文化的基本目标和基本政策，有机统一，不可分割，构成党在社会主义初级阶段的基本纲领"。[2]

为了实现富强民主文明的现代化目标，"十五大"还明确提出了跨世纪的新"三步走"发展战略。江泽民在"十五大"报告

---

① 江泽民：《高举邓小平理论伟大旗帜，把建设有中国特色社会主义事业全面推向二十一世纪》，《中国共产党第十五次全国代表大会文件汇编》，人民出版社，1997，第18～19页。

② 江泽民：《高举邓小平理论伟大旗帜，把建设有中国特色社会主义事业全面推向二十一世纪》，《中国共产党第十五次全国代表大会文件汇编》，第20页。

中提出："展望下世纪，我们的目标是，第一个十年实现国民生产总值比 2000 年翻一番，使人民的小康生活更加宽裕；再经过十年的努力，到建党一百周年时，使国民经济更加发展，各项制度更加完善；到世纪中叶建国一百年时，基本实现现代化，建成富强民主文明的社会主义国家。"这是对邓小平"三步走"发展战略的进一步丰富和发展。

"十五大"把十一届三中全会以来我们党在经济、政治、文化方面的追求和探索，把邓小平关于以经济建设为中心，开展经济体制改革、政治体制改革和精神文明建设的基本思想，尤其是把他关于社会主义也可以搞市场经济，发展社会主义民主政治，培育社会主义"四有"新人等重要思想，用基本纲领的形式固定下来，作为新时期现代化建设的基本目标和基本政策，具有十分重要的理论意义和现实意义。

基本纲领包括经济、政治和文化这样三个方面，它把中国共产党人长期以来追求的现代化奋斗目标进一步具体化，分解为经济建设方面的目标、政治建设方面的目标和文化建设方面的目标，这些基本目标和相关的方针政策互相配套，互相关联，让人看得见，摸得着，使得富强、民主、文明的总体目标从理论变成了政策，从目标变成了纲领，从口号变成了实践，避免了过去很长时间以来提出的目标过高、过大、过空，脱离中国的具体实际，缺乏相关的实施策略，最终变成空头文字或口号的命运。

总之，基本纲领将建设有中国特色社会主义的基本目标和基本政策有机地统一起来，从经济、政治、文化这样三个方面进一步说明了什么是富强、民主、文明的社会主义现代化强国，怎样建设这样的强国。它是党的基本路线在经济、政治、文化等方面的展开，是对改革开放新鲜经验的进一步总结，是江泽民同志的一大理论贡献。

正是为了加强党对社会主义现代化建设的领导，最终实现社会主义初级阶段的基本纲领，江泽民在世纪之交还提出了全面加强党的建设的基本纲领，这就是"三个代表"重要思想。他在不同场合反复强调，要想全面实施第三步战略部署，完成社会主义现代化的奋斗目标，实现中华民族的伟大复兴，关键在于加强党的建设。

"三个代表"的重要思想，是新的世纪全面加强党的建设的伟大纲领，也是实现社会主义现代化奋斗目标和初级阶段基本纲领的具体要求和体现。面向新的世纪，中国共产党人只有始终代表中国先进生产力的发展要求，才能真正建设好有中国特色社会主义的经济；只有始终代表中国最广大人民的根本利益，才能真正建设好有中国特色社会主义的政治；只有始终代表中国先进文化的前进方向，才能真正建设好有中国特色社会主义的文化。换言之，只有真正做到"三个代表"，才能坚持社会主义初级阶段的基本纲领，领导全国人民最终实现富强、民主、文明的现代化奋斗目标。

由此可见，"三个代表"的重要思想，与社会主义初级阶段的基本纲领在内容上是完全一致的，在思想上是完全相通的。江泽民根据在新世纪建设有中国特色社会主义现代化奋斗目标的具体要求，提出"三个代表"的重要思想，是他在充分总结世纪之交的客观实际之后作出的又一重大的理论贡献。

四 "把我国建设成为富强民主文明和谐的社会主义现代化国家"

随着新世纪的到来，我国已经开始实施第三步发展战略，进入全面建设小康社会，加快推进社会主义现代化的发展新阶段。这是中华民族发展史上的一个新的里程碑，也是我国社会主义现代化建设发展史上的一个新起点。

站在新的历史起点上，以胡锦涛为总书记的党中央，从新世纪新阶段党和国家现代化事业发展的全局出发，贯彻落实科学发展观，在继承党的三代中央领导集体探索社会主义现代化战略目标理论和实践成果的基础上，逐步形成了构建社会主义和谐社会的新思维，明确提出"社会和谐是我们党不懈奋斗的目标"，并把它纳入了社会主义现代化建设的目标体系，号召全党全国人民

"为把我国建设成为富强民主文明和谐的社会主义现代化国家而奋斗"。①

把社会主义现代化奋斗目标从"富强、民主、文明"进一步拓展为"富强、民主、文明、和谐",这是"十六大"以来党中央的重大战略部署。2002 年,"十六大"报告首次把"社会更加和谐"纳入了全面建设小康社会的宏伟蓝图,提出新世纪前二十年建设更加全面的小康社会,其目标是"经济更加发展、民主更加健全、科教更加进步、文化更加繁荣、社会更加和谐、人民生活更加殷实"。此后,我们党对社会和谐重要性的认识不断深化,抓住历史机遇,及时提出了构建社会主义和谐社会的发展战略。

十六届三中全会根据时代要求和当代国情,提出科学发展观,强调"坚持以人为本,树立全面、协调、可持续的发展观,促进经济社会和人的全面发展"。以此为指导,十六届四中全会不仅提出要不断提高构建社会主义和谐社会的能力,而且把它同"驾驭社会主义市场经济的能力""发展社会主义民主政治的能力""建设社会主义先进文化的能力"并列提出来,体现了我们党对中国特色社会主义总体布局的新思考。

2005 年 2 月,胡锦涛在省部级主要领导干部专题研讨班上,首次指出构建社会主义和谐社会属于"社会建设",并把它与经济建设、政治建设、文化建设并列,使中国特色社会主义建设的总体布局由过去的"三位一体",发展为"四位一体"。此后,十六届五中全会把构建社会主义和谐社会明确为全面贯彻落实科学发展观必须抓好的一项重要任务,并提出了与之相关的一系列工作要求和重大措施。

2006 年,十六届六中全会作出了《关于构建社会主义和谐社会若干重大问题的决定》,明确提出当前和今后一个时期构建社会主义和谐社会的指导思想、目标任务、工作原则和重大部署,进一步明确了构建社会主义和谐社会在中国特色社会主义事业总

---

① 《中共中央关于构建社会主义和谐社会若干重大问题的决定》,《人民日报》2006 年 10 月 19 日。

体布局中的地位，深刻阐明了社会和谐是中国特色社会主义的本质属性，是国家富强、民族振兴、人民幸福的重要保证，在新的历史条件下深化了对社会主义本质的认识，表明我们党对"什么是社会主义，怎样建设社会主义"的认识达到了新的境界。

"十七大"明确提出"把我国建设成为富强民主文明和谐的社会主义现代化国家"的奋斗目标，强调要按照中国特色社会主义事业总体布局，全面推进经济建设、政治建设、文化建设、社会建设，即"建设社会主义市场经济、社会主义民主政治、社会主义先进文化、社会主义和谐社会，建设富强民主文明和谐的社会主义现代化国家"。根据这一新的奋斗目标，党中央对"十五大"提出的社会主义初级阶段基本纲领作出了进一步的丰富和发展，首次提出"坚持中国特色社会主义经济建设、政治建设、文化建设、社会建设的基本目标和基本政策构成的基本纲领"。这个基本纲领按照"四位一体"的总体布局，对经济建设、政治建设、文化建设、社会建设的内容作了全面部署，对"富强、民主、文明、和谐"作出了具体的阐释。

把社会建设与经济、政治、文化建设并列，强调"四位一体"，共同服务于"富强民主文明和谐"的现代化奋斗目标，这不仅是对社会主义初级阶段基本纲领的补充和完善，而且是对中国特色社会主义事业总体布局的新拓展。中国特色社会主义事业的总体布局是一个有机整体，它以经济建设为中心，相互联系，互相促进。其中经济建设是社会发展的基础，政治建设为社会发展提供政治保障，文化建设为社会发展提供精神动力和智力支持，社会建设为三者的发展提供有利的社会环境和条件。这一总体布局，决定了我们全面建设小康社会、实现社会主义现代化，不仅要加强物质文明、政治文明和精神文明建设，而且要加强和谐社会建设，使它们相互配合，相互促进。

"十七大"在充分总结党的三代中央领导集体关于新中国现代化奋斗目标的理论和实践基础上，明确提出"富强民主文明和谐"的奋斗目标和经济、政治、文化、社会建设"四位一体"的基本纲领，充分说明新世纪新阶段中国共产党人对现代化建设客观规律的认识更加科学和全面，对建设有中国特色社会主义的思路更加明确和具体，制定的奋斗目标和基本纲领更加适合中国的具体实际。可以预见，到21世纪中叶，当第三步战略目标顺利实现的时候，中国将基本上达到世界中等发达国家的水平，近代以来中国人民长期奋斗的现代化理想，将在中国共产党的领导下变成现实。

（原载《现代哲学》2010年第1期，收入本书时略有修改）

全面认识中国特色社会
主义的探索实践

2013 年 1 月 5 日，习近平同志在新进中央委员会的委员、候补委员学习贯彻党的"十八大"精神研讨班上发表重要讲话，对我们党探索中国特色社会主义的历史进程和伟大实践，进行了系统而深刻的阐述。讲话指出，我们党领导人民进行社会主义建设，有改革开放前和改革开放后两个历史时期，这是两个相互联系又有重大区别的时期，但本质上都是我们党领导人民进行社会主义建设的实践探索。

如何正确认识改革开放前和改革开放后这两个不同历史时期，我们党领导人民进行社会主义建设实践的相互联系和重大区别，对于进一步增强坚持和发展中国特色社会主义的自觉性和坚定性，至关重要。

一　中国特色社会主义"是在新中国已经建立起社会主义基本制度、并进行了 20 多年建设的基础上开创的"

中国特色社会主义虽然是在改革开放历史新时期开创的，但并不是无源之水、无本之木。它是在以毛泽东为核心的党的第一代中央领导集体带领全党全国各族人民建立新中国、确立社会主义基本制度，以及艰辛探索社会主义现代化建设规律取得宝贵经验的基础上开创出来的。

新中国的诞生，废除了 100 余年来外国侵略者强迫中国签订的一系列不平等条约和他们在中国攫取的种种特权，结束了旧中国长期受外国列强欺凌的历史，真正实现了中华民族的独立。中国人重新找回了自己的尊严，从此扬眉吐气，以崭新的姿态自立于世界民族之林。民族独立，这是中华民族开始走向复兴的一个重要标志，也是中国人民追求强国梦想的一个历史起点。

　　毛泽东曾经说过："没有独立、自由、民主和统一，不可能建设真正大规模的工业。"新中国的成立，实现了这种"独立、自由、民主和统一"，中国人民从此走上了追求繁荣富强的现代化建设道路。然而现代化不仅仅是工业化，它是一个国家在政治、经济、社会、文化等各方面的提升，是一个民族的精神支柱和文明结构的重塑。因此，一个国家要追求现代化，就必然面临着不同的政治体制、社会结构、价值取向和发展模式的艰难选择。

　　毛泽东领导创建的新中国，它的政治属性突出地表现为"人民性"。它叫人民共和国，是人民当家做主的国家。它实行人民代表大会制度，保证了广大人民管理国家、社会事务的权力；它实行共产党领导的多党合作和政治协商制度，有利于广泛吸收各民主党派和无党派民主人士参政议政，结成广泛的爱国统一战线；它实行民族区域自治制度，保障了各少数民族享有充分的自治权力，有利于维护各民族的大团结和国家的统一。这三项基本政治制度，共同奠定了中华民族伟大复兴的制度基础，也奠定了党领导人民探索社会主义建设道路的政治前提。

　　如果说一个国家现代化的核心问题是政治领导，那么选择什么样的社会制度，则是它追求现代化的决定性因素。制度选择的结果，直接决定着现代化建设道路的成败与否。

　　新中国选择的是一条"社会主义现代化"的道路，目标是"建设一个伟大的社会主义国家"。在国民经济恢复任务完成以后，它就及时采取和平、渐进的方式，通过对生产资料所有制的社会主义改造，建立起社会主义的基本经济制度。由于这个制度代表了新中国的前途和未来，凝聚了亿万民众的社会理想和精神信念，而且具有集中力量办大事、促进社会生产力迅速发展的优越性，从而催生了万众一心、风雨同舟的前进动力，形成了社会主义现代化建设的制度保障。对于中国这样一个经济文化落后的国家来说，通过走社会主义道路来实现现代化，这是最好的选择，也是唯一正确的选择。

实现现代化，关键还是要找到一条适合中国国情的经济建设道路。1956年社会主义制度确立以后，党领导全国各族人民，围绕着中国式的社会主义现代化，进行了大量有益的探索，提出了"以农业为基础，以工业为主导"的国民经济建设总方针，制定了实现"四个现代化"的长远目标，形成了"两步走"的发展战略，初步建立起独立的比较完整的工业体系和国民经济体系。这不仅使中国在赢得政治独立之后又赢得了经济独立，而且为中国以后的发展进步奠定了一定的物质技术基础。

中国共产党人领导探索的社会主义道路，目标是要在一穷二白的基础上，建设一个伟大的社会主义现代化强国。这是一项前无古人的艰巨工作，既没有现成的书本答案，又不能照抄外国经验，只有靠中国人自己在实践中探索。都说万事开头难，由于没有先例可循，改革开放以前的探索，出现了许多曲折，甚至发生过重大的失误，社会主义事业始终只能在摸索中前进。对此，党的"十八大"有一个评价："在探索过程中，虽然经历了严重曲折，但党在社会主义建设中取得的独创性理论成果和巨大成就，为新的历史时期开创中国特色社会主义提供了宝贵经验、理论准备、物质基础。"正因为如此，我们一方面要看到"中国特色社会主义是在改革开放历史新时期开创的"，另一方面又要看到，它是"在新中国已经建立起社会主义基本制度并进行了20多年建设的基础上开创的"。

二　改革开放前和改革开放后"这两个历史时期在进行社会主义建设的思想指导、方针政策、实际工作上有很大差别"

认真学习习近平同志的重要讲话，仔细分析导致这些差别的历史原因，不难看出，主要有以下几个方面：

第一，从开展社会主义建设、探索社会主义道路所要达到的目标模式来看，二者是有所不同的。中国共产党人在改革开放前的探索和改革开放后的探索，尽管都是为了建设一个伟大的社会主义强国，但是在不同的时期，他们对社会主义目标模式的理解是不完全一样的，前者是传统的社会主义，后者是中国特色社会主义。换言之，改革开放前的探索，是为了建立和巩固传统的社会主义体制，即以单一的公有制为基础、以计划经济为主要手段的社会主义。而改革开放后的探索，则是为了建立不同于这种传统社会主义的中国特色社会主义，特别是在根本经济体制上，它以建立社会主义市场经济为目标。毫无疑问，在改革开放前就要求建立社会主义市场经济，这是不可想象的，也是苛求前人的。邓小平同志实际上是在总结了改革开放前二十多年社会主义建设经验教训的基础上，在看到了传统社会主义体制的种种弊端之后，才提出"走自己的路，建设有中国特色的社会主义"这一新的任务和时代课题的。

第二，从探索的内容来看，二者也是不完全相同的。改革开放前的探索，是针对苏联经济建设中已经暴露出来的一些问题和弊端，努力找出一条不同于苏联、不同于"斯大林模式"的具体建设道路，即中国式的社会主义建设道路。如主张综合平衡，主张以农业为基础、以工业为主导，强调兼顾国家、集体、个人的利益，兼顾生产和生活，等等。但这些建设思路，都是对不适合中国情况的某些经济体制进行部分的改造，而不是对传统社会主义经济制度进行根本的变革。可以说，传统社会主义的建设，有苏联模式，也有中国模式，当然可能还有其他国家的种种模式。中国模式的形成，这是以毛泽东为代表的中国共产党人的独创性贡献。但这种模式，只是具体建设途径、路线、思路的不同，并没有从根本上改变传统社会主义的体制。而改革开放以来的探索，则不仅是要寻找不同于苏联的建设道路，而且是要寻找不同于传统社会主义模式下的建设道路，即中国特色社会主义的建设道路。根据这种建设思路，必然主张以社会主义市场经济为基本手段，从根本上打破传统的计划经济体制。

第三，就探索的道路来看，二者所选择的路径是有所区别的。改革开放前，毛泽东在探索中虽然一再强调要"以苏为鉴"，走适合中国情况的道路，但这条道路从总体上来说还不是改革开放之路，不是对传统社会主义体制进行彻底的变革，而是局部的调整和改造，因此尽管取得了一定的成功，形成了相对独立的工业体系和国民经济体系，为后来的改革开放奠定了一定的物质基础。但由于传统的社会主义体制已经不可能适应时代发展的需要，而毛泽东又没有找到对这种社会主义进行改革的具体道路，所以他领导的探索最终没有取得成功。而邓小平领导的探索之所以成功了，就在于他在总结此前经验教训的基础上，找到了这条改革开放的道路。所以他反复强调，改革开放是唯一正确的道路；不改革开放，只有死路一条。

要真正找到中国特色社会主义道路，不仅要适合中国情况，而且要适合时代发展、社会进步，要适合经济规律、政治需要、文化需求，等等。这就不仅需要进行经济体制改革，而且需要进行政治体制、文化体制等方方面面的改革。说到底，就是要对传统社会主义体制进行全方位的改革。而这种改革，从总体上来说，是在党的十一届三中全会以后才开始起步的。

第四，探索的时代条件和实践基础不一样。改革开放前的探索，主要是在世界"两大阵营"对峙和冷战的大背景下进行的。而改革开放后的探索，是在和平与发展成为时代主题的大背景下进行的。

在20世纪五六十年代，传统的社会主义经济体制还有一定的优势和潜力，结合本国的具体实际，可以走出不同于别国的"中国式"社会主义建设道路。但"中国式"的社会主义与今天我们所说的"中国特色社会主义"是有区别的，最大的区别就在于它不是想改变而是维护传统社会主义的目标模式。而到了改革开放历史新时期，和平和发展成为新的世界主题，传统社会主义体制在经济建设方面的优势已经丧失殆尽，中国特色社会主义建设，不再是要走一条传统的社会主义道路，也不再是要走一条不同于苏联模式的建设道路，而是要走一条适合中国情况的社会主义市场经济之路，要建立的是社会主义市场经济这一根本经济体制。

可以说，改革开放前毛泽东领导的探索，之所以会出现这样或那样的失误，既有个人的因素，也有制度的因素；既有主观的原因，也有客观的原因，特别是时代的原因，那就是在传统的社会主义目标模式下建设社会主义，只适合本国情况，不适合时代发展，不进行改革开放，仍然找不到出路。而改革开放以后，邓小平在对传统社会主义目标模式进行反思的基础上，初步搞清了什么是社会主义、怎样才能建设好社会主义这个根本问题，找到了改革开放的正确道路。正因为如此，习近平同志在讲话中特别强调，"中国特色社会主义是在改革开放历史新时期开创的"。

三 "不能用改革开放后的历史时期否定改革开放前的历史时期，也不能用改革开放前的历史时期否定改革开放后的历史时期"

党的"十八大"报告用四个"成功"全面系统地概括了我们党的历代领导集体对探索、开创、坚持和发展中国特色社会主义建设道路的艰辛历程。其中，以毛泽东为核心的第一代中央领导集体，成功实现中国历史上最深刻最伟大的社会变革，为当代中国一切发展进步奠定了根本政治前提和制度基础。在此基础上，以邓小平为核心的第二代中央领导集体，成功开创了中国特色社会主义；以江泽民为核心的第三代中央领导集体，成功把中国特色社会主义推向 21 世纪；以胡锦涛为总书记的党中央，在新世纪新阶段成功坚持和发展了中国特色社会主义。

认真学习领会党的"十八大"的精神实质，我们不难看出，中国共产党人对社会主义建设道路的探索，从毛泽东时代就开始了，一直延续到邓小平及其以后的时代。这些探索可以分为两个历史时期，即改革开放前探索的历史时期和改革开放后探索的历史时期。其中前一个时期是在传统社会主义的理论框架下进行的，后一个时期是在中国特色社会主义理论框架下进行的；前一个时期的探索由于没有找到正确的目标、正确的道路，结果没有成功；后一个时期的探索接续了前人的实践，总结了其中的经验教训，找到了中国特色社会主义的目标方向，找到了改革开放的突破口，终于开辟了中国特色社会主义的伟大道路。

因此，如果说改革开放前的探索是中国社会主义建设的"上篇"的话，那么改革开放后的探索则是"下篇"，这是两个既相联系、又相区别的历史时期，前者为后者奠定了基础，后者是对前者的飞跃。正如习近平同志指出的那样，它们"本质上都是我们党领导人民进行社会主义建设的实践探索"。我们决不能把它们彼此割裂开来，更不能把它们根本对立起来，"不能用改革开放后的历史时期否定改革开放前的历史时期，也不能用改革开放前的历史时期否定改革开放后的历史时期"。唯一正确的态度，就是"要坚持实事求是的思想路线，分清主流和支流，坚持真理，修正错误，发扬经验，吸取教训，在这个基础上把党和人民事业继续推行前进"。

（原载《光明日报》2013 年 1 月 11 日）

第四篇

中国特色社会主义理论的形成和发展

关于社会主义本质认识的
历史和逻辑统一

恩格斯曾经说过:"每一时代的理论思维……都是一种历史的产物,在不同的时代具有非常不同的形式,并因而具有非常不同的内容。"① 从马克思到邓小平,关于社会主义本质的认识经历了 100 多年的发展历程,先后产生了两种既相联系又相区别的认识和结论。这是反映了不同时代特点的两种理论思维,它们具有不同的实践基础,因而也就具有不同的理论特征。在这两种认识和结论之间,究竟经历了怎样的历史发展,进而又形成了怎样的逻辑联系,这就是本文所要揭示的主要内容。

一 关于人类认识发展的两条不同的道路

(一)在人类认识史上存在着两条既相联系又相区别的发展道路

马克思指出,在人类认识的发展过程中,存在着两条不同的道路:"在第一条道路上,完整的表象蒸发为抽象的规定;在第二条道路上,抽象的规定在思维行程中导致具体的再现。"② 在这

① 中共中央马克思、恩格斯、列宁、斯大林著作编译局编《马克思恩格斯选集》第三卷,人民出版社,1972,第465页。
② 中共中央马克思、恩格斯、列宁、斯大林著作编译局编《马克思恩格斯选集》第二卷,人民出版社,1972,第103页。

里，马克思所指的第一条道路，即是感性认识（完整的表象）到理性认识（抽象的规定）的发展过程；而第二条道路，则是理性认识自身的辩证发展过程，是理性认识从抽象（抽象的规定）上升到具体（思维中的具体）的"思维行程"。

关于人类认识发展的第一条道路，马克思曾经作过更为具体的分析。他说从"混沌的关于整体的表象"出发，"我就会在分析中达到越来越简单的概念；从表象中的具体达到越来越稀薄的抽象，直到我达到一些最简单的规定"。[①]

从抽象的简单规定出发，"在思维中导致具体的再现"，这是人类认识发展的第二条道路。思维中的具体作为这条道路的认识成果，它把分析得来的抽象规定有机地结合起来，从总体上去把握事物多样性的统一，指示事物之间普遍的联系和发展。正因为如此，马克思说具体的形成"在思维中表现为综合的过程，表现为结果，而不是表现为起点"。[②]

（二）从抽象到具体是理论思维的辩证发展道路

如果我们把人类认识发展的两条不同的道路加以简化的话，则第一条道路可以表述为从具体（表象中的具体）到抽象（抽象的规定）的发展过程，第二条道路可以表述为从抽象（抽象的规定）到具体（思维中的具体）的发展过程。这是两条既相联结又相区别的人类认识发展道路。其中第一条道路揭示了理论思维的来源（从感性的具体上升到思维的抽象），第二条道路则揭示了理论思维的发展（从思维的抽象上升到具体）；第二条道路是在第一条道路的基础上形成和发展起来的，无数个感性认识向理性认识的纵向上升，构成了理论思维从抽象到具体的横向发展。正因为如此，我们说在无数个从具体到抽象（第一条道路）的基础上形成的从抽象到具体（第二条道路）的发展，构成了理论思维

---

① 中共中央马克思、恩格斯、列宁、斯大林著作编译局编《马克思恩格斯选集》第二卷，第103页。

② 中共中央马克思、恩格斯、列宁、斯大林著作编译局编《马克思恩格斯选集》第二卷，第103页。

辩证运动的实质。

关于理论思维的发展是从抽象到具体的进程的思想，最早是由黑格尔提出来的。他认为："逻辑理念的开展是由抽象进展到具体。"① 马克思剔除了黑格尔这一思想的唯心主义的实质，保留了其辩证法的合理内核，认为从抽象到具体"只是思维用来掌握具体并把它当作一个精神上的具体再现出来的方式"。② 这就把理论思维的发展奠定在唯物主义的基础之上，也就是把从抽象到具体的第二条发展道路建立在从具体到抽象的第一条发展道路之上。

在历史上，理论思维从抽象到具体的发展，正如恩格斯所说的那样，是一种时代的产物。19 世纪以来，马克思恩格斯在批判吸取德国古典哲学合理内核的基础上，形成了自己的辩证思维，并以此来考察资本主义的生产方式，结果得出了社会主义必然代替资本主义的科学结论。

二　关于社会主义本质认识从具体到抽象的历史发展

从马克思到邓小平，关于社会主义本质的认识，在不同的时代条件下经历了无数个从具体到抽象的上升；在不同的实践基础上经历了无数个从感性认识向理性认识的飞跃。这种上升和飞跃，便构成了马克思主义者关于社会主义本质认识的不断发展和深化，构成了这一认识在实践中的历史发展过程。

（一）马克思恩格斯对社会主义的科学抽象来自资本主义的经济事实

科学社会主义的诞生，为人类对社会主义本质的认识开辟了广阔的前景。马克思恩格斯正是在对资本主义的经济事实这一感性的具体进行深刻分析的基础上，作出了人类关于社会主义本质

---

① 〔德〕黑格尔：《小逻辑》，贺麟译，商务印书馆，1980，第 190 页。
② 中共中央马克思、恩格斯、列宁、斯大林著作编译局编《马克思恩格斯选集》第二卷，第 103 页。

特征的第一个科学的预测。在他们的笔下，未来社会主义的特征主要包括生产资料归全社会占有，社会生产有计划地进行，个人消费资料实行按劳分配等诸多方面。

分析起来，马克思恩格斯对未来社会的预测，具有如下的理论特征：

第一，它是通过批判旧世界来发现新世界，是从对资本主义生产主式的考察中得出的科学结论。用恩格斯的话说，"是从已知的历史事实和发展过程中得出的确切的结论"，如果脱离这些事实和过程，"就没有任何理论价值和实际价值"。[①]

第二，它是"以生产力的巨大增长和高度发展为前提的"，如果没有这种发展，"那就只会有贫穷的普遍化；而在极端贫困的情况下，就必须重新开始争取必需品的斗争，也就是说，全部陈腐的东西又要死灰复燃"。[②]

第三，它虽然描绘了社会主义制度的主要特征，但对具体的细节却始终涉笔不多。1893 年，恩格斯在回答法国《费加罗报》记者的提问时曾经指出："关于未来社会组织方面的详细情况的预定看法吗？您在我们这里连它们的影子也找不到。当我们把生产资料转变到整个社会手里时，我们就会心满意足了。"[③] 由此可见，马克思恩格斯当初并没有给后人设计出社会主义的现成方案。因此，对于什么是社会主义，以及如何建设和发展社会主义等一系列具体问题，必须依靠后人在实践中进一步形成科学的抽象。

（二）邓小平关于社会主义本质的新论断来自当代中国的具体实践

列宁是正确运用科学社会主义理论来指导实践并取得巨大成

---

①　恩格斯：《致爱德华·皮斯》（1886 年 1 月 27 日），《马克思恩格斯全集》第三十六卷，人民出版社，1975，第 419 ~ 420 页。

②　马克思和恩格斯：《费尔巴哈》，中共中央马克思、恩格斯、列宁、斯大林著作编译局编《马克思恩格斯选集》第一卷，人民出版社，1972，第 39 页。

③　恩格斯：《1893 年 5 月 11 日弗·恩格斯对法国"费加罗报"记者的谈话》，《马克思恩格斯全集》第二十二卷，人民出版社，1965，第 628 ~ 629 页。

功的第一人。他在帝国主义和无产阶级革命的时代条件下，在经济、政治相对落后的俄国率先建立了世界上第一个社会主义国家，使科学社会主义理论第一次以制度的形式转化为现实，为社会主义的进一步发展奠定了坚实的基础。

从列宁到毛泽东，科学社会主义理论在实践中又经历了一系列新的发展，这些都是供邓小平总结的思想材料。然而更深刻的总结，则是来自当代中国的具体实践。

邓小平曾经说过，十一届三中全会以来，"我们主要做了两件事，一是拨乱反正，二是全面改革"。①

所谓拨乱反正，就是纠正"文化大革命"以来的错误路线，重新回到过去正确的理论和实践中去。十一届三中全会前后，邓小平支持和领导了批判"两个凡是"、讨论真理标准、重新确立实事求是思想路线、制定"历史决议"等一系列拨乱反正的具体实践，并在此基础上得出了"发展生产力"的基本结论，他指出，"我们拨乱反正，就是要在坚持四项基本原则的基础上发展生产力"，② 并认为"这是最根本的拨乱反正"。

当然，在新的历史条件下，要真正发展生产力，只有拨乱反正的理论和实践还是不够的，还必须有开拓和创新，有改革和开放。用邓小平的话说，就是要实行"全面改革"。为此，他又进一步指出："社会主义基本制度确立以后，还要从根本上改变束缚生产力发展的经济体制，建立起充满生机和活力的社会主义经济体制，促进生产力的发展，这是改革，所以改革也叫解放生产力。"③

说改革也是解放生产力，这是对社会主义认识的深化和发展。过去人们常讲革命是解放生产力，却很少讲改革也是解放生

① 邓小平：《在中国共产党全国代表会议上的讲话》（1985 年 9 月 23 日），《邓小平文选》第三卷，人民出版社，1993，第 141 页。

② 邓小平：《改革是中国发展生产力的必由之路》（1985 年 8 月 28 日），《邓小平文选》第三卷，第 138 页。

③ 邓小平：《在武昌、深圳、珠海、上海等地的谈话要点》（1992 年 1 月 18 日 ~ 2 月 21 日），《邓小平文选》第三卷，第 370 页。

产力。殊不知通过革命建立起来的社会主义基本制度，要真正发挥其优越性，促进生产力的大发展，还必须建立起一系列科学的具体体制，这就需要不断地改革和创新。"改革的性质同过去的革命一样，也是为了扫除发展社会生产力的障碍，使中国摆脱贫穷落后的状态。从这个意义上说，改革也可以叫革命性的变革。"①

如果我们把拨乱反正看作坚持和恢复社会主义的实践的话，那么改革开放则是继续和发展社会主义的实践。正是从十一届三中全会以来的这两大实践中，邓小平得出了发展生产力和解放生产力的双重结论。不仅如此，在新时期拨乱反正和改革开放的具体实践中，亦即在坚持和发展社会主义的具体进程中，邓小平还得出了消灭剥削、消除两极分化、最终达到共同富裕的多重结论。

从发展社会主义的角度来说，在初级阶段就必须允许多种经济成分同时并存和多种分配方式互为补充，这就意味着有可能出现一定程度的剥削和一定范围内的贫富差异；而从坚持社会主义的角度来说，"社会主义的目的就是要全国人民共同富裕，不是两极分化"。② 因此，要把坚持社会主义和发展社会主义结合起来，就必须通过消灭剥削、消除两极分化来最终达到共同富裕。

综上所述，邓小平关于社会主义的本质"是解放生产力，发展生产力，消灭剥削，消除两极分化，最终达到共同富裕"③的崭新论断，其中的每一条都是在十一届三中全会以来拨乱反正和改革开放的具体实践中逐步形成和发展起来的，因而不仅体现了坚持社会主义与发展社会主义的有机统一，而且体现了

---

① 邓小平：《对中国改革的两种评价》（1985 年 8 月 21 日），《邓小平文选》第三卷，第 135 页。

② 邓小平：《一靠理想二靠纪律才能团结起来》（1985 年 3 月 7 日），《邓小平文选》第三卷，第 110～111 页。

③ 邓小平：《在武昌、深圳、珠海、上海等地的谈话要点》（1992 年 1 月 18 日～2 月 21 日），《邓小平文选》第三卷，第 373 页。

当代社会主义理论与实践的有机统一，是在新的实践基础上产生的科学结论。

三 关于社会主义本质认识从抽象到具体的逻辑发展

以上我们考察了从马克思到邓小平 100 多年来关于社会主义本质认识的历史发展。如果我们把马克思恩格斯当初对社会主义的科学预测看作这一认识发展的历史起点的话，那么邓小平关于社会主义本质的崭新论断则是这一认识发展的必然结果。这是反映了不同时代特点的两种既相联系又相区别的理论思维，它们在无数个从具体到抽象、从实践到理论的历史发展过程中，经历了一个从抽象到具体的逻辑发展过程，体现了逻辑与人类认识发展历史的统一。

（一）马克思恩格斯对未来社会的预测是一些科学的抽象

如前所述，由于马克思恩格斯是立足于资本主义现实的基础上对未来社会主义进行科学的预测，是在批判旧世界中发现新世界；由于他们还没有取得未来社会的直接实践经验，只能通过设置对立面的方法来认识什么是社会主义，这就决定了他们只能够在思维中抽象地提供对象，还来不及在实践中具体地提供对象。因此，他们对未来社会的预测，在 19 世纪还只能是一些科学的抽象。用他们自己的话说，还只是一些"抽象的规定"，有必要在此后的实践中加以进一步的丰富和发展。

说马克思恩格斯对未来社会的科学预测是一些抽象的规定，丝毫也没有否定它们的真理性。这是因为它们乃是从资本主义制度的具体分析中得出的科学结论，揭示了社会主义最一般和最普遍的特征，反映了社会主义与资本主义的本质区别，故而是对社会主义基本制度的科学抽象。

不仅如此，由于生产关系是一个社会区别于另一个社会的显著特征，因此马克思恩格斯着重对社会主义的生产关系进行集中的描述，建立了生产资料公有制和按劳分配原则这样一些科学的抽象，对于唤起广大无产阶级的无比向往和旺盛斗志，无疑具有十分重要的作用。可以说，在当时的具体条件下，着重从社会关系、分配制度这样一些方面来描述什么是社会主义，不仅是完全允许的，而且是非常必要的。也正是在这一意义上，恩格斯说"当我们把生产资料转交到整个社会手里时，我们就心满意足了"。

可以想见，当初如果不是马克思恩格斯在资本主义的现实中把社会主义的基本特征抽取出来，并把它们转交给世界无产阶级，我们今天甚至还没有社会主义的实践，更不知道什么是社会主义制度，关于社会主义本质的进一步认识和深化，当然也就无从谈起。由此说来，马克思恩格斯正是在自己的时代条件所允许的范围内，充分运用自己的理论思维，对社会主义作出了力所能及的描述。这些描述，最大限度地反映了生活在 19 世纪的人们对社会主义认识的深度和广度。

（二）邓小平关于社会主义本质的新论断是思维中的具体

建立了对生产关系的科学抽象，这只是对社会主义进一步认识的开端，而不是结束。在新的历史条件下，有必要实现这一生产关系来促进生产力的发展，并结合新的生产力来进一步认识生产关系。这就是关于社会主义理论思维的辩证发展过程。脱离生产力来考察生产关系或者脱离生产关系来考察生产力，都不是辩证的思维。辩证思维就是要从二者的矛盾和对立中找到彼此过渡的桥梁，找到否定之否定的认识发展途径。正因为如此，我们说对社会主义本质的认识不能也不应该永远停留在对生产关系的认识上，而必须在实践的基础上经历一个从抽象到具体的发展过程。

马克思恩格斯所描述的社会主义生产关系是建立在生产力水平高度发展的基础之上的，而现实中的社会主义却相继在一些经济、政治相对落后的国家取得了胜利。这些国家的实际生产力水平与马克思恩格斯当初的逻辑设想有着程度不同的差异，这就决定了由此而建立的生产关系必然会表现出各自不同的特征。对于这些特征，各国共产党人必须独立地作出自己的认识和把握，不能一概套用马克思恩格斯当初的全部设想。也就是说，必须以马克思恩格斯的认识为出发点，在各自的实践中加以深化和发展，进而得出各自不同的具体结论。具体到中国来说，这种前进的结果便是产生了邓小平关于社会主义本质的崭新论断。毫无疑问，这一论断正是在马克思恩格斯的抽象规定基础上发展起来的思维具体。

马克思说："具体之所以具体，因为它是许多规定的综合，因而是多样性的统一。"① 我们说邓小平关于社会主义本质的新论断是思维中的具体，首先就因为它正像马克思所说的那样，是"许多规定的综合"。这些规定包括上述的解放生产力、发展生产力、消灭剥削、消除两极分化和最终达到共同富裕这样五个基本方面。它们彼此联结，构成了一个有机统一的整体，共同描述了社会主义的本质特征；它们相互依存，构成了动态的统一，揭示了社会主义是一个不断发展着的辩证过程。

思维中的具体是由一系列的规定和判断综合而成的。它们既相联系又相区别，一环扣一环，构成了一个不断上升的认识体系。在这个逻辑推导的认识体系中，任何判断都既有先行判断，又有后续判断，而它自己则起着承先启后的作用。具体到邓小平的社会主义本质新论断来说，发展生产力以解放生产力为前提，又为消灭剥削创造条件。同样的道理，消灭剥削依赖发展生产力，其结果又会消除两极分化，最终导向共同富裕。正因为如此，我们只有把这五个基本方面有机地联系起来考察，才能够真正弄清楚什么是社会主义，也才能够真正把握如何建设和发展社会主义。

经典作家早就说过，社会主义和其他社会制度一样，"不是

---

① 中共中央马克思、恩格斯、列宁、斯大林著作编译局编《马克思恩格斯选集》第二卷，第103页。

一成不变的东西"，而"是经常变化和改革的社会"。① 可惜的是，长期以来，人们在对社会主义进行界说的时候，只看到了这种本质的既定性，却忽视了它的发展性，把社会主义制度的建立当成社会主义建设的完成，自觉不自觉地把社会主义高级阶段的发展任务拿到初级阶段来实行，片面追求生产关系的变革，而忽视了生产力的实际发展水平，结果是欲速而不达，其中的教训是极其深刻的。邓小平把社会主义的本质作为一个动态的发展过程来描述，适用于社会主义发展的不同阶段，在思维中再现了社会主义是一个不断发展着的辩证过程，因而是思维中的具体。

（三）从抽象到具体：关于社会主义本质认识的逻辑发展

理论思维从抽象到具体的发展，是离开出发点的运动。这是因为抽象的规定虽然揭示了事物最普遍和最一般的关系，却舍弃了事物差异性的内容和多样化的联系，因此有人把它比喻为没有生命的骨骼，是具体赋之以血肉，使思维具有了活生生的生命。思维的具体作为多样性的统一，它在同中求异，重新认识和描述了事物差异性的内容和联系，因而是对抽象规定的否定。当然，它不是机械的否定，而是保留了其中关于事物最普遍、最一般关系的认识，因而是继承性的否定，是包含着对方的否定。它不在于终结原来的抽象，而在于对原来的抽象有了进一步的深化；不在于抛弃原来的规定，而在于对原来的规定有了进一步的补充。正因为如此，我们说理论思维是从抽象上升到具体，又是一种回到出发点的运动。

从马克思恩格斯关于社会主义本质特征的描述到邓小平关于社会主义本质的崭新论断，正是这样一个离开出发点又回到出发点的辩证运动。首先，应该说马克思恩格斯关于生产资料公有

---

① 恩格斯：《致奥托·伯尼克》（1890 年 8 月 21 日），《马克思恩格斯全集》第三十七卷，人民出版社，1971，第 443 页。

制、按劳分配原则等社会主义特征的描述，是邓小平关于社会主义本质新论断产生的前提和基础。这是因为我们的社会主义制度本身就是按照马克思恩格斯当初的逻辑设想而建立起来的，没有这一设想，我们甚至还没有今天的社会主义制度和实践，关于社会主义本质的新论断当然也就无从说起。只不过，现实中的公有制与按劳分配是建立在社会主义初级阶段的基础上，与马克思恩格斯当初设想的建立在生产力高度发展的基础上有所不同，这就决定了它们还有不够完善的地方，必须以其他经济成分和分配方式作为补充。从这种特殊的公有制和按劳分配出发，当然就有一个特定的消灭剥削和消除两极分化的问题。正因为如此，邓小平说："社会主义有两个非常重要的方面，一是以公有制为主体，二是不搞两极分化。"①

其次，必须指出，邓小平的新论断在更高的意义上坚持和发展了马克思恩格斯当初的逻辑设想。新论断把原有的设想作为认识的前提而纳入每一个具体的环节之中，使之成为新的认识所普遍具有的东西，因而也是新的认识环节彼此联系和互相过渡的中介。可以说，从解放生产力到发展生产力，从消灭剥削到消除两极分化，都是以公有制和按劳分配为基础的，而要达到共同富裕这个社会主义的最终目标，更是离不开公有制这个前提。共同富裕本身就包含了生产力和生产关系这两方面的内容。一方面，它标志着生产力已经高度发展；另一方面，它又标志着生产资料的公共占有和按劳分配的充分实现。这时候的生产关系，又回复了马克思当初的逻辑设想，只不过它是在更高意义上的回复，是包含着差异和发展的回复。

由此可见，邓小平关于社会主义本质的新论断，既是发展马克思恩格斯当初关于社会主义的一些科学设想的过程，同时又是坚持这样一些科学设想的过程。只不过通过这样一个离开出发点又回到出发点的辩证运动，我们对社会主义本质的认识已经深刻

---

① 邓小平：《改革是中国发展生产力的必由之路》（1985 年 8 月 28 日），《邓小平文选》第三卷，第 138 页。

得多了，具体得多了，全面得多了。正因为如此，我们说邓小平的新论断与马克思的原有设想，不是相左的，而是相继的；不是相反的，而是相成的。

黑格尔在讲到理论思维从抽象到具体这种离开出发点而又回到出发点的辩证特征时，曾经指出："开端的规定性，是一般直接的和抽象的东西，它的这种片面性，由于前进而又失去了；开端将成为有中介的东西，于是科学向前运动的路线，便因此而成为一个圆圈。"① 他认为："这个前进运动的特征就是：它从一些简单的规定性开始，而在这些规定性之后的规定性就愈来愈丰富、愈来愈来具体。……在继续规定的每一阶段上，普遍的东西不断提向它以前的全部内容，它不仅没有因其辩证的前进运动而丧失了什么，丢下了什么，而且还带着一切收获物，使自己的内部不断丰富和充实起来。"② 黑格尔告诫人们："必须忍耐这条道路的辽远，因为每个环节都是必要的；必须在每个环节那里都作逗留，因为每个环节自身就是一个完整的个体形态。"③

从马克思到邓小平，关于社会主义本质的认识，中间经历了列宁、毛泽东等人的不断深化，形成了各不相同的个体形态，前后相隔了 100 多年时间，终于实现了从抽象到具体的逻辑发展。这条道路的辽远，确实非一般人所能想见，只怕连黑格尔都始料不及吧！

四　关于社会主义本质认识的逻辑与历史的统一

综上所述，马克思恩格斯对未来社会的预测是从资本主义现实的分析中得出的科学抽象，邓小平关于社会主义本质的新论断是从当代中国具体实践得出的科学结论，这是从不同的时代条件和实践基础上得出的两种理论思维，中间经历了一个从抽象到具

---

①　〔德〕黑格尔：《小逻辑》，第 334 页。

②　〔德〕黑格尔：《逻辑学》下卷，杨一之译，商务印书馆，1976，第 549 页。

③　〔德〕黑格尔：《精神现象学》（上），贺麟、王玖兴译，商务印书馆，1981，第 19 页。

体的逻辑发展过程。而这种逻辑发展的客观基础，则是 100 多年来从未间断过的科学社会主义运动和实践，二者之间充分表现了理论思维的逻辑与客观实在发展的历史的统一。

逻辑与历史的统一，不仅表现在与客观实在发展的历史的统一，而且表现在与人类认识发展的历史的统一。从马克思到邓小平，关于社会主义本质的认识，经历了无数个从实践到理论、从具体到抽象的历史发展，正是在此基础上，终于形成了它们之间从抽象到具体的逻辑发展。

不同时代的理论思维之所以会形成从抽象到具体的逻辑发展，是因为它们发展的根源不仅深藏在各不相同的物质的经济的事实当中，而且必须以前人的思想材料为前提和出发点。人类认识发展的历史表明，后人总是在前人已经取得成就的基础上来进行思考的，因此不同时代的理论思维都有其历史的连续性和继承性，都是一个否定之否定的辩证发展过程；也因为如此，新的理论思维才能够源远流长，具有深厚的历史根基和崭新的时代内容。

爱因斯坦曾经形象地说过："建立一种新理论不是像毁掉一个旧的仓库，在那里建立起一个摩天大楼。它倒是像在爬山一样，愈是往上爬愈能得到新的更宽广的视野，并且愈能显示出我们的出发点与其周围广大地域之间的出乎意料的联系。但是我们出发的地点还是在那里，还是可以看得见，不过显得更小了，只成为我们克服种种阻碍后爬上山巅所得到的广大视野中的一个极小的部分而已。"① 爱因斯坦的相对论就是在牛顿力学的基础上形成和发展起来的，这是物理学上两种不同时代的理论思维，然而相对论的产生并没有导致整个牛顿力学理论的破坏和失效，而是使这一理论的应用范围得到了更加明确的规定，使它的不完善之处得到了更加精确的补充和说明。作为科学界的后人，爱因斯坦曾经默默地对他的前辈说："牛顿啊，请宽恕

---

① 〔美〕阿尔伯特·爱因斯坦等：《物理学的进化》，周肇威译，湖南教育出版社，1999，第 109 页。

我；你找到了在你的时代大致正好为一个具有最高思想和创造力的人所可能走的唯一途径。你所创立的概念即使在今天仍然指导着我们在物理学中的思想，虽然我们现在知道，如果我们追求事物联系的更深刻的理解，那么这些概念必须由离直接经验范围更远一些的其他概念来取代。"① 爱因斯坦的这段内心自白，生动地说明了新旧两种理论思维之间继承和发展的辩证关系。

黑格尔也曾经说过："正如逻辑的开展是由抽象进展到具体，同样在哲学史上，那最早的体系每每是最抽象的，因而也是最贫乏的。……这就是说，早期的体系被后来的体系所扬弃，并被包括在自身之内。"② 如果剔除其唯心主义的实质，那么黑格尔关于哲学史上这一说明也同样适用于科学社会主义的发展，适用于马克思和邓小平关于社会主义本质的不同结论。

（原载《江淮论坛》1996 年第 6 期，收入本书时略有修改）

---

① 〔美〕R. 瑞斯尼克：《相对论和早期量子论中的基本概念》，上海科学技术出版社，1978，第 38～39 页。
② 〔德〕黑格尔著《小逻辑》，第 190 页。

邓小平理论的内在逻辑结构探析

江泽民在党的"十五大"报告中指出，邓小平理论形成了新的建设有中国特色社会主义理论的科学体系。根据马克思主义关于辩证法、认识论、逻辑学三者统一的基本观点，要从整体上研究一个理论的科学体系及其内在逻辑结构，首先就必须研究它的形成和发展的历史，进而还必须研究它得以产生的社会实践。邓小平理论孕育于当代中国的现代化建设之中，它的形成和发展，是围绕着解决和回答社会主义的一系列基本问题而逐步展开的。"十四大"对这些问题进行了具体的分析，第一次明确地提出它们包括中国社会主义发展道路、发展阶段、发展动力等一共九个问题。"十五大"坚持了这一提法，认为邓小平正是在不断回答这一系列基本问题的过程中，逐步形成了自己的基本理论、基本路线、基本纲领和基本政策，并在此基础上构成了一个科学的思想体系的。可见，判断一个理论是否形成了科学的思想体系，关键就看它是否系统地、正确地回答了研究领域中的一系列基本问题。本文正是根据这个标准来探讨邓小平理论的内在体系和逻辑结构。

一 围绕着什么是毛泽东思想、如何正确对待毛泽东思想的理论思考和现实挑战，得出了解放思想、实事求是的科学结论，奠定了邓小平理论形成和发展的哲学基础

粉碎"四人帮"之后不久，针对"两个凡是"的错误方针，邓小平反复强调要完整、准确地把握毛泽东思想的科学体系，从

而在理论上树起了一面反对"两个凡是"的大旗。此后不久他又进一步强调指出："毛泽东同志在延安为中央党校题了'实事求是'四个大字，毛泽东思想的精髓就是这四个字。"①

从强调完整准确地掌握毛泽东思想的科学体系到提出实事求是是毛泽东思想的精髓，邓小平的思想发展是一脉相承的。前者不仅是指要全面理解毛泽东思想是一个科学体系，不能抓住只言片语不放，而且是指要科学地理解毛泽东思想的精髓和灵魂、实质和核心，即实事求是。只有把这样两个方面有机地结合起来，才能算是既完整又准确地掌握了毛泽东思想的科学体系。

十一届三中全会以后，沿着邓小平这一理论思路，全党上下在认真总结历史经验，恢复毛泽东思想本来面目方面做了大量的工作。到十一届六中全会作出的"历史决议"中，终于提出了"毛泽东思想活的灵魂"的概念，并概括为实事求是以及群众路线、独立自主三个方面。这是以邓小平为核心的党的第二代领导集体对毛泽东思想重新进行科学概括所得出的重大理论成果。它成为正在开始形成的邓小平理论的重要组成部分。它既属于毛泽东思想的范畴，也属于邓小平理论的范畴。"十二大"开始提出"建设有中国特色的社会主义"这个中心口号。此后，在全面改革的具体实践中，邓小平理论开始有了重大的发展。"十三大"确认"建设有中国特色社会主义的理论"的轮廓，论列了十二个基本观点，其中第一点就是"关于解放思想，实事求是，以实践作为检验真理的唯一标准的观点"。"十四大"进一步从九个方面对这个理论的主要内容作了系统的论述，其中头一条就是"在社会主义的发展道路问题上，强调走自己的路，……解放思想，实事求是，尊重群众的首创精神，建设有中国特色的社会主义"。② 这个概括是很有新

---

① 邓小平：《高举毛泽东思想旗帜，坚持实事求是的原则》（1978 年 9 月 16 日），《邓小平文选》第二卷，人民出版社，1993，第 126 页。

② 江泽民：《加快改革开放和现代化建设步伐，夺取有中国特色社会主义事业的更大胜利》，《中国共产党第十四次全国代表大会文件汇编》，人民出版社，1997，第 12 页。

意的，实际上是把"历史决议"总结的"毛泽东思想三个活的灵魂"与建设有中国特色社会主义理论的形成结合起来，这种结合开辟了新时期改革开放的历史道路，而且形成了邓小平理论发展的思想源头。"十五大"把坚持解放思想、实事求是，在新的实践基础上继承前人又突破陈规，看作邓小平理论之所以能够成为马克思主义在中国发展新阶段的首要原因。

可见，正是邓小平围绕着什么是毛泽东思想、如何正确对待毛泽东思想这一重大问题的理论思考，得出了解放思想、实事求是的基本结论，才使邓小平理论得以逐步发展。解放思想、实事求是是邓小平理论与马克思主义、毛泽东思想一脉相承的内在依据，是邓小平理论在新时期改革开放的具体实践中得以形成和发展的哲学基础，因而也是这一理论最基本的组成部分。

二 围绕着什么是社会主义的理论思考和实践探索，得出了关于社会主义本质的科学结论，深化了对科学社会主义的认识，形成了邓小平理论不断发展的逻辑先导

十一届三中全会前后，除了如何正确对待毛泽东思想之外，邓小平思考得最多的就是关于什么是社会主义的问题。他深有感触地说："不解放思想不行，甚至于包括什么叫社会主义这个问题也要解放思想。"① 正是在不断思考和探索什么是社会主义这个首要的和基本的理论问题过程中，他逐步澄清了贫穷不是社会主义、发展太慢也不是社会主义等一系列基本观点，驱散了笼罩在社会主义问题上的重重迷雾，摆脱了长期以来只拘泥于具体模式而忽略社会主义本质的错误做法，真正起到了正本清源、拨乱反正的作用。

在以否定错误认识的方式排除长期以来对社会主义的空想成分和附加因素的同时，邓小平还以肯定的方式从正面揭示了

---

① 邓小平：《社会主义首先要发展生产力》（1980 年 4 月~5 月），《邓小平文选》第二卷，第 312 页。

社会主义的基本内涵。从现有的材料来看，邓小平关于什么是社会主义的理论思考最早是从生产力问题上入手的。早在1980年，他就曾这样说过："讲社会主义，首先就要使生产力发展，这是主要的。只有这样，才能表明社会主义的优越性。"① 1984年，他又指出："社会主义的优越性归根到底要体现在它的生产力比资本主义发展得更快一些、更高一些。"② 几近一年之后，他再次强调："社会主义的首要任务是发展生产力。"③ 其间，还多次指出"贫穷不是社会主义，社会主义要消灭贫穷"。"社会主义的首要任务是发展生产力"，是从中国过去20多年的社会主义建设实践，特别是从改革开放以来的现实中得出的基本结论；是以邓小平为代表的中国共产党人将理论与实际相结合，深入探讨什么是社会主义这一基本问题所得出的最新成果。

在社会主义条件下，要真正发展生产力，首先就必须解放生产力。对此，邓小平指出："过去，只讲在社会主义条件下发展生产力，没有讲还要通过改革解放生产力，不完全。应该把解放生产力和发展生产力两个讲全了。"④ 从发展生产力到解放生产力，这是社会主义认识的进一步深化。

当然，无论是解放生产力还是发展生产力，都还不是最终目的。"社会主义的目的就是要全国人民共同富裕，不是两极分化。"⑤

正是在上述认识不断深化的基础上，邓小平最后在南方谈话中全面地揭示了社会主义的本质，即"解放生产力，发展生产力，消

① 邓小平：《社会主义首先要发展生产力》（1980年4月～5月），《邓小平文选》第二卷，第314页。

② 邓小平：《建设有中国特色的社会主义》（1984年6月30日），《邓小平文选》第三卷，第63页。

③ 邓小平：《政治上发展民主，经济上实行改革》（1985年4月15日），《邓小平文选》第三卷，人民出版社，1993，第116页。

④ 邓小平：《在武昌、深圳、珠海、上海等地的谈话要点》（1992年1月18日～2月21日），《邓小平文选》第三卷，第370页。

⑤ 邓小平：《一靠理想二靠纪律才能团结起来》（1985年3月7日），《邓小平文选》第三卷，第110～111页。

灭剥削，消除两极分化，最终达到共同富裕"。① 邓小平关于社会主义本质的概括，把对社会主义的认识提高到了新的水平。

十一届三中全会以来，我们党正是循着对社会主义本质认识的逐步深化和对当代中国国情的逐步了解，比较系统地初步回答了在中国这样的经济文化比较落后的国家如何建设巩固和发展社会主义的一系列基本问题。正因为如此，我们说邓小平关于社会主义本质的认识，构成了邓小平理论发展的逻辑先导。换言之，正是随着对社会主义本质认识的不断深化，关于建设有中国特色社会主义的理论才得以不断深化，二者之间存在着逻辑上的先后关系。"十五大"把关于社会主义本质的认识问题提到了极其重要的地位，认为"新时期的思想解放，关键就是在这个问题上的思想解放"；在我国社会主义改革开放前所经历的曲折和失误，改革开放以来在前进中遇到的一些困惑，"归根到底都在于对这个问题没有完全搞清楚"。而"近二十年的历史性转变，就是逐步搞清楚这个根本问题的进程"。②

三 围绕着什么是有中国特色社会主义的理论思考和实践探索，得出了我国还处在社会主义初级阶段的结论，为建设有中国特色社会主义提供了基本理论依据

从理论上弄清楚了什么是社会主义，揭示了社会主义的本质，这还不够，还必须以此为指导，进一步弄清楚什么是有中国特色的社会主义，弄清楚它的特点及其发展阶段。也就是说，要弄清楚当代中国的基本国情，这是"中国特色"的全部内涵和依据。

邓小平对中国国情的调查和研究极为重视。他认为无论是单纯的经济建设还是全方位的现代化建设，都必须充分了解中

---

① 邓小平：《在武昌、深圳、珠海、上海等地的谈话要点》（1992 年 1 月 18 日～2 月 21 日），《邓小平文选》第三卷，第 373 页。

② 江泽民：《高举邓小平理论伟大旗帜，把建设有中国特色社会主义事业全面推向二十一世纪》，《中国共产党第十五次全国代表大会文件汇编》，第 11 页。

国国情。因此远在提出"有中国特色的社会主义"这一概念之前，他就曾提出过"中国式的社会主义""中国式的现代化"这样的概念，认为"过去搞民主革命，要适合中国情况……现在搞建设，也要适合中国情况，走出一条中国式的现代化道路"。①

"十二"大以后，改革全面开展和深入，到"十三大"前夕，仅仅五年时间，就已经开始形成以公有制为主体、其他经济成分为补充，以按劳分配为主体、其他分配方式为补充，有计划的商品经济这样一种格局。毫无疑问，这一格局乃是建立在我国生产力发展水平还比较低的国情基础之上的，是建立在对中国特色社会主义的具体实际有了基本认识和把握的基础之上的。"十三大"正是在此基础上，对改革开放以来的新鲜经验进行了认真的总结，沿着"什么是有中国特色的社会主义"的理论思路，作出了我国目前还处于社会主义初级阶段的科学论断。

这里所说的初级阶段，并不是泛指世界上任何国家进入社会主义都会经历的起始阶段，而是特指我国生产力落后的条件下建设社会主义所必然要经历的特定阶段。它揭示了"有中国特色的社会主义"的全部内涵和根据。从这个意义上说，所谓有中国特色的社会主义，首先就是指初级阶段的社会主义。正因为如此，"十五大"报告指出："我们讲要搞清楚'什么是社会主义，怎样建设社会主义'，就必须搞清楚什么是初级阶段的社会主义，在初级阶段怎样建设社会主义。"②"十五大"把什么是社会主义和什么是初级阶段的社会主义联系起来，实际上也就是把什么是社会主义与什么是有中国特色的社会主义联系起来。进一步说，即是把关于社会主义本质的认识与关于社会

① 邓小平：《坚持四项基本原则》（1979年3月30日），《邓小平文选》第二卷，第163页。

② 江泽民：《高举邓小平理论伟大旗帜，把建设有中国特色社会主义事业全面推向二十一世纪》，《中国共产党第十五次全国代表大会文件汇编》，第14页。

主义初级阶段的认识联系起来，进一步揭示了邓小平理论的内在逻辑。

如果说，邓小平关于什么是社会主义的理论思考和实践探索揭示了社会主义的本质属性的话，那么他关于什么是有中国特色社会主义的理论思考和实践探索，则进一步揭示了我国正在建设的社会主义所处的特定阶段，二者之间不仅体现了客观事物质和量的相互统一，而且体现了科学社会主义的共性、普遍性与中国国情的个性、特殊性的统一，体现了马克思主义普遍真理与当代中国具体实际的有机统一，体现了邓小平理论的内在统一。它们不仅说明了我们正在建设的社会主义的内涵——解放生产力，发展生产力，消灭剥削，消除两极分化，最终达到共同富裕，而且揭示了我们正在建设的社会主义模式——"中国特色"的全部依据。

初级阶段理论的提出，初步回答了我国社会主义建设的阶段、任务和动力等一系列基本问题，对邓小平建设有中国特色社会主义理论的形成，具有极其重要的意义。邓小平理论中关于初级阶段基本路线、基本纲领和基本政策的论述，都是建立在关于初级阶段理论的基础之上的。正因为如此，我们说初级阶段的理论不仅是邓小平理论的重要组成部分，而且是它的起点和基础。用邓小平的话说，就是"一切都要从这个实际出发，根据这个实际来制订规划"。① "十五大"进一步发展了邓小平的这一思想，明确提出："我们讲一切从实际出发，最大的实际就是中国现在处于并将长期处于社会主义初级阶段。"②

以上三条基本理论的形成和发展，贯通了马克思主义哲学、政治经济学和科学社会主义，构成了邓小平理论的三块基石，形成了邓小平理论的主干和核心。它们的提出，对邓小平建设

---

① 邓小平：《一切从社会主义初级阶段的实际出发》（1987 年 8 月 29 日），《邓小平文选》第三卷，第 252 页。

② 江泽民：《高举邓小平理论伟大旗帜，把建设有中国特色社会主义事业全面推向二十一世纪》，《中国共产党第十五次全国代表大会文件汇编》，第 14 页。

有中国特色社会主义理论的产生，对党在社会主义初级阶段基本路线、基本纲领和基本政策的形成，都具有极其重要的现实意义。

四　围绕着怎样建设有中国特色社会主义的理论思考和实践探索，制定了"一个中心、两个基本点"的初级阶段基本路线，形成了邓小平理论的基本框架

所谓路线问题，实际上就是走什么道路，采取什么方法和途径的问题。无论是在革命还是在建设中，这都是一个带有根本性的问题。十一届三中全会以来，邓小平围绕着"怎样建设有中国特色社会主义"这个基本的理论问题，对初级阶段的基本路线进行了深入的探索和思考。在实践中，他紧紧抓住社会主义现代化建设这个目标不放，一再强调这是我们当前最大的政治，并由此提出了"政治路线"这一概念，认为"我们的政治路线就是搞社会主义现代化建设"。① 他要求全党同志、全国人民，除了发生大规模战争，否则一定要按照这条路线专心致志地、始终如一地干下去。在理论上，他强调在现阶段搞社会主义，基本的矛盾仍然是毛泽东所说的生产力与生产关系、上层建筑与经济基础之间的矛盾，而主要矛盾则是人民群众日益增长的物质文化需要同落后的社会生产之间的矛盾。我们的中心任务，就是要全力以赴地去解决这个矛盾。解决的办法，"说到最后，还是要把经济建设当作中心"。②

"把经济建设当作中心"，充分说明了经济建设在党和国家全部工作中的重要地位。它的提出，奠定了党的基本路线的基石。可以说，在新时期坚持党的基本路线不动摇，关键就是坚持以经济建设为中心不动摇。

几乎就在同时，邓小平逐步明确了改革开放的基本思路。用

---

① 邓小平：《思想路线政治路线的实现要靠组织路线来保证》（1979 年 7 月 29 日），《邓小平文选》第二卷，第 191 页。

② 邓小平：《目前的形势和任务》（1980 年 1 月 16 日），《邓小平文选》第二卷，第 250 页。

他自己的话说，就是"为了发展生产力，必须对我国的经济体制进行改革，实行对外开放的政策"。① 改革开放大思路的提出，深化了对如何建设社会主义这一重大理论和实践问题的思考。正因为如此，邓小平说："这是一件大事，表明我们已经开始找到了一条建设有中国特色的社会主义的路子。"②

在新时期坚持以经济工作为中心，建设有中国特色的社会主义，光有改革开放的理论和实践还不够，还必须坚持四项基本原则。用邓小平的话说："这是实现四个现代化的根本前提。"③ 他认为，"中国没有共产党的领导、不搞社会主义是没有前途的。这个道理已经得到证明，将来还会得到证明"；"所以，我们要理直气壮地坚持社会主义道路，坚持四项基本原则"。④

从以上的论述中不难看出，早在十一届三中全会前后，邓小平就逐步提出了要把经济建设作为中心，实现改革开放，坚持四项基本原则这样一些基本的思想和观点，构成了社会主义初级阶段基本路线的主要内容。当然，真正用"一个中心，两个基本点"加以概括，则是在十年之后的"十三大"上。

总而言之，自十一届三中全会以来，随着解放思想、实事求是思想路线的重新确立，随着全党对社会主义本质的认识不断深化，尤其是随着社会主义初级阶段理论的日渐成熟，我们党在实践中开始形成了一条初级阶段的基本路线，逐步摸索到了"怎样建设有中国特色社会主义"的具体道路。可以说，这条基本路线的形成，是建立在上述三条基本理论的基础之上的，同时又是这些理论在实践中的进一步应用和发展，它作为党的政治路线，用

---

① 邓小平：《改革是中国发展生产力的必由之路》（1985年8月28日），《邓小平文选》第三卷，第138页。

② 邓小平：《在中国共产党全国代表会议上的讲话》（1985年9月23日），《邓小平文选》第三卷，第142页。

③ 邓小平：《坚持四项基本原则》（1979年3月30日）。《邓小平文选》第二卷，第164页。

④ 邓小平：《旗帜鲜明地反对资产阶级自由化》（1986年12月30日），《邓小平文选》第三卷，第195～196页。

党的总任务、总方针的形式把"一个中心，两个基本点"的主要内容固定下来，不仅有力地保证了邓小平理论的指导地位，而且构成了邓小平理论的基本框架。

五　围绕着建设什么样的社会主义的理论思考和实践探索，提出了社会主义初级阶段的基本纲领。这个纲领，是党的基本路线在经济、政治、文化方面的展开，是邓小平理论的重要组成部分

基本纲领其实质就是在现阶段究竟要建成什么样的社会主义，也就是说，我们党在现阶段所要实现的有中国特色的经济、政治和文化目标。

基本纲领的提出虽然是建立在初级阶段理论的基础之上，是基本路线在改革开放具体实践中的应用和发展，但它的形成又是同上述二者的形成和发展融汇、交织在一起的。早在邓小平探索什么是有中国特色社会主义、怎样建设有中国特色社会主义两个重大问题时，就已在思考着建设什么样的社会主义这一问题。实际上，关于基本纲领的认识当初正是脱胎于对基本路线的认识之中。早在十一届三中全会强调新时期的总任务是要实现四个现代化的同时，就已经开始强调现代化建设不仅仅是一场经济变革，而且涉及政治、思想和文化等各个层面，具有经济、政治和文化等多重目标追求。

"十二大"提出党在新时期的总目标和总任务是："团结全国各族人民，自力更生，艰苦奋斗，逐步实现工业、农业、国防和科学技术现代化，把我国建设成为高度文明、高度民主的社会主义国家。"① 四个现代化与高度文明、高度民主共同成为社会主义现代化强国的基本特征。此后，十二届六中全会进一步提出现代化建设的总体布局是："以经济建设为中心，坚定不移地进行经济体制改革，坚定不移地进行政治体制改革，坚定不移地加强精神文

---

① 中共中央文献研究室编《十一届三中全会以来重要文献选读》上册，人民出版社，1982，第476页。

明建设，并且使这几方面互相配合，互相促进。"① 这一提法不仅
构成了党的基本路线的雏形，而且也蕴含了基本纲领的主要
内容。

"十三大"对于建设有中国特色社会主义的基本目标、基本
任务和总体布局，进一步用"富强、民主、文明"六个字来加以
概括，并把它们纳入社会主义初级阶段基本路线之中。同时还初
步阐述了党在经济、政治、文化各方面的政策，丰富了"富强、
民主、文明"的基本内容。此后，江泽民在庆祝建党70周年的
讲话中，首次提出了建设有中国特色社会主义的经济、政治、
文化这样三个概念，并对其基本内涵进行了深入的阐释，对
"富强、民主、文明"的基本目标作了进一步的细化。一年之
后，"十四大"列举了建设有中国特色社会主义理论的九条主
要内容，其中第四条关于发展动力问题中，把发展社会主义市
场经济、建设民主政治和精神文明三者并列，作为有中国特色
社会主义的三大目标。至此，关于初级阶段基本纲领的思想，
已经呼之欲出。

"十五大"围绕建设"富强、民主、文明"的社会主义现代
化强国的目标，进一步阐明了社会主义初级阶段的有中国特色的
经济、政治、文化，以及怎样建设这样的经济、政治和文化，并
在此基础上提出了党在社会主义初级阶段的基本纲领这一全新的
概念。"十五大"把十一届三中全会以来我们党在经济、政治、
文化方面的追求和探索，把邓小平关于进行经济体制改革、政治
体制改革和精神文明建设的基本思想，尤其是把他关于社会主义
也可以搞市场经济、发展社会主义民主政治、培育"四有"新人
等重要思想，用基本纲领的形式固定下来。在过去关于基本理
论、基本路线提法的基础上，再加上基本纲领这样一个层次，不
仅充实了基本理论，而且拓展了基本路线；不仅在正确回答了什

---

① 《中共中央关于社会主义精神文明建设指导方针的决议》，中共中央文献研究
室编《十一届三中全会以来重要文献选读》下册，人民出版社，1982，第
1152～1153 页。

么是有中国特色社会主义、怎样建设有中国特色社会主义的基础上，进一步科学地回答了建设什么样的社会主义的基本问题，而且丰富了邓小平理论的科学体系，使这一理论体系的层次结构更加完整。

六　围绕着如何巩固和发展社会主义的理论思考和实践探索，提出了一系列基本政策，进一步具体化了邓小平理论的基本内容，完善了它的科学体系

邓小平理论最突出的特点，就在于它的实践性。在这一理论的指导下，自十一届三中全会以来，我们党不仅逐步制定了社会主义初级阶段基本路线、基本纲领，而且在实践中形成了在初级阶段如何巩固和发展社会主义的一系列基本政策和策略，并成为邓小平理论的重要组成部分。

在这一系列基本政策和策略中，最为突出的是关于分三步走基本实现现代化的发展战略。1992 年 10 月，"十四大"把这一战略规定为建设有中国特色社会主义理论的重要内容，并以此为基础提出了近期和长远的三个奋斗目标，使得这一战略思想更加明确，更加具体，也更加成熟。与此相联系，为了加速发展，邓小平先后提出了"先富带动共富"和"台阶式"发展的"大政策"；为了有一个和平的国际环境，制定了"反对霸权主义，维护世界和平"的外交方略；为了进行大规模的经济建设，提出了"必须依靠广大工人、农民、知识分子，必须依靠各民族人民的团结，必须依靠全体社会主义劳动者、拥护社会主义的爱国者和拥护祖国统一的爱国者的最广泛的统一战线"的基本政策和策略；为了巩固和发展有中国特色的社会主义事业，提出了一系列关于国家军队和国防建设的战略方针；为了实现祖国的统一，提出了"一国两制"的伟大构想；为保证中国现代化事业的顺利进行，制定了关键在于抓好党的建设的基本政策，形成了思想建设、组织建设和作风建设相辅相成的整体战略部署，等等。这些基本政策和策略的形成，不仅应用了建设有中国特色社会主义的基本理论，而且坚持了党的基本路线和基本纲领，是这些基本理

论、基本路线、基本纲领指导社会主义建设的进一步细化和体现，是邓小平理论从理论走向实践的中间环节。正是在这个意义上，"十五大"报告指出，邓小平理论是"涵盖经济、政治、科技、教育、文化、民族、军事、外交、统一战线、党的建设等方面比较完备的科学体系"。[①]

综上所述，邓小平理论第一次比较系统地初步回答了我国社会主义建设实践中的一系列基本问题，形成了科学的思想体系。它包括基本理论、基本路线、基本纲领、基本政策这样四个层次，环环相扣，陈陈相因，不仅结构严谨，而且逻辑分明。

我们知道，所谓基本路线、基本纲领、基本政策，都是为了解决现实中的问题而根据一定的理论来制定的。它们一方面反映了理论的发展，另一方面又顺应了实践的要求，因此具有理论与实践的双重属性，是理论联系实际的桥梁和纽带。由于它们在各自的形成和发展过程中，都无不凝结了理论、应用了理论、发展了理论，因而从根本上来说，它们都属于意识形态的范畴，具有深刻的思想价值。邓小平作为当代中国现代化建设的总设计师，不但要提出理论，而且要探索研究党的路线、纲领和政策。只有这样，才能够真正解决理论和实践中的难题，创立当代中国的马克思主义。

把邓小平理论体系的结构分为基本理论、基本路线、基本纲领和基本政策这样四个层次，符合邓小平理论在实践中形成和发展的历史，能够清楚地看出它们是怎样围绕着解决实际问题而产生的思想脉络，坚持了逻辑学与认识论、辩证法的科学统一；而改革开放 20 年来的实践也一再证明，十一届三中全会以来以邓小平理论为指导而确立的基本理论、基本路线、基本纲领和一系列方针政策是完全正确的。正如江泽民所说的："在新时期党的

---

① 江泽民：《高举邓小平理论伟大旗帜，把建设有中国特色社会主义事业全面推向二十一世纪》，《中国共产党第十五次全国代表大会文件汇编》，第 12 页。

基本理论、基本路线和方针政策的形成和发展中……邓小平同志以马克思主义的理论勇气、求实精神、丰富经验和远见卓识，并集中全党包括他的战友们的集体智慧，作出了创造性的伟大贡献。"①

（原载《毛泽东邓小平理论研究》1999 年第 3 期，收入本书时重拟了标题，内容略有修改）

---

① 江泽民：《十一届三中全会 20 周年纪念大会上的讲话》，《人民日报》1998 年 12 月 19 日。

党的第三代领导集体对邓小平
理论的丰富和发展

如果说邓小平南方谈话奠定了"十四大"报告的基调的话，那么，江泽民的"七一"讲话将奠定"十六大"报告的基调。因此，我们要研究党的第三代领导集体对邓小平理论的丰富和发展，就不能不研究从邓小平南方谈话到江泽民"七一"讲话以来的理论发展，也不能不研究从党的"十四大"到"十六大"以来的历史发展。正是根据逻辑与历史统一的马克思主义的基本原则，本文着重关注以下几个方面的问题。

一 "十四大"以南方谈话为指导，阐述了邓小平理论的科学体系

"十四大"深入贯彻邓小平南方讲话的精神，全面总结十一届三中全会以来的理论和实践，首次提出了"邓小平同志建设有中国特色社会主义的理论"这个概念，并从中国社会主义建设的发展道路、发展阶段、发展动力、外部条件、政治特征、战略步骤、党的领导和依靠力量以及祖国统一九个方面，对邓小平理论的主要内容和逻辑体系进行了全面、系统的论述，第一次比较系统地初步回答了中国这样经济文化比较落后的国家如何建设社会主义，如何巩固和发展社会主义的一系列基本问题

第一，它回答了什么是"马列主义、毛泽东思想"，"如何正

确对待马克思主义、毛泽东思想"的这一问题，重新恢复了解放思想、实事求是的思想路线，奠定了邓小平理论的形成和发展的哲学基础。

第二，它回答了"什么是社会主义"的这一重要问题，揭示了社会主义的本质就是解放生产力、发展生产力，消灭剥削、消除两极分化，最终达到共同富裕，深化了对科学社会主义的认识，形成了邓小平理论不断发展的逻辑先导。

第三，它回答了"什么是有中国特色社会主义"的这一重大问题，从中得出了我国还处在社会主义初级阶段的结论，形成了关于社会主义初级阶段的基本理论，为建设有中国特色社会主义提供了基本的理论依据。

以上三条理论分别称之为实事求是论、社会主义本质论和社会主义初级阶段论，它们的形成和发展，贯通了马克思主义哲学、政治经济学和科学社会主义，构成了邓小平理论的三块基石，形成了邓小平理论的主干和核心。

第四，它回答了"怎样建设有中国特色社会主义"的这一重大问题，制定了"一个中心、两个基本点"的初级阶段基本路线，形成了邓小平理论的基本框架。

第五，它回答了"建设什么样的社会主义"这一重大问题，进一步明确了要把我国建设成为富强、民主、文明的社会主义现代化强国的奋斗目标。

第六，它回答了"如何巩固和发展社会主义"的这一重大问题，提出了"要加强和改善党的领导"等一系列重大的基本政策，不仅应用了党的基本理论，而且坚持了党的基本路线，丰富和完善了邓小平理论的科学体系。

由于不同的时期所面临的挑战和需要解决的问题也各有不同，因此"十四大"以后，邓小平理论丰富和发展，也就表现出不同的特点，反映在不同的侧面。

二 从"十四大"到"十五大",邓小平理论的丰富和发展,突出表现在进一步解决"建设什么样的社会主义"这一问题上,指出了社会主义初级阶段的基本纲领这一全新的概念

江泽民在"十五大"报告中指出:"围绕初级阶段这个基本理论和基本路线,围绕建设富强社会主义现代化国家的目标,进一步明确什么是社会主义初级阶段有中国特色社会主义的经济、政治和文化,怎样建设这样的经济、政治和文化,是必要的。"[①]

所谓有中国特色社会主义的经济,就是指在社会主义条件下发展市场经济,不断解放和发展生产力;所谓有中国特色社会主义的政治,就是要在共产党的领导下,在人民当家做主的基础上依法治国,发展社会主义政治;所谓有中国特色社会主义的文化,就是以马克思主义为指导,以培养"四有"公民为目标,发展"三个面向"的民族的科学的大众的文化。

早在1991年,江泽民在总结建党70周年光辉历程的时候,就借鉴了毛泽东关于新民主主义经济、政治、文化的分析方法,首次指出了建设有中国特色社会主义的经济、政治和文化这样三个科学概念,对邓小平关于"富强、民主、文明"的社会主义奋斗目标作出了进一步的阐释和发挥。可以说,有中国特色社会主义经济、政治、文化与实现民主、文明的现代化奋斗目标,都是对"建设什么样的社会主义"这一重大问题的科学回答。它们是互相对应的两对范畴,只不过由于所处的历史时期不同,总结的实践经验不同,回答的深度各有不同而已。可以说,前者是对后者的进一步丰富和发展。

"十五大"围绕着建设"富强、民主、文明"的现代化强国的目标,进一步阐明了什么是初级阶段有中国特色的经济、政治

---

① 江泽民:《高举邓小平理论伟大旗帜,把建设有中国特色社会主义事业全面推向二十一世纪》(1997年9月12日),《江泽民文选》第二卷,人民出版社,2006,第16页。

和文化，怎样建设这样的经济、政治、文化，并在此基础上指出了党在社会主义初级阶段的基本纲领这一全新的概念。江泽民在"十五大"报告中指出：正是"建设有中国特色社会主义的经济、政治、文化的基本目标和基本政策，有机统一，不可分割，构成党在社会主义初级阶段的基本纲领"。①

"十五大"把十一届三中全会以来我们党在经济、政治、文化方面的追求和探索，把邓小平关于以经济建设为中心，开展经济体制改革、政治体制改革和精神文明建设的基本思想，尤其是把他关于社会主义也可以搞市场经济，发展民主政治，培育"四有"新人等重要思想，用基本纲领的形式确立下来，作为新时期"建设什么样的社会主义"的基本目标和基本政策，具有十分重要的理论主义和现实主义。它进一步说明了什么是富强、民主、文明的社会主义现代化强国，怎样建设这样的强国。"十五大"报告指出："这个纲领，是邓小平理论的重要内容，是我党的基本路线在经济、政治、文化等方面的展开，在这些年来最重要的总结，因而也是江泽民同志的一大理论贡献。"

就邓小平理论的丰富和发展而言，在过去关于基本理论、基本路线提法的基础上，再加上基本纲领这样一个层次，不仅在回答了什么是有中国特色的社会主义、怎样建设这样的社会主义的基础上，进一步科学地回答可建设什么样的社会主义的基本问题，而且丰富了邓小平理论的科学体系，使这一理论体系的层次结构更加完整。

三 "十五大"以来，我们党对邓小平理论的最大丰富和发展，就是提出了"三个代表"重要思想

如果说，从"十四大"到"十五大"，我们党的工作重点在于进一步深化对"建设什么样的社会主义"这一重大问题的认识，并由此指出了"社会主义初级阶段的基本纲领"这一崭新的

①　江泽民：《高举邓小平理论伟大旗帜，把建设有中国特色社会主义事业全面推向二十一世纪》（1997 年 9 月 12 日），《江泽民文选》第二卷，第 18 页。

概念的话；那么"十五大"以来，特别是进入新世纪以来，我们党的工作重点则在于进一步深化对"如何巩固和发展社会主义"这个重大问题的认识，并集中解决了"建设一个什么样的党，怎样建设党"的重大问题。

进入 21 世纪，要进一步巩固和发展社会主义，使我们的事业立于不败之地，关键在于加强和改进党的建设。江泽民把党的建设同党在社会主义初级阶段承担的历史任务，同党在新时期所面临的巨大挑战紧密联系起来，明确指出了"治国必先治党"的思想，强调"要把中国的事情办好，关键取决于我们党"。他认为"提出坚持'三个代表'的要求，其出发点和着眼点就在这里"。

在"七一"讲话中，江泽民深入总结了我们党 80 年来的历史经验，全面阐述了"三个代表"重要思想，从根本上进一步回答了在充满希望和挑战的 21 世纪，我们要建设一个什么样的党的问题，阐述了我们党的立党之本，执政之基，力量之源。这是我们在新的世纪全面加强党的建设的伟大纲领。"七一"讲话也因此而成为马克思主义纲领性文件，在新的历史条件下丰富和发展了邓小平理论。

四 "三个代表"重要思想与社会主义初级阶段基本纲领的内在联系

"三个代表"重要思想把党的建设与社会主义初级阶段的基本目标紧密联系起来，从"建设一个什么样的党，怎样建设党"的角度，来保证"建设有中国特色的社会主义"，来"巩固和发展有中国特色的社会主义"。可以说，"三个代表"的党建纲领，是实现社会主义现代化奋斗目标和初级阶段基本纲领的具体要求和体现。面向新的世纪，中国共产党人只有始终代表生产力的发展要求，才能真正建设好有中国特色的社会主义经济；只有始终表达最广大人民群众的根本利益，才能真正建设好有中国特色的社会主义政治；只有始终代表先进文化的前进方向，才能真正建设好中国特色的社会主义文化。概言之，只有真正做到"三个代表"，才能坚持社会主义初级阶段的基本纲领，才能带领最广大的人民大众实现富强、民主、文明的现代化奋斗目标，实现中华民族的伟大复兴。由此可见，"三个代表"重要思想，与社会主义现代化奋斗目标和初级阶段基本纲领，在理论上是完全一致的，在思想上是完全相通的。

不仅如此，"三个代表"重要思想立足于党是有中国特色社会主义建设事业的领导核心这个角度，从经济、政治、文化这样三个方面，进一步深化了初级阶段基本纲领的内涵。

第一，"七一"讲话指出："我们党要始终代表中国先进生产力的发展要求，就是党的理论、路线、纲领、方针、政策和各项工作，必须努力符合生产力发展规律，体现不断推动社会生产力的解放和发展的要求，尤其要体现推动先进生产力发展的要求，通过发展生产力不断提高人民群众的生活水平。这实际上就是'十五大'强调的有中国特色社会主义的经济，就是要在社会主义条件下发展市场经济，不断解放和发展生产力。"①

正是为了代表先进生产力的发展要求，"七一"讲话强调对于一些仍然存在的不适应生产力发展和时代发展要求的落后的生产方式，既不能简单排斥，又必须创造条件加以改造和提高，使之逐步向先进适用的生产方式转变。

正是为了代表先进生产力的发展要求，"七一"讲话强调对作为先进生产力的集中体现和主要标志的科学技术，必须大力进行创新，推动科技进步，用先进科技改造和提高国民经济。

正是为了代表先进生产力的发展要求，"七一"讲话还强调对于作为生产力中最具有决定性力量的人力要求，必须予以高度重视，努力提高工人、农民、知识分子和其他劳动群众以及全体人民的道德素质和科学文化素质，不断提高他们的劳动技能和创造才能，发挥他们的积极性、主动性和创造性。

所有这一切，都是对"十五大"关于建设有中国特色社会主

---

① 江泽民：《在庆祝中国共产党成立八十周年大会上的讲话》（2001 年 7 月 1 日），《江泽民文选》第三卷，人民出版社，2006，第 272 页。

义经济的补充、丰富和发展，吸收了近几年来建设有中国特色社会主义的崭新经验。

第二，"七一"讲话强调"我们党要始终代表中国先进文化的前进方向，就是党的理论、路线、纲领、方针、政策和各项工作，必须努力体现发展面向现代化、面向世界、面向未来的、民族的科学的大众的社会主义文化的要求，促进全民族思想道德素质和科学文化素质的不断提高，为我国经济发展和社会进步提供精神动力和智力支持"。[1] 这实际上就是"十五大"强调的要建设有中国特色社会主义的文化。如果我们把这段话与"十五大"报告的有关内容对比一下，就不难发现，它们的精神实质乃至语言表述方式都是基本一致的。只不过"七一"讲话围绕着如何代表先进文化的前进方向，对建设有中国特色社会主义文化，作出了更加全面、系统的阐述，丰富和发展了"十五大"报告的有关内容。

第三，"七一"讲话强调："我们党要始终代表中国最广大人民的根本利益，就是党的理论、路线、纲领、方针、政策和各项工作，必须坚持把人民的根本利益作为出发点和归宿，充分发挥人民群众的积极性、主动性和创造性，在社会不断发展进步的基础上，使人民群众不断获得切实的经济、政治、文化利益。"[2] 这实际上就是"十五大"强调的建设有中国特色社会主义的政治。

"要始终代表中国最广大人民的根本利益"，这不仅仅是一个纯粹的经济学概念，而且应该说也是一个政治学概念。因为"最广大人民"作为一个社会群体，它们的利益首先是政治利益，如国家的独立、民族的富强、人民的团结和社会的稳定等。

其次，人民群众的整体利益总是由各方面的具体利益构成的，认真考虑和兼顾不同阶层、不同方面群众的利益，妥善处理各种利益关系，维护各民族人民的团结和社会安定的全局，这也

---

[1] 江泽民：《在庆祝中国共产党成立八十周年大会上的讲话》（2001 年 7 月 1 日，《江泽民文选》第三卷，第 276 页。

[2] 江泽民：《在庆祝中国共产党成立八十周年大会上的讲话》（2001 年 7 月 1 日，《江泽民文选》第三卷，第 279 页。

是建设有中国特色社会主义政治的题中应有之义。因为政治本身就是处理社会各阶层、各团体之间的利益关系。

最后，最大的经济利益，在某种意义上也就是政治利益。小平同志在改革开放之初有一句名言，实现四个现代化就是当前最大的政治。现在，我们也可以说这样一句话，到 21 世纪中叶完成第三步战略目标，实现中华民族的伟大复兴，是当代中国最大的政治。

"七一"讲话强调，要始终代表中国最广大人民的根本利益，就必须充分发展社会主义民主政治，坚持和完善人民民主专政，坚持和完善人民代表大会制度和共产党领导下的多党合作、政治协商制度以及民族区域自治制度，依法治国与以德治国相结合，建立社会主义法治国家。

"七一"讲话还强调，要始终代表中国最广大人民的根本利益，关键在于党的路线、方针、政策必须始终坚持把人民群众的根本利益作为出发点和归宿，把最广大人民的利益放在第一位，始终坚持人民的利益高于一切，全心全意为人民服务；必须根据经济发展和社会进步的实际，认真考虑和兼顾不同阶层、不同方面人民群众的利益，包括政治利益。

改革开放以来，我国的社会构成发生了新的变化，出现了"七一"讲话中列举的六种人。这些新的社会阶层中的广大人员，通过诚实劳动和工作，通过合法经营，为社会主义初级阶段生产力和其他事业的发展作出了贡献。他们与广大工人、农民、干部和解放军指战员一样，也是有中国特色社会主义事业的建设者。因此我们党的路线方针政策，也必须维护和代表这些群体人民的根本利益。

要建设有中国特色社会主义的政治，就需要全社会各个方面忠诚于祖国和社会主义的优秀分子，以自己的实际行动带领群众共同加以推进。因此，能否自觉地为实现党的基本路线和基本纲领而奋斗，就成为是否符合党员条件，吸收新党员的主要标准。对此，"七一"讲话特别强调："来自工人、农民、知识分子、军人、干部的党员是党的队伍最基本的组成部分和骨干力量，同时也应该把承认党的纲领和章程、自觉为党的路线和纲领而奋斗、经过长期考验、符合党员条件的社会其他方面的优秀分子吸收到党内来。"① 这本身就反映了建设有中国特色社会主义政治的基本要求。可以说，这一讲话，不仅应用和发展了社会主义初级阶段基本纲领的具体内容，而且丰富和完善了邓小平理论的科学体系；不仅回答了在新的历史条件下建设一个什么样的党、怎样建设党的问题，而且进一步回答了"建设什么样的社会主义""怎样建设社会主义"的重大问题。因此，它不仅是我们在新时期加强党的建设的纲领性文献，而且是我们面向新世纪，坚持和发展有中国特色社会主义事业的纲领性文献，集中体现了以江泽民为核心的第三代中央领导集体对邓小平理论的丰富和发展。

今年下半年召开的"十六大"，无疑将会以"七一"讲话的基本精神为主调，进一步总结党的第三代领导集体对邓小平理论的丰富和发展。而在这些丰富和发展之中，"十五大"阐述的社会主义初级阶段的基本纲领和"七一"讲话全面、系统阐述的"三个代表"的重要思想，无疑是其中最突出的两大贡献，二者之间一脉相承，把邓小平理论在当代中国的发展推进到了一个新的阶段。

（本文是作者 2002 年 3 月在全国"邓小平南方谈话与江泽民'七一'讲话学术研讨会"上的发言，收入本书时略有修改）

---

① 江泽民：《在庆祝中国共产党成立八十周年大会上的讲话》（2001 年 7 月 1 日，《江泽民文选》第三卷，第 286 页。

贯彻落实科学发展观的
指导性文件

——学习胡锦涛《在全党深入学习实践科学
发展观活动总结大会上的讲话》

2010 年 4 月 6 日，胡锦涛在全党深入学习实践科学发展观活动总结大会上发表重要讲话，对自 2008 年 9 月开始至今年 2 月结束、在全党自上而下分三批进行的学习实践活动，进行了全面的总结，系统概括了它所取得的丰硕认识成果、实践成果和制度成果；充分阐发了它所积累的丰富经验对深入贯彻落实科学发展观的重要启示；进一步作出了以改革创新精神加强党的建设、深入贯彻落实科学发展观的重要部署。讲话高屋建瓴，内涵丰富，思想深刻，具有很强的政治性、理论性和现实针对性，是全党进一步深入贯彻落实科学发展观的指导性文献。

一　通过学习实践活动，用马克思主义中国化的最新理论成果武装了全党

思想理论建设是党的根本建设，党的理论创新引领各方面创新。在长期的革命、建设和改革实践中，我们党始终把马克思主义基本原理与中国实际相结合，不断推进马克思主义中国化的历史进程，相继创立了毛泽东思想、邓小平理论、"三个代表"重要思想和科学发展观等重大战略思想，实现了党在指导思想上的与时俱进。党的"十七大"不仅深刻阐述了科学发展观的科学内

涵、精神实质、根本要求，而且把它纳入中国特色社会主义理论体系，认为这个理论体系是马克思主义中国化的最新成果，是党最可宝贵的政治和精神财富，是全国各族人民团结奋斗的共同思想基础。

坚持用实践基础上的理论创新成果武装全党，形成全党团结一心、共同奋斗的思想基础，是我们党加强自身建设、推动事业发展的重要保证。党的理论创新每前进一步，理论武装就必须跟进一步。胡锦涛指出，要把党的"十七大"提出的宏伟蓝图和行动纲领落实好、实现好，关键是要把全党的思想武装好、统一好，这就必须抓好用中国特色社会主义理论体系武装全党的工作，使全党真正掌握科学发展观等重大战略思想。正是从这个目标出发，"十七大"作出了开展深入学习实践科学发展观活动的战略决策。这次学习实践活动，把加强理论学习、转变思想观念作为首要任务，组织引导广大党员、干部在深化理论学习中提高思想认识，在提高思想认识中推动工作，在推动工作实践中提高能力本领。它所取得的最显著成效，就是使广大党员、干部受到深刻的马克思主义教育，贯彻落实科学发展观的自觉性和坚定性明显增强，对事关本地区本部门本单位科学发展重大问题的认识进一步深化，领导和推动科学发展能力进一步提高。

这次学习实践活动，紧紧围绕党员干部受教育、科学发展上水平、人民群众得实惠的总要求，用马克思主义中国化的最新理论成果武装了全党。它打牢了推动科学发展的思想基础，达到了学习和实践有机统一。对此，胡锦涛在总结讲话中给予了高度评价，认为这是深入贯彻落实党的"十七大"精神、坚持用中国特色社会主义理论体系武装全党、推进马克思主义中国化、时代化、大众化的一次富有成效的实践，是深入贯彻落实科学发展观、积极应对国际金融危机冲击、推动经济社会又好又快发展的一次富有成效的实践，也是加强和改进新形势下党的建设、提高党的执政能力、保持和发展党的先进性的一次富有成效的实践，对推进党的建设新的伟大工程和中国特色社会主义伟大事业具有重大的现实意义和深远的历史意义。

二 这次学习实践活动，为贯彻落实科学发展观积累了宝贵的经验

在党中央的正确指导下，这次学习实践活动，牢牢把握坚持解放思想、突出实践特色、贯彻群众路线、正面教育为主的原则，做到了"五个坚持"：一是坚持把加强理论学习、转变思想观念作为首要任务，组织引导广大党员、干部在深化理论学习中提高思想认识，在提高思想认识中推动工作，在推动工作实践中提高能力本领；二是坚持围绕中心、服务大局，组织引导广大党员、干部着力查找和解决影响制约科学发展的突出问题；三是坚持以县级以上领导班子、党员领导干部、基层单位党员负责人为重点，认真解决领导班子和领导干部思想、能力、作风等方面存在的突出问题，特别是在推动各级领导班子和领导干部提高应对国际国内重大考验、领导和推动科学发展能力上下功夫、见成效；四是坚持问政于民、问需于民、问计于民，广泛吸收群众参与，虚心听取群众意见，主动接受群众评判，凝聚民心，集中民智，形成了推动科学发展的强大合力；五是坚持立足于解决制约科学发展的突出矛盾和问题，着眼于建立健全保障和促进科学发展的体制机制、推动科学发展的政策法规、体现科学发展要求的规章制度，在解决问题与创新体制机制的结合上进行了积极探索。

正是通过这样"五个坚持"，这次学习实践活动，在探索新形势下用马克思主义中国化最新成果武装头脑、指导实践、推动工作方面积累了宝贵经验，为深入贯彻落实科学发展观提供了重要启示。胡锦涛在深刻总结这些丰富经验的基础上，鲜明地提出：深入贯彻落实科学发展观，基础在于用马克思主义中国化最新成果武装广大党员、干部头脑，目的在于推动经济社会又好又快发展，关键在于提高各级领导班子和领导干部领导科学发展能力，根本在于发挥人民主体作用，动力在于创新体制机制。

从这些学习实践活动的深刻启示出发，胡锦涛还进一步提出

深入贯彻落实科学发展观的新要求，就是做到"五个必须"：一是必须打牢推动科学发展的思想基础，坚持理论联系实际，实现学习和实践有机统一，使党的理论创新成果转化为推动科学发展的思想力量、政策措施、实际能力、自觉行动；二是必须始终抓住发展这个党执政兴国的第一要务，加快经济发展方式转变，着力提高经济发展质量和效益，牢牢把握发展主动权；三是必须紧紧抓住领导班子和领导干部这个关键，帮助他们不断增强领导和推动科学发展本领，更好发挥组织领导和示范带动作用；四是必须把实现好、维护好、发展好最广大人民根本利益作为一切工作的出发点和落脚点，使贯彻落实科学发展观的过程成为不断为民造福的过程；五是必须坚持求真务实、改革创新，加快构建充满活力、富有效率、更加开放、有利于科学发展的体制机制，为推动科学发展提供有力制度保障和持久推动力量。

以上"五个坚持""五个必须"，来自深入学习实践科学发展观活动的具体实践，体现了鲜明的时代特征，集中了全党全社会智慧，具有丰富的理论内涵和实践特征。它们既是科学发展观的题中应有之义，也是贯彻落实科学发展观的行动指南，是对党的"十七大"精神的坚持和发展，对促进党内思想的统一，纠正认识的误区，做好改革发展稳定各项工作，具有重要的指导作用和现实意义。

三 以改革创新精神加强党的建设，深入贯彻落实科学发展观

办好中国的事情，关键在党。站在新的历史起点上，我们党要深入贯彻落实科学发展观，团结带领全国各族人民战胜在政治、经济、文化、社会领域和自然界出现的困难和风险，全面做好改革发展稳定各项工作，关键在于加强和改善党的领导，全面推进党的建设新的伟大工程。

胡锦涛的"讲话"，正是立足于为深入贯彻落实科学发展观提供坚强保证的高度，科学总结了学习实践活动积累的丰富经验，从党的思想理论建设、组织建设、制度建设、作风建设和反

腐倡廉建设等方面，提出了四条要求，作出了以改革创新精神加强党的建设的全面部署：

一是进一步加强思想理论建设，不断提高全党学习和运用科学发展观水平。重点是要推动理论学习，提高全党理论素养，努力把各级党组织建设成为学习型党组织、把各级领导班子建设成为学习型领导班子；引导广大党员干部把学习成果转化为推动科学发展的实际能力。

二是进一步加强领导班子和干部队伍建设，不断提高各级领导班子和领导干部推动科学发展、促进社会和谐的能力。重点是要把各级领导班子建设成为贯彻落实科学发展观的坚强领导集体，把广大干部培养成为贯彻落实科学发展观的重要骨干，不断提高科学决策、民主决策、依法决策水平，增强推动科学发展、促进社会和谐的整体能力。

三是进一步加强党的基层组织建设，努力把基层党组织建设成为贯彻落实科学发展观的坚强战斗堡垒。重点是要大力推进基层组织工作创新，充分发挥基层党组织推动发展、服务群众、凝聚人心、促进和谐的作用；坚持加强党员队伍建设，充分发挥党员在党内生活中的主体作用，激发广大党员坚定信念、牢记宗旨、爱岗敬业、勇于进取的自觉性。

四是进一步加强党的作风建设，努力营造深入贯彻落实科学发展观的风清气正环境。重点是要以优良的党风促政风带民风，为推动科学发展提供良好的作风保证；要把实现最广大人民根本利益作为贯彻落实科学发展观的根本目的，着力解决好人民最关心最直接最现实的利益问题；教育各级领导干部要始终保持高尚的精神追求和道德情操，坚决同一切腐败行为作斗争，用实际行动推进反腐倡廉建设，真正做到为民、务实、清廉。

胡锦涛在"讲话"中提出的这四条明确要求，是对党的十七届四中全会决定的继承和发展，进一步深化和丰富了对共产党执政规律、社会主义建设规律、人类社会发展规律的认识，为我们研究新情况、解决新问题，提供了新的思路，开辟了新的视野，为我们党在新的历史起点上全面推进党的建设新的伟大工程、建设有中国特色社会主义的伟大事业，提供了正确的行动指南。

四 认真学习领会"讲话"精神，提高党的建设科学化水平

胡锦涛的重要讲话，运用马克思主义的基本立场、观点和方法，认真总结学习实践活动的基本经验，分析新的情况，回答新的问题，提出了深入贯彻落实科学发展观的一系列重要的启示和要求，是党的"十七大"以来不断进行理论创新的最新理论成果。

"讲话"围绕着一个主题——深入贯彻落实科学发展观。无论是对开展学习实践活动的背景分析，还是对学习实践活动的深入总结；无论是全面阐述深入贯彻落实科学发展观的重要启示，还是进一步要求以改革创新精神加强党的建设，都鲜明地突出了以科学发展观为指导和深入贯彻落实科学发展观这样一个主题。

"讲话"贯穿了一条主线——坚持解放思想、不断改革创新。解放思想是解决新问题、开拓新局面的重要前提，改革创新是推动各项事业发展的根本动力。"讲话"提出以改革创新精神加强党的建设，就是为了给深入贯彻落实科学发展观提供坚强的保障；"讲话"强调深入贯彻落实科学发展观，就是为了加快转变不适应不符合科学发展的思想观念，着力解决影响和制约科学发展的突出问题，加快构建有利于科学发展的体制机制，为发展中国特色社会主义提供强大动力和体制保障。

"讲话"体现出一个主旨——进一步实现好、维护好、发展好最广大人民的根本利益。科学发展观的核心是以人为本，我们党的一切奋斗和工作都是为了造福人民。贯彻落实科学发展观，根本目的就是要做到发展为了人民、发展依靠人民、发展成果由人民共享。

认真学习领会胡锦涛的"讲话"精神，对深入贯彻落实科学发展观，全面建设小康社会具有十分重要的意义。我们要从党和国家事业发展全局的战略高度出发，充分认识"讲话"的意义，自觉用"讲话"精神武装自己的头脑，进一步巩固学习实践活动

成果，继续做好经济社会发展各项工作，不断提高党的建设科学化水平。

首先，要全面系统正确地理解"讲话"精神。"讲话"内容丰富，思想深刻，是一个内在的有机整体。学习贯彻"讲话"精神，必须紧密联系我们党带领人民全面建设小康社会的伟大实践，与深入贯彻党的"十七大"和十七届四中全会精神有机结合起来。学习"讲话"精神，还要在深刻领会学习实践活动取得的丰硕成果上下功夫，在深刻领会学习实践活动积累的宝贵经验上下功夫，在深刻领会以改革创新精神推进党的建设上下功夫，进一步把思想和认识统一到"讲话"精神上来，把科学发展观融入各项工作中。

其次，要紧密结合实际学习贯彻"讲话"精神。理论只有与客观实际相结合，才能掌握群众，充分发挥作用。要以高度的历史使命感和政治责任感，增强贯彻落实科学发展观的自觉性和坚定性，发扬求真务实、真抓实干的作风，进一步推动学习实践科学发展观向深度和广度发展。要紧密结合全面建设小康社会的历史任务，进一步把贯彻落实科学发展观与推动党的中心工作结合起来，使学习实践科学发展观的过程成为不断推动工作、为民造福的过程，为经济社会更好发展打下坚实的思想基础。

最后，建立健全学习实践科学发展观长效机制，巩固和扩大学习实践活动成果，提高党的建设科学化水平。要以改革创新精神加强党的建设，把党的执政能力建设和先进性建设作为主线，以解决影响和制约科学发展的突出问题为重点，把开展学习实践科学发展观活动的成功经验和有效做法以制度的形式固定下来，并运用到经常性的工作中去，不断提高党的建设科学化水平，为推动科学发展提供坚强保证。

（本文是作者2010年12月在华南师范大学召开的第17次全国毛泽东哲学思想年会上的发言，该发言稿由作者与王骏合作撰写。收入本书时又作了修改）

深入学习贯彻党的"十八大"精神，为全面建成小康社会而奋斗

党的"十八大"报告内涵丰富，博大精深。笔者这里只能根据报告十二个部分的顺序，对它的主题、指导思想和各个部分的主要内容，作一个简单的解读。

一 主题：为全面建成小康社会而奋斗

要学习好、宣传好、贯彻好党的"十八大"精神，首先就要深刻领会和准确把握党的"十八大"主题。

这次大会的主题大家都很熟悉，就是：高举中国特色社会主义伟大旗帜，以邓小平理论、"三个代表"重要思想、科学发展观为指导，解放思想，改革开放，凝聚力量，攻坚克难，坚定不移沿着中国特色社会主义道路前进，为全面建成小康社会而奋斗。

这段文字不到一百个字，高度凝练、高度概括，为报告内容的全面展开作了精彩的铺垫，整个报告十二部分内容，都是紧紧围绕这个主题来层层推进的。

回顾改革开放以来我们党历次代表大会的报告，几乎都是采取这样的方式，开门见山地点明大会的主题。

如"十二大"的主题是：邓小平同志提出的"走自己的路，建设有中国特色的社会主义"。这个主题，不仅是"十二大"的主题，实际上也是改革开放30多年来理论和实践的主题，只不

过这个主题是随着实践的发展而不断开拓前进的。

"十三大"的主题是：沿着有中国特色的社会主义道路前进；

"十四大"的主题是：以邓小平同志建设有中国特色社会主义的理论为指导，加快改革开放和现代化建设步伐，夺取有中国特色社会主义事业的更大胜利。

"十五大"的主题是：高举邓小平理论伟大旗帜，把建设有中国特色社会主义事业全面推向21世纪。

"十六大"的主题是：高举邓小平理论伟大旗帜，全面贯彻"三个代表"重要思想，全面建设小康社会，加快推进社会主义现代化，为开创中国特色社会主义事业新局面而奋斗。这里突出强调了全面建设小康社会。

"十七大"的主题是：高举中国特色社会主义伟大旗帜，以邓小平理论和"三个代表"重要思想为指导，深入贯彻落实科学发展观，继续解放思想，坚持改革开放，推动科学发展，促进社会和谐，为夺取全面建设小康社会新胜利而奋斗。这里突出强调了促进社会和谐。

从这些主题的演变，不难看出，我们党关于建设中国特色社会主义的目标是一步一步明确，也一步一步具体，逐步推向前进的。

与此相对应，党的指导思想也不断丰富发展、与时俱进。比如"十四大"提出"以邓小平同志建设有中国特色社会主义的理论为指导"；"十五大"把邓小平理论写入党章，提出"高举邓小平理论伟大旗帜"；"十六大"加上"全面贯彻'三个代表'重要思想"；"十七大"明确为"以邓小平理论和'三个代表'重要思想为指导"，现在"十八大"又进一步发展为"以邓小平理论、'三个代表'重要思想、科学发展观为指导"，反映了我们党的指导思想与时俱进。

为什么每次党代会报告都要首先点明大会的主题？目的就是要讲明这次会议所担负的重大历史使命和历史任务，所要解决的主要问题，也就是干什么、怎么干，以及实现怎样的奋斗目标等问题，这样就一下子抓住了大会的精神实质，抓住了与会代表和全党、全国人民的注意力，起到画龙点睛、统领全局的作用。

"十八大"的主题是我们党在全面把握世情、国情、党情，全面把握国家发展新要求和人民新期待的基础上提出来的。它在我国进入全面建成小康社会的决定性阶段，揭示了我们党将举什么旗、走什么路、以什么样的精神状态、朝着什么样的奋斗目标继续前进这样四个重大问题。具体说来见以下几个方面。

第一，它揭示了我们要高举什么样旗帜的问题。

旗帜问题至关重要，既是方向，也是形象，起着引领我们前进的指导作用。大家知道，早在党的"七大"上，我们党就把马克思主义中国化第一次历史飞跃的理论成果——毛泽东思想写进了党章，写上了旗帜，成为我们党的根本指导思想；改革开放以来，我们党继续推进马克思主义中国化，实现了第二次历史飞跃，并在"十五大""十六大"上相继把邓小平理论和"三个代表"重要思想写入党章，写上了我们党的旗帜。现在，"十八大"又把科学发展观写入党章，将它与马克思列宁主义、毛泽东思想、邓小平理论、"三个代表"重要思想一道，确立为我们党的根本指导思想，成为我们党高举的理论旗帜。笔者认为，这是"十八大"的重要理论贡献。

第二，它揭示了我们要走什么路的问题。

道路问题关乎国家前途、民族命运和人民幸福。改革开放以来的伟大实践证明，只有中国特色社会主义道路，才是实现全面小康、实现现代化，并最终实现中华民族伟大复兴的唯一正确道路。所以"十八大"特别强调，在全面建成小康社会的决定性阶段，我们一定要坚定中国特色社会主义的道路自信、理论自信、制度自信，同时要坚持中国特色社会主义的道路自觉、理论自觉和制度自觉。既不走封闭僵化的老路，也不走改旗易帜的邪路，要始终如一地沿着中国特色社会主义这条正确道路奋勇前进。

第三，它揭示了我们要实现什么样奋斗目标的问题。

这个奋斗目标很明确，就是要在未来十年里全面建成小康社会。这是我们党对人民的庄严承诺，也是全国人民的共同期待。牢牢把握这个最切近的现实目标，科学制定适应时代需要和人民愿望的行动纲领和大政方针，我们就一定能够在建党 100 周年的时候实现全面小康，为在新中国成立 100 周年的时候实现现代化，并为最终实现中华民族的伟大复兴，奠定坚实的基础。

第四，它揭示了我们要保持什么样精神状态的问题。

"十八大"判断，当前我国发展仍然处于可以大有作为的战略机遇期，因此在全面建成小康社会的未来五到十年里，我们既面临前所未有的机遇，也面临前所未有的挑战，能否牢牢把握机遇，沉重应对挑战，关键在于我们保持什么样的精神状态。如果能够始终解放思想，坚持改革开放，不断凝聚力量，敢于攻坚克难，不动摇、不懈怠、不折腾，我们就一定能够不断夺取建设中国特色社会主义的新胜利。

总之，深刻理解和准确把握"十八大"主题所揭示的以上四个方面的问题，对于我们全面理解"十八大"报告的内容，深入学习和领会"十八大"精神，至关重要。

二　指导思想：把科学发展观写入党章

"十八大"把科学发展观写入党章，同马克思列宁主义、毛泽东思想、邓小平理论、"三个代表"重要思想一道，作为党必须长期坚持的指导思想。对此，我们从新的战略高度上来加以认识和把握。

为什么说要从新的战略高度来加以认识和把握？这是因为科学发展观的一系列重大战略思想，比如坚持以人为本，实现全面、协调、可持续发展，构建和谐社会，建设社会主义新农村，建设文化强国，加强党的执政能力建设，加强党的先进性和纯洁性建设，等等，早在"十六大"以来的具体实践中就逐步提出和形成了，并在指导全面建设小康社会的具体实践中发挥了重要指导作用。因此过去我们一直强调要贯彻和落实科学发展观。现在把它写入党章，与马克思列宁主义、毛泽东思想、邓小平理论、"三个代表"重要思想一道，作为全党必须始终坚持的指导思想，又上升到了一个新的高度。它说明，科学发展观是经过实践检验了的科学理论，在从实践到理论、再从理论到实践的认识发展过程中，已经形成了比较系统完善的科学体系和理论形态。因此，它不仅仅是重大战略思想，而且是党的根本指导思想。

大家知道，中国共产党是一个具有远大理想信念和科学理论指导的政党，同时又是一个勇于在实践中不断进行理论创新的马克思主义政党。在90多年的革命、建设和改革进程中，中国共产党人坚持把马克思主义普遍原理与中国具体实践相结合，产生了两次历史飞跃，形成了两大理论成果，这就是毛泽东思想和包括邓小平理论、"三个代表"重要思想、科学发展观在内的中国特色社会主义理论体系。而科学发展观，则是中国特色社会主义理论体系的最新成果。

伟大的实践呼唤伟大的理论；而伟大的理论又反过来推动伟大的实践。在革命战争年代，我们党形成和确立了毛泽东思想。正是因为有了它的正确指导，我们党才由小到大、由弱到强，克服了重重困难，历尽千难万险，终于领导中国人民取得了革命的胜利和民族的解放，创建了新中国，确立了社会主义基本制度，成功实现了中国历史上最深刻最伟大的社会变革，为当代中国一切发展进步奠定了根本政治前提和制度基础。不仅如此，毛泽东思想还对建设什么样的社会主义、怎样建设社会主义进行了艰辛探索，以创造性的内容为马克思主义宝库增添了新的财富。

后面这句话不是笔者乱说的，是胡锦涛去年在建党90周年讲话中提出来的。"十八大"的提法是：第一代中央领导集体在社会主义建设中取得的独创性理论成果和巨大成就，为新的历史时期开创中国特色社会主义提供了宝贵经验、理论准备、物质基础。这个提法，进一步丰富和发展了建党90周年中的思想。

在改革开放的历史新时期，我们党围绕"什么是社会主义、怎样建设社会主义"这些重大问题不断探索，逐步形成和确立了邓小平理论。正是因为有了邓小平理论的正确指导，我们党才找到了改革开放的突破口，开辟了中国特色社会主义道路，我国的生产力水平和人民生活水平才获得了根本性的提高，社会主义中国终于摆脱了极端贫困落后的局面，在国际上的影响力也越来越大。

在世纪之交，我们党围绕"建设什么样的党、怎样建设党"等这样一些重大问题不断探索，逐步形成和确立了"三个代表"重要思想。正是由于有了"三个代表"重要思想的正确指导，我们国家才逐步建立起社会主义的市场经济体制，党的自身建设也才出现了新的飞跃，始终成为中国现代化事业的坚强领导核心。

到了新世纪新阶段，我们党又进一步围绕"实现什么样的发展、怎样发展"等这样一些重大问题不断探索，勇于推进实践基础上的理论创新，提出了关于建设中国特色社会主义的一系列紧密相连、相互贯通的新思想、新观点、新论断，形成和贯彻了科学发展观。

科学发展观是马克思主义同当代中国实际和时代特征相结合的产物，是马克思主义关于发展的世界观和方法论的集中体现，对新形势下实现什么样的发展、怎样发展等重大问题作出了新的科学回答，把我们对中国特色社会主义规律的认识提高到新的水平，开辟了当代中国马克思主义发展新境界。

科学发展观的精髓是解放思想、实事求是、与时俱进、求真务实。"十八大"将它写入党章，确立为必须长期坚持的指导思想，实现了我们党在指导思想上的又一次与时俱进，因此我们要从新的高度去加以认识和把握。

三 主要内容和基本框架：一共十二个部分

学习和贯彻"十八大"报告精神，首先必须要对报告的基本内容有一个全面的认识，总体的把握。与"十七大"报告一样，"十八大"报告依然采用了十二个组成部分的基本框架。简要分析一下，每一部分其实都可以用一个主题词来加以概括，分别是：总结、道路、目标、经济、政治、文化、社会、生态、国防、统一、外交、党建。这十二个词、二十四个字，看似简单，实则基本涵盖了"十八大"报告的主要内容。

下面笔者就用这十二个主题词来分别解读一下报告各个部分的基本内容。

（1）"总结"：这是报告第一部分的主题词，这一部分对

"十七大"以来的五年和"十六大"以来的十年进行了全面总结。

"总结"，首先是对过去五年的总结，这是历次党代会报告的惯例。报告从十个方面对过去五年取得的成绩进行了科学评价。分别是：

经济平稳较快发展，改革开放取得重大进展，人民生活水平显著提高，民主法制建设迈出新步伐，文化建设迈上新台阶，社会建设取得新进步，国防和军队建设开创新局面，港澳台工作进一步加强，外交工作取得新成就，党的建设全面加强。

对于前进中面临的困难和问题，报告也强调了六个方面，除了诸如一些基层党组织软弱涣散，少数党员干部理想信念动摇，消极腐败现象依然比较严重等这样一些过去就提到的"老大难"问题外，报告还归纳了许多新的问题。如：发展中不平衡、不协调、不持续问题依然突出，科技创新能力不强，社会矛盾明显增多，一些领域道德失范、诚信缺失，等等。这说明，报告对这些前进中的困难和问题，并没有采取回避的态度。

报告第一部分不仅总结了"十七大"以来五年的工作，而且总结了"十六大"以来十年的发展。因为这十年是以胡锦涛同志为总书记的党中央执政为民的十年，是新世纪新阶段全面建设小康社会的十年。

这十年，我们的确是荡气回肠；这十年，我们的确是充满自豪。

这十年，有三个指标将是永载史册的：

一是中国 2011 年经济总量位居世界第二位。十年前我们位居世界第六位，我们越过英国、法国、德国、日本等国家，成为世界第二位经济大国。

二是 2011 年中国城镇人口占人口总量 51%，改写了过去大量人口生活在农村的社会格局，表明中国工业化、城镇化迈出了历史性的步伐。

三是经过努力，终于实现了养老保险制度和医疗保险制度全覆盖。尽管标准还很低，但在一个 13 亿大国里初步做到了老有所养、病有所医，这表明我国人民群众的幸福指数有了一个新的提高。

以上三个指标，概括起来就是"十八大"报告所讲的，迈上了三个"大台阶"：

一是社会生产力、经济实力、科技实力迈上一个大台阶；

二是人民生活水平、居民收入水平、社会保障水平迈上一个大台阶；

三是综合国力、国际竞争力、国际影响力迈上一个大台阶。

报告用了一句很形象、很生动的话来评价我们这十年来的成就：就是"国家面貌发生了一系列历史性的变化"。作为这十年建设和发展的参与者、经历者、见证者，我们为中国的伟大变化、为中国特色社会主义的伟大变化感到无比自豪。

当然，这十年我们走过的道路是不平凡的，我们经受的考验也是异常严峻的。从国际来看，风云变幻，世界大国关系错综复杂。我们党非常耐心、非常细致、非常智慧地在一个多极化的格局中，寻求于我国有利的国际发展空间，赢得了和平的国际环境，大大增强了中国社会主义现代化建设的和平因素和有利因素。所以"十八大"说，我们仍然处于大有作为的战略机遇期。而这个战略机遇期的赢得和保持，是来之不易的。事非经过不知难，这中间的难处，我们也是感同身受的。

这十年间，国内改革发展稳定任务繁重，经受了"非典"的袭击、汶川地震的袭击、国际金融危机的冲击，等等，同时我们正处在社会转型期，各种社会矛盾层出不穷。在这样的国际国内大环境下，我们还能够办成那么多大事、喜事，不断把中国特色社会主义事业推向前进，成绩确实来之不易。

（2）"道路"：这是报告第二部分的主题词，它强调的是要坚定不移地走中国特色社会主义道路。

所谓中国特色社会主义道路，就是在中国共产党领导下，立足基本国情，以经济建设为中心，坚持四项基本原则，坚持改革开放，解放和发展社会生产力，建设社会主义市场经济、民主政治、先进文化、和谐社会、生态文明，促进人的全面发展，逐步实现全体人民共同富裕，建设富强民主文明和谐的社会主义现代化国家。

这条道路，是在以毛泽东为核心的第一代中央领导集体带领全党全国各族人民建立新中国、取得社会主义革命和建设伟大成就，以及艰辛探索社会主义建设规律取得宝贵经验的基础上进行的。这条道路，是以邓小平为核心的第二代中央领导集体成功开创的；是以江泽民为核心的第三代中央领导集体继承、发展并成功推向 21 世纪的。

在新世纪新阶段，以胡锦涛为总书记的党中央，在全面建设小康社会的历史进程中，不断推进实践创新、理论创新、制度创新，在新的历史起点上坚持和发展了中国特色社会主义道路。

"十八大"对这条来之不易的道路非常重视，特别强调，道路关乎党的命脉，关乎国家前途、民族命运、人民幸福。因此，在全面建成小康社会和实现现代化的历史进程中，我们必须始终高举中国特色社会主义伟大旗帜，既不走封闭僵化的老路，也不走改旗易帜的邪路。

什么是封闭僵化的老路？笔者个人认为：就是指改革开放前的传统社会主义路子，即计划经济时期的那种路子，当然也包括苏联模式社会主义的路子。什么是改旗易帜的邪路？就是指完全放弃社会主义的旗帜，走资本主义的道路，当然也包括走西方民主社会主义的道路。后两种路子实际上都是要抛弃共产党的领导，抛弃社会主义原则，实行多党制、实行三权分立、实行完全的私有制经济。无疑，这是一条邪路。实践证明，我们只能走中国特色社会主义道路，这是党和人民经过长期实践探索出来的唯一正确的道路。

当前，我国改革发展正进入关键历史时期，取得的成就很大，但存在的矛盾和问题也不少。怎么解决这些矛盾和问题？是继续坚定不移走中国特色社会主义道路，还是摇来摆去想走别的什么道路？此前其实是有过争论的。甚至有人认为，改革开放之前的许多老办法就很好，能解决许多的难题。我们不排除老办法也有好东西，值得总结和借鉴。但光用老办法，特别是走封闭僵化的老路，是走不通的，这是实践所证明了的，也是我们前面讲清楚了的。同样，照搬西方也解决不了问题，欧美等西方发达国家现在同样存在大量的社会问题，他们还在那里大伤脑筋。特别是当前，他们还没有完全走出金融危机的困局，还把希望寄托在中国的发展上。我们如果照搬他们的道路，当然不合适，因为那根本不适合中国的国情。

总之，该学习的要学习，但要立足中国实际，坚持走自己的路。这条道路，就是我们党改革开放30多年来探索并始终坚持的中国特色社会主义道路。"十八大"报告关于我们既不走老路、也不走邪路的明确态度，表明了我们坚定不移地走中国特色社会主义道路的坚强决心。这也是报告第二部分的精华所在。

（3）"目标"：这是报告第三部分的主题词，它描述了全面建成小康社会和全面深化改革开放的目标。

党的"十八大"科学分析了我们面临的新形势，提出了未来十年的两大战略任务，这就是"两个全面"：即全面建成小康社会、全面深化改革开放。这"两个全面"是相互联通的。一方面，全面建成小康社会提出了全面深化改革开放的目标；另一方面，全面深化改革开放又为全面建成小康社会扫除体制机制的障碍，为全面建成小康社会铺平了道路。所以这"两个全面"是密不可分的、相互促进的。

从"十六大"提"全面建设小康社会"，到"十八大"提"全面建成小康社会"，虽然只有这一字之改，却是一个质的飞跃，它把全面小康社会的美好图景更具体、更生动地呈现在全国人民面前，也把我们党对发展中国特色社会主义的坚强决心和信心展现出来。

为了实现这个飞跃，报告首次提出了"实现国内生产总值和城乡居民人均收入比2010年翻一番"的目标。把城乡居民人均收入目标量化，可以说是"十八大"报告吸引老百姓眼球的最大热点，也是报告对全面建成小康社会目标描述的重大突破。

无疑，这个提法是对"十六大""十七大"的继承和发展。大家知道，"十六大"报告提的是"国内生产总值到2020年力争比2000年翻两番"；"十七大"报告提的是"实现人均国内生产总值翻两番"。从总量翻两番到人均翻两番，这是一个不小的进步。现在过去了十年，"十八大"又提出城乡居民人均收入也翻一番，说明不仅仅是追求经济总量的快速增长，而且更加重视城乡居民收入的提高，体现了"十八大"以后党的政策的科学导向。

"十八大"提出两个"翻一番"的目标是有历史和现实依据的，缘于我们有底气、有实力、有自信。经过改革开放30多年的积累，特别是新世纪新阶段"黄金十年"的科学发展，我们的国力今非昔比，已跃居全球第二大经济体，所谓家底厚腰杆子自然就硬。根据2011年底国家统计局发布的监测报告，我国全面建设小康社会的实现程度已经从2000年的59.6%提高到2010年的80.3%。在接下来的八年中，只要经济年均增速达到6.9%就可实现GDP翻一番目标；而人均收入增速只要达到7%左右也可实现翻番。这个翻番，无疑是可以预期的。

需要说明的是，"十八大"提出城乡居民人均收入翻番，是指全体人民人均收入总体上"翻一番"，并不意味着每个人的收入都会在目前的水平上翻一番。可能低收入者增加的还要多一些，高收入者增加的则要少一些，这要视具体情况而定。总之，收入翻番并不意味每个人的收入都翻番，关键是要更高质量、更高水平的增长，要货真价实的增长。这个目标体现了民生优先、惠民富民的政策取向，也顺应了广大人民群众过上更好生活的新期盼。

当然，把城乡居民收入翻一番也不是一件轻而易举的事。这是一场硬仗，一场名副其实的攻坚战。

我们要想打赢这场硬仗，靠什么？一靠深化改革，二靠完善制度。那么改革改什么？"十八大"报告提出了五个方面的内容：一是加快完善社会主义市场经济体制；二是加快推动社会主义民主政治制度化、规范化、程序化；三是加快完善文化管理体制和文化生产经营体制；四是加快形成科学有效的社会管理体制；五是加快建立生态文明制度。

这五个"加快"，就是我们在全面建成小康的过程中要全面深化改革的重点领域。这"五个加快",让我们读到了坚定、期盼,也让我们感到了肩上的责任和使命。

(4)"经济":这是报告第四部分的主题词,它突出强调要加快完善社会主义市场经济体制和加快转变经济发展方式。

"十八大"提出经济建设要以科学发展为主题,以转变经济发展方式为主线。围绕这个"主题"和"主线",报告对今后五年经济体制改革和经济建设进行了全面部署。

为什么要强调以科学发展为主题、以转变经济发展方式为主线?笔者觉得,还是要从我国经济发展的现状来分析。从经济规模来看,我国的 GDP 总量已经是世界第二了,因此,我们的经济建设不能再仅仅满足于经济总量的提升。如何把大变成强、变成好、变成优,需要我们更多地在经济发展的质量和效益上下功夫。

正是紧紧围绕科学发展的"主题",和转变经济发展方式的"主线",报告提出了全面深化经济体制改革、实施创新驱动发展战略、推进经济结构战略性调整、推动城乡发展一体化、全面提高开放型经济水平的重大任务。这实际上是对今后五年经济体制改革和经济建设进行的全面部署,对于我们从全局出发,统一思想、提高认识,动员各方力量攻坚克难,坚决执行中央加快转变经济发展方式的重大决策部署,具有重大而深远的意义。

报告这一部分最重要的创新,是提出了"四化同步"的思想,即工业化、信息化、城镇化、农业现代化四化同步。大家知道,西方发达国家的发展历程是先工业化后现代化,以工业化带动现代化。因为它们在推进工业化的过程中,信息革命还没有发生。而中国在推进工业化的过程中,信息革命已经接踵而至。现在我们虽然还处于工业化中期阶段,但是全国已经有了六亿多部手机,三亿多台电脑了。所以,我们可以把工业化和信息化深度融合起来,以工业化支撑信息化,以信息化带动工业化,实现跨越式前进。

同时工业化和城镇化又相互促进。首先工业化创造了大量的人口向城市聚集,带动了城镇化;同时,城镇化反过来又使得大量的生产要素向城市聚集，带动、支撑了工业化。当前中国面临同时发展工业化和城镇化的双重任务。所以我们要让工业化和城镇化紧密结合起来，实现良性互动。

在此基础上，"十八大"还进一步提出，工业化、城镇化要与农业现代化深度融合、紧密结合。这就是说我们的工业化、城镇化不能走西方发达国家曾经走过的老路，以牺牲农业、农村、农民为代价来实现工业化和城镇化。我们不能以"羊吃人"的方式来实现工业化与城镇化。

因此，"十八大"提出的思路是要通过农业现代化的方式来致富农民、繁荣农村。在此基础上，还提出一个很有创新意义的"四化同步"的战略构想。这表明经过新世纪新阶段的实践，我们党对如何推动经济可持续协调发展的认识更深刻、更科学了。

（5）"政治"：这是报告第五部分的主题词，它揭示了中国特色社会主义政治的发展道路和推进政治体制改革的方向。

政治体制改革是我国全面改革的重要组成部分，必须继续积极稳妥推进，发展更加广泛、更加充分、更加健全的人民民主。为此，党的"十八大"报告提出了推进政治建设和政治体制改革的总体思路。这个思路是：必须坚持党的领导、人民当家做主、依法治国有机统一，以保证人民当家做主为根本，以增强党和国家活力、调动人民积极性为目标，扩大社会主义民主，加快建设社会主义法治国家，发展社会主义政治文明。

按照这一总体思路，报告提出要更加注重改进党的领导方式和执政方式，更加注重健全民主制度、丰富民主形式，更加注重发挥法治在国家治理和社会管理中的重要作用。同时提出了支持和保证人民通过人民代表大会行使国家权力、健全社会主义协商民主制度、完善基层民主制度、全面推进依法治国、深化行政体制改革、建立健全权力运行制约和监督体系、巩固和发展最广泛的爱国统一战线七个方面的重点任务。

在政治体制改革的路径选择上，报告第一次提出"要健全社会主义协商民主制度"。这是与我国国情和民主政治发展阶段相适应的，是中国特色社会主义政治发展道路和政治体制改革路径的新拓展。

协商民主是与选举民主相对应的，它的含义就是坚持求同存异，讲求合作、参与、协商、包容，以最大限度地包容和吸纳各种利益诉求，是对间接民主、代议民主、远程民主的完善和超越，是当代民主政治的发展方向。"十八大"把社会主义协商民主同具有中国特色的选举民主相结合，有利于健全民主制度、丰富民主形式、扩大社会主义民主、发展社会主义政治文明，为实现最广泛的人民民主确立正确方向。

这一部分还有两个创新点，就是强调"让人民监督权力，让权力在阳光下运行"。这两句话是下一步政治体制改革的方向和重点。其一，"让人民监督权力"，就是说权力要接受监督，监督权力的主体是人民。没有监督的权力必然导致腐败，绝对权力必然导致绝对腐败。所以我们应该充分发挥社会主义民主政治，让人民群众行使监督权。其二，"让权力在阳光下运行"，就是权力的运行要公开化、透明化，只有这样才能接受人民群众的监督，才能实现公平公正。

（6）"文化"：这是报告第六部分的主题词，重点强调了要扎实推进社会主义文化强国建设。

与"十七大"报告相比，"十八大"报告关于文化建设的论述又有了新的发展，不仅提出要建设社会主义文化强国，而且对这个文化强国的目标进行了具体的界定，包括加强社会主义核心价值体系建设、全面提高公民道德素质、丰富人民精神文化生活、增强文化整体实力和竞争力，从而使社会主义文化强国有了很明确的内容和内涵。

纵观十年来党代会的三次报告，从"十六大"提出"文化体制改革"的任务，到"十七大"将"文化软实力"写入大会报告；从十七届六中全会首次从完整意义上制定"文化强国战略"，到"十八大"报告强调"建设社会主义文化强国，关键是增强全民族文化创造活力"，这表明我们党对文化建设规律的认识越来越全面，越来越深刻。

这个报告在文化建设方面的创新点，就是对社会主义核心价值体系进行了探索性的概括。这个概括分国家、社会、居民三个层面：

从国家的层面上，倡导富强、民主、文明、和谐；从社会的层面上，倡导自由、平等、公正、法治；从个人的层面上，倡导爱国、敬业、诚信、友善。三个层面二十四个字，言简意赅，通俗易懂。

特别值得一提的是，在社会层面上八个字的概括，自由、平等、公正、法治，来之不易。大家知道，资本主义的核心价值体系是自由、平等、博爱，但是自由、平等不是资本主义的专利权，不能因为资本主义使用了自由、平等，社会主义就失去了使用自由、平等的权利和自觉性，就不敢使用自由、平等这样的名词。"十八大"把自由、平等再加上公正、法治，作为社会主义在社会层面的核心价值观提出来，真正表现出我们党博大的胸怀和巨大包容性。

（7）"社会"：这是报告第七部分的主题词，它突出的是在改善民生和创新社会管理中加强社会建设。

报告以"在改善民生和创新社会管理中加强社会建设"为标题，清楚地标明了社会建设的两个重点内容——改善民生和创新社会管理。

"十七大"以来，我们讲到社会建设时，讲得比较多的是改善民生。"十八大"不仅讲改善民生，而且讲创新管理。改善民生当然重要、当然要讲，而且要反复讲、着重讲，让人民群众分享改革开放的成果，合理地调整利益关系，否则无法实现社会和谐；但是如果只讲改善民生不讲社会管理，使人民群众的期望值脱离了社会主义初级阶段生产力发展的水平，我们的改善民生是搞不下去的。因此，在改善民生的同时，我们还要强调创新管理，要通过创新社会管理，使社会管理更加有效、科学，推动和谐社会建设。和谐社会建设不仅是建设民生工程的过程，还是一个创新社会管理的过程。这样的提法更加全面、深刻。

"十八大"报告提出，要形成社会和谐人人有责、和谐社会人人共享的生动局面。这就是强调每一个人都是社会建设的主体，都要承担起建设和谐社会的历史责任，而和谐社会的成果也应该被广大人民群众所共享。由于人民群众可以享受到和谐社会的成果，必然会以更大的积极性来推进和谐社会建设。因此，把改善民生和创新社会管理并列提出，使社会建设问题更加全面、深刻，更加具有指导性。

这里特别需要指出的是，"十七大"提出了"两提高"，即提高居民收入在国民收入分配中的比重和提高劳动报酬在初次分配中的比重，在此基础上，"十八大"又进一步提出了"两同步"，即努力实现居民收入增长和经济发展同步、劳动报酬增长和劳动生产率提高同步。这个"两同步"不仅丰富和补充了过去的"两提高"，而且为深化收入分配制度改革，实现发展成果由人民共享指明了方向。

（8）"生态"：这是报告第八部分的主题词，首次提出大力推进生态文明建设，形成了"五位一体"的中国特色社会主义总体布局。

据统计，在"十八大"报告中，"生态文明"一词出现了十五次，涉及七段文字。把生态文明建设放在如此突出的地位加以强调，这是前所未有的，其意义影响到子孙后代。正如报告所言，建设生态文明，是关系人民福祉、关乎民族未来的长远大计。必须树立尊重自然、顺应自然、保护自然的生态文明理念，把生态文明建设放在突出地位，融入经济建设、政治建设、文化建设、社会建设的各方面和全过程，努力建设美丽中国，实现中华民族永续发展。

生态文明是工业文明发展到一定阶段的产物，是超越工业文明的新型文明境界，是人类社会文明的高级形态。生态文明建设，不同于传统意义上的污染控制和生态恢复，而是克服工业文明弊端，探索资源节约型、环境友好型发展道路的过程。加强生态文明建设，优化国土空间开发格局，增强生态产品生产能力，着力推进绿色发展、循环发展、低碳发展，等等，都是首次写入党代会报告，彰显了我们党执政理念达到了一个新境界。

不仅如此，"十八大"报告还首次提出"美丽中国"的概念，这是推进生态文明建设的必然结论。过去几十年，我国工业的快速发展推动了中国经济快速发展，但是随之也带来了不少环境污染问题。我们不能走西方国家走过的先污染后治理的路子，因为一旦造成环境污染，将付出几倍、十几倍甚至几十倍的治理代价，并且可能会导致不可逆转的生态悲剧。因此，"十八大"强调，我们不仅要建设富裕中国，而且要建设美丽中国。

建设美丽中国是我们党在新的历史起点上执政理念的新提升。这个口号的提出，体现了科学发展观的基本要求，顺应了人民群众过上幸福美好生活的新期待，那就是"既要金山银山，也要绿水青山"，给子孙后代留下"天蓝、地绿、水净"的美好家园。

"十八大"关于建设"美丽中国"的提法让人倍感温馨，同时又是我们肩上一种沉甸甸的责任。美丽中国是由全国各地的美丽省市区组成的，只有全国各省市区都落实好加强生态文明建设的总要求，把生态文明建设摆在更加突出的战略位置上，牢固树立"美丽中国、人人有责"意识，从各地做起，从自身做起，把建设美丽中国化为广大人民群众自己的事业，美丽中国的愿景才能更快更好地实现。

"十八大"不仅强调了生态文明建设的重要性，而且把它提升到战略层面，纳入中国特色社会主义建设事业的总体布局之中，使这个总布局由"四位一体"，拓展为"五位一体"。这是我们党总揽国内外大局，贯彻落实科学发展观的一个重大战略部署。

中国特色社会主义事业总体布局，是指建设中国特色社会主义的内容架构，经历了一个逐步发展完善的历史过程。它与中国特色社会主义建设的总任务、总目标是互相照应、同步进行的。

我们知道，新中国的总任务、总目标是建立一个伟大的社会主义现代化强国。但这个强国怎么建设、怎么布局？一开始并不是十分明确的。新中国成立之初，当时提出的口号是实现工业化，工业化既是总任务，也是总布局。

后来提四个现代化，其中前三个"化"是一个层面，是讲工业、农业等经济建设和国防建设，即讲物质文明；后一个"化"是讲科学文化建设，即讲精神文明。到了改革开放历史新时期，邓小平提出物质文明、精神文明"两手抓、两手都要硬"，就是由此而来的。应该说，这是新中国现代化建设的第一个布局。

到了十二届六中全会，提出以经济建设为中心，坚定不移地进行政治体制改革，坚定不移地加强精神文明建设，初步形成了中国特色社会主义"三位一体"的总体布局。但当时并没有用"三位一体"这个词来概括，三个方面也没有完全确定下来。

"十三大"提出建设富强民主文明的社会主义现代化强国，这是对四个现代化提法的一个提升，丰富了社会主义现代化建设的总任务。

与此相对应，"十五大"明确提出社会主义初级阶段的基本纲领，从经济、政治、文化这样三个方面进一步说明了什么是富强、民主、文明的社会主义现代化强国，以及怎样建设这样的强国。从此，中国特色社会主义经济、政治和文化建设"三位一体"的总体布局与富强、民主、文明的现代化奋斗任务，直接挂起钩来，成为两个相互对应的范畴，它们之间互为补充，互相说明。其中富强说明经济建设的任务和目标，民主说明政治建设的任务和目标，文明说明社会建设的任务和目标。

"十六大"以后，党中央把和谐社会建设与经济建设、政治建设、文化建设并列，使中国特色社会主义建设的总体布局由过去的"三位一体"发展为"四位一体"。此后，"十七大"关于社会主义现代化建设的总任务也从过去的"富强、民主、文明"，发展为"富强、民主、文明、和谐"。用和谐来说明社会建设的任务和目标。这样，社会主义现代化建设的总任务与建设中国特色社会主义的总布局，就更加紧密地结合起来了。

"十八大"把生态文明建设纳入中国特色社会主义建设的总体布局，把这一布局从"四位一体"又推进到了"五位一体"，这是我们党对社会主义建设规律认识的又一次深化。它不仅丰富了我们对建设中国特色社会主义总体布局的认识，而且丰富了我们对社会主义现代化总任务的认识。

　　如果说，"富强、民主、文明、和谐"的总目标、总任务，分别是与"经济、政治、文化、社会建设"总布局相对应的话，那么与生态文明建设相对应，将来也许会出现一个新的名词。这个名词是什么，"十八大"报告中虽然没有直接说明，但已经提出了"美丽中国""永续发展"这样的概念。因此，将来会不会提出"建设富强、民主、文明、和谐、美丽（或永续）"的社会主义现代化强国这样的口号，笔者认为，大家可以去进一步研究。

　　（9）"国防"：这是报告第九部分的主题词，它提出了加快推进国防和军队现代化的新思路。

　　"十八大"报告把国防和军队建设方面的战略部署集中概括为"加快推进国防和军队现代化"。笔者感到，这里面有两个关键词尤其应该引起我们注意，一个是"加快"，一个是"现代化"。

　　"加快"是针对我军与发达国家、世界军事强国发展上存在的差距来讲的。改革开放以来，虽然我们的军队现代化水平有了非常大的提高，但是，和西方发达国家的军队相比，还是有相当大的差距的。我军要赶上时代，必须加快发展，尽快缩小差距。

　　另一个关键词是"现代化"。早在毛泽东时代，就提出了军队和国防现代化的方向。邓小平后来又进一步指出，军队建设的指导思想要明确，就是要解决现代化问题，要以现代化建设为中心。这个思路后来得到了不断丰富和发展。"十八大"强调要加快国防和军队现代化建设，笔者认为是抓住了军队建设的中心任务，抓住了重点和关键。只有解决了现代化问题，我们的军队才能赶上时代的步伐，才能真正有效履行使命。

　　特别值得注意的是，"十八大"报告一再强调要高度关注海洋、太空、网络空间安全。这个说法凸显了党中央新的立体式的"大国防观"。

　　目前，我们之所以强调"海洋安全"，是因为中国的海洋权益、海洋国土正在受到挑战。众所周知，国际海洋法通过多种形式的界定，赋予了沿海国的海洋权益，比如划分 12 海里的领海、

24 海里毗连区和 200 海里的专属经济区，等等。我们很多人过去以为中国的面积只有 960 万平方公里，其实我们的国土是由两部分构成的，除了这 960 万平方公里陆地国土，还有 300 万平方公里的海洋国土，也叫"蓝色国土"。不过这 300 万平方公里的蓝色国土中，有大约 120 万仍处于争议中，周边很多国家正在对它虎视眈眈。因此，没有海洋国土的安全，就谈不上国家安全。

"太空安全"主要是指一个国家不受来自太空的人为威胁。从国防的角度看，现代太空技术的发展，为全球侦察、通信、监视、定位、导航提供了更为便利的条件，从而大大突破了地球表面的各种地理障碍，使得远程精确打击成为可能，战场的前后方界限日益模糊，战略纵深缩小。拥有太空优势的国家，更容易对其他国家实施突然打击。目前，我国在空间站、探月、"北斗"导航系统等方面取得重大进展，已经跻身为太空大国，但还不是强国。

"网络空间安全"涉及的是微观安全、信息安全，这也是国家安全的重要组成部分。网络类似于国家的神经系统，对信息的传递具有极其重要的作用。无论是干扰对方的信息传递，还是进行策反等心理战，现代网络日益显现出巨大的复杂性、巨大的影响力。

在信息化条件下，网络安全是所有安全之母，也是重中之重。在这方面，美国最早提出"网络战"，并建立指挥和领导体系，中国虽不主张"网络战"，但绝不允许中国的网络安全、信息安全受到挑战和侵犯，我们要尽早应对信息化时代的国家安全。

总之，海洋、太空、网络"三个方面的安全"，代表了信息化时代的新型国防观，"十八大"报告从"高度关注"的层面来强调这三个方面安全，拓展了传统的国防观，具有深远的意义。

当然，高度关注海洋、太空、网络安全也是现实的需要、发展的需要。第一，近一段时间以来，南海问题、钓鱼岛问题备受关注，凸显出一些深层问题；第二，改革开放之后，我们逐渐发挥了中国作为一个大国应该起到的作用，但目前发展的条件却与我国的国际地位不相适应；第三，在不断"走出去"的过程中，我们不仅需要军事安全意识，更加需要国家空间安全意识。明确提出要高度关注海洋、太空和网络安全，既表明这三个领域在现代国家安全中占据越来越重要的地位，同时也表明我们更加需要加强这三个方面的建设。

不仅如此，"十八大"还首次把建设海洋强国提升到国家发展战略高度，宣示中国将提高海洋资源开发能力，坚决维护国家的海洋权益。近年来，国际形势风云变幻，我国周边国家围绕海洋资源争夺、岛礁主权、海域划界和通道安全的争端进一步加剧，中国海洋权益的维护面临十分错综复杂的形势。为了维护国家的主权和领土完整，维护国家的发展利益，中国采取了一系列步骤加强对海洋权益的保障。尤其是今年以来，我们在钓鱼岛争议上果断亮剑，在南海巡航宣示主权，三沙设市，航母起航，等等，这一系列有力举措，向国际社会充分展示了中国政府维护海洋主权的坚定意志和决心。"十八大"报告中强调建设海洋强国，正是因为周边的复杂形势而作出全面性战略选择。

目前我们国家是拥有 1.8 万公里大陆海岸线、300 多万平方公里管辖海域的海洋大国。但这只能说我们是海洋大国，还不能说我们是海洋强国。"十八大"报告提出了建设海洋强国，将维护海洋权益上升为国家战略层次，意义极为深远。这是因为目前中国经济已发展成为高度依赖海洋的外向型经济，对海洋资源的依赖程度大幅度提高，海洋经济开始成为拉动中国国民经济发展的有力引擎。因此，提高海洋资源开发能力，维护国家海洋权益，建设海洋强国，不但为中国的可持续发展提供巨大动力，更是中华民族走向海洋文明进而实现伟大复兴的必由之路。

21 世纪，是海洋的世纪。加强海洋的开发、利用，关系到国家的安全和长远发展。中国适时提出建设海洋大国战略目标，既是着眼于中华民族伟大复兴的需要，也是着眼于维护我国领土主权和发展权的需要。

（10）"统一"：这是报告第十部分的主题词，总结了我们党丰富"一国两制"的实践和推进祖国统一的新构想。

相比"十七大"报告,"十八大"报告关于港澳台方面的表述,笔者感觉主要有以下两点新的变化:

一是对港澳方面,报告提出了"必须把坚持一国原则和尊重两制差异、维护中央权力和保障特别行政区高度自治权、发挥祖国内地坚强后盾作用和提高港澳自身竞争力有机结合起来,任何时候都不能偏废"。这是一个新表述,是对"一国两制""港人治港""澳人治澳"、高度自治方针的补充和完善,使得"一国两制"的基本理论更为丰富,更为科学,更具现实可操作性。这个新表述,是在总结港澳回归以来的具体实践经验的基础上提出来的。

二是在推进祖国统一方面,报告提出:"希望双方共同努力,探讨国家尚未统一特殊情况下的两岸政治关系,作出合情合理安排;商谈建立两岸军事安全互信机制,稳定台海局势;协商达成两岸和平协议,开创两岸关系和平发展新前景。"这也是一个新提法,相比以往的表述,这个新提法更加有利于优化两岸对话的氛围与环境,更加有利于开创两岸关系和平发展的新前景,也更加有利于两岸同胞共同维护共同国家的根本利益。这也是总结近年来两岸交流的经验,包括共同应对钓鱼岛事件经验的基础上提出来的。

(11)"外交":这是报告第十一部分的主题词,它表明了我们党继续促进人类和平与发展崇高事业的坚强信念。

"十八大"报告关于这一部分的论述,仍然是承袭了以往党代会的基调,表明了我们党将继续奉行独立自主的和平外交政策,继续致力于维护世界和平,促进共同发展。虽然内容总体上变化不大,但是从一些具体的分析论述上,我们仍然可以看到一些新认识、新突破。

一是对世界总体形势的判断又有了新提高。

在"十七大"报告提出世界多极化不可避免、经济全球化深入发展、科技革命加速推进这些判断的基础上,"十八大"报告又加入了"文化多样化、社会信息化持续推进"的内容,强调了"新兴市场国家和发展中国家整体实力增强"的新内容。另外,除了继续强调防止霸权主义、强权政治的消极影响，还强调了新干涉主义有所上升，强调了粮食安全、能源资源安全、网络安全等全球性问题更加突出。这些新内容使得我们党对世界形势的判断更加准确、科学，也更加有利于我们制定相应的外交政策。

二是表达了中国将以更加积极的姿态致力于维护世界和平发展的鲜明态度。

报告指出，"人类只有一个地球，各国共处一个世界"，"弱肉强食不是人类共存之道，穷兵黩武无法带来美好世界"。这既表达了我们党对霸权主义、强权政治、新干涉主义的规劝，也表达了世界各国人民建设持久和平、共同繁荣和谐世界的共同愿望。报告还明确提出："中国将坚持把中国人民利益同各国人民共同利益结合起来，以更加积极的姿态参与国际事务，发挥负责任大国作用，共同应对全球性挑战。"这跟以往党代会报告相比是一个很大的发展，充分表明了中国作为发展中大国和联合国常务理事国，对于积极参与国际事务、维护世界和平发展，有着强烈责任感，也有着坚强信念和决心。

（12）"党建"：这是报告第十二部分的主题词，系统论述了如何全面提高党的建设科学化水平。

中国共产党是中国特色社会主义事业的领导核心。这个领导核心自身建设的好与坏，将直接关系到领导能力、领导水平和领导绩效。所以，每次党代会的报告都会浓墨重彩地论述党的建设问题。"十八大"报告对党的建设方面，在以往党代会的基础之上，又有了以下创新：

第一，对党的建设主线作了新概括。

"十八大"报告提出要"牢牢把握加强党的执政能力建设、先进性和纯洁性建设这条主线"，把加强纯洁性建设也纳入了党的建设主线之中。纯洁性是马克思主义政党的本质属性，保持党的纯洁性是马克思主义政党的本质要求和优良传统。保持党的纯洁性是保持党的先进性、提高党的执政能力的前提和基础，在发展社会主义市场经济的新形势下，为了抵御剥削阶级腐朽思想的侵蚀，必须加强党的纯洁性建设。

纯洁性问题其实不是一个新问题，早在革命战争年代毛泽东就提出来了。建立社会主义市场经济之后，江泽民在建党80周年的讲话中首次提到这个问题。时隔10余年后，胡锦涛在今年年初中纪委的讲话中再次强调了这个问题，习近平同志在《求是》杂志专门发表重要文章，全面阐述了这个问题。现在"十八大"又把它作为党的建设的主线提出来，意义十分重大。

党的纯洁性建设内在要求"干部清正、政府清廉、政治清明"。坚定不移反对腐败、建设廉洁政治，永葆共产党人清正廉洁的政治本色，是我们党一贯坚持的鲜明政治立场，是全国人民关注的重大政治问题。反腐倡廉必须常抓不懈，拒腐防变必须警钟长鸣。这是加强党的纯洁性建设的必然要求。为此，必须坚持中国特色的反腐倡廉道路。落实到具体工作，一是要进一步加强官德建设，加强反腐倡廉教育和廉政文化建设，使各级领导干部特别是高级干部自觉遵守廉政准则，绝不允许搞特权。二是要进一步解决突出问题，尤其是加强对廉洁自律规定执行情况的监督，切实保证这些规定得到遵守。始终保持惩治腐败高压态势，坚决查处大案要案，着力解决发生在群众身边的腐败问题。三是要进一步严肃党的政治生活。严格规范权力行使，加强对领导干部特别是主要领导干部行使权力的监督。不管涉及什么人，不论权力大小、职位高低，只要触犯党纪国法，都要严惩不贷。从习近平同志和王岐山同志最近的一系列重要讲话中，我们不难看出，"十八大"以后，反腐倡廉工作的力度，一定会大大加强。

第二，对党的建设总体布局作了新调整。

关于党的建设总体布局五大重点建设的顺序，党的"十七大"报告的表述是思想建设、组织建设、作风建设、制度建设、反腐倡廉建设。党的"十八大"报告将反腐倡廉建设的位置从第五位调整到第四位，凸显了反腐败在党的建设中的重要地位。

腐败是当今世界政党政治中的"顽症"，是导致许多政党衰落乃至败亡的致命毒素。反对腐败、建设廉洁政治，是我们党一贯坚持的鲜明政治立场，是人民关注的重大政治问题。这个问题解决不好，就会对党造成致命伤害，甚至亡党亡国。我们党顺应党的建设实践和时代发展需要，对党的建设总体布局的五大重点建设的顺序作出适当调整，是非常及时和完全必要的。

第三，对党的建设目标作了新定位。

"十八大"报告根据世情、国情、党情的变化和新的时代特征，首次提出建设学习型、服务型、创新型的马克思主义执政党的新要求，确保党始终成为中国特色社会主义事业的坚强领导核心，体现了我们党对自身性质、宗旨、任务和历史方位的清醒认识，对"建设一个什么样的党、怎样建设党"这一马克思主义政党面临的首要的基本的问题进一步作出明确回答，实现了党的建设总目标的与时俱进，同时也为在新的历史起点上继续推进党的建设新的伟大工程指明了前进方向。

关于党的建设目标，我党历代中央领导集体都有一系列阐述。毛泽东提出把我们党建设成为"全国范围的、广大群众性的、思想上政治上组织上完全巩固"的马克思主义政党。邓小平提出要把我们党建设成为"有战斗力的马克思主义政党，成为领导全国人民进行社会主义物质文明和精神文明建设的坚强核心"。江泽民提出要把我们党建设成为"用邓小平理论武装起来，全心全意为人民服务、思想上政治上组织上完全巩固、能够经受住各种风险、始终走在时代前列、领导全国人民建设有中国特色社会主义的马克思主义政党"。以胡锦涛为总书记的党中央，提出要把党建设成为"立党为公、执政为民，求真务实、改革创新，艰苦奋斗、清正廉洁，富有活力、团结和谐的马克思主义执政党"。这些关于加强新形势下党的建设重要目标的提出，以新视野新思路科学回答了新的时代条件下"建设什么样的党，怎样建设党"这一重大问题，丰富了马克思主义执政党建设思想宝库。

在此基础上，"十八大"报告提出建设"学习型、服务型、创新型"的马克思主义执政党，实现了党的建设总目标的与时俱进，具有重大的理论和现实意义。

首先，建设学习型政党是党始终走在时代前列的关键所在。世界在变化，形势在发展，中国特色社会主义实践在深入，不断学习、善于学习，努力掌握和运用一切科学的新思想、新知识、新经验，是党始终走在时代前列引领中国发展进步的决定性因素。我们党历来重视学习，特别是在每一个重大历史转折时期总是号召全党同志加强学习。面对日新月异的世情、国情、党情变化和当今时代，全党同志只有勤于学习、不断学习、善于学习，才能始终走在时代前列，才能不断提高领导水平和执政水平，真正担负起领导人民在中国特色社会主义道路上实现中华民族伟大复兴的历史使命。

其次，建设服务型政党是"立党为公、执政为民"宗旨的根本要求。学习型、创新型马克思主义执政党，我们党的文献过去提到过，但服务型马克思主义执政党，是新提法，它体现了我们党的历史方位变化以后，执政理念、执政方式的重大变化，体现了我们党的与时俱进和时代特色。

众所周知，全心全意为人民服务是我们党的根本宗旨，是我们党区别于其他任何政党的显著标志。马克思恩格斯在《共产党宣言》中曾经指出，共产党人"没有任何同整个无产阶级的利益不同的利益"。中国共产党是中国最广大人民利益的忠实代表者，除了人民的根本利益之外没有任何自己的私利。正如毛泽东所强调的，"为什么人的问题，是一个根本的问题，原则的问题"，"共产党就是要奋斗，就是要全心全意为人民服务，不要半心半意或者三分之二的心、三分之二的意为人民服务"。邓小平、江泽民、胡锦涛等也都多次强调要全心全意为人民服务，在新形势下坚持做到"权为民所用、情为民所系、利为民所谋"。

"十八大"报告多处强调"服务"理念，提出建设服务型政党，彰显了社会变革形势下党正在努力进行的新转变。报告中"人民"一词出现了145次，字里行间读出了人民的分量。始终把人民放在心中最高位置，是"十八大"报告其中真意。

大家都知道，中央政治局今年12月4号召开会议，审议通过了《关于改进工作作风、密切联系群众的有关规定》，共提出了八条规定，包括：调研要轻车简从；要开短会、讲短话，不讲空话套话；要改进警卫工作，减少交通管制、一般情况下不得封路、清场；要压缩领导人出席的新闻报道数量、时间；不得轻易题词题字；严格住房和车辆配备，等等，这些都是人民群众反映最强烈的问题。这次会议还强调：抓作风建设，首先要从中央政治局做起，要求别人做到的，自己首先做到；要求别人不做的，自己坚决不做。表明了新的中央领导集体改进工作作风的决心和信心。

最后，建设创新型政党是我们党永葆生机活力的不竭源泉。创新是一个民族进步的灵魂，是一个国家兴旺发达的不竭动力，也是一个政党永葆生机的源泉。中外实践证明，一个政党过去先进不等于现在先进，现在先进不等于永远先进；党的执政地位也不是一劳永逸的，过去拥有不等于现在拥有，现在拥有不等于永远拥有。世界上一些大党老党失去执政地位甚至消亡的一个重要原因，就是不能以改革创新精神推进自身建设。我们党是马克思主义政党，党的性质、宗旨和历史使命决定了党既要敢于和善于在自己所领导的伟大事业中不断改革创新，又要敢于和善于在自身建设中不断改革创新。新世纪新阶段我们党面临着的执政考验、改革开放考验、市场经济考验、外部环境考验是长期的、复杂的、严峻的，面对着的世情、国情、党情的变化是深刻而广泛的，这就要求我们党必须根据时代的发展和变化，与时俱进，勇于变革和创新，以改革创新的精神状态、改革创新的思想作风、改革创新的工作方法全面推进党的建设新的伟大工程，把党建设成为创新型马克思主义执政党。唯有如此，才能确保我们党始终走在时代前列，始终成为全国各族人民的主心骨，始终成为中国特色社会主义事业的坚强领导核心。

第四，对在全党开展教育实践活动作出新部署。

"十八大"报告提出，要围绕保持党的先进性和纯洁性，深入开展以为民、务实、清廉为主要内容的群众路线教育实践活动，着力解决人民群众反映强烈的突出问题，提高做好新形势下群众工作的能力。

在两届党代会之间开展一次集中学习和教育实践活动，已经成为我们党的一个惯例。1998年，我们开展了"三讲"教育活动；2004年，开展了保持共产党员先进性教育活动；2008年，开展了深入学习实践科学发展观活动。因此，"十八大"以后，在全党开展以为民、务实、清廉为主要内容的群众路线教育实践活动，是对过去这些好的做法和成功经验的继承和发展。对此，我们要做好充分的思想准备和工作部署。

总之，学习贯彻党的"十八大"精神，最终还是要落实到行动上和工作中。只要我们能在实践中深入贯彻落实党的"十八大"精神，就一定能够保证提前顺利建成全面小康社会，开启基本实现现代化建设的新征程。

（本文是作者 2012 年 12 月参加山东省委"学习十八大精神宣讲团"时撰写的宣讲提纲，收入本书时作了修改）

第五篇

凝心聚力共筑中国梦

实现百年梦想的政治宣言

在全党全国人民认真学习贯彻党的"十八大"精神的喜庆氛围中，日前习近平总书记和其他中央领导同志参观国家博物馆大型展览《复兴之路》并发表重要讲话，回顾近代以来中国人民为实现民族复兴走过的伟大历史进程，号召全党全国人民承前启后、继往开来，继续朝着中华民族伟大复兴的目标奋勇前进，向世人宣示了新一届中央领导集体将以昂扬向上、奋发有为的精神状态，团结带领全党全国人民夺取建设中国特色社会主义新胜利，进而实现中华民族伟大复兴的坚强决心和坚定信心。讲话语重心长、发人深省，实际上是一个鼓舞人心、催人奋进，实现中华民族伟大复兴百年梦想的政治宣言。

第一，实现中华民族伟大复兴，是中华民族近代以来最伟大的梦想。

习近平总书记在讲话中提出的这一论断，是中华民族几代、十几代人救国图存、奋起抗争历史的真实写照，更反映了当代亿万中国人民的共同心声。对于一个曾经为世界文明和人类发展作出巨大贡献的伟大民族来说，再没有什么比家国沦丧、文明衰败更让人感到屈辱心碎的了，因此近代以来中华民族苦苦追寻的最大梦想就是实现中华民族伟大复兴。这个梦想凝聚了无数中国人的夙愿，体现了中华民族和中国人民的整体利益，是每一个中华儿女的共同期盼。实现这一梦想，不是回归中国昔日辉煌，而是中华民族在新的时代条件下重新走在世界前列，屹立于世界民族之林，中华文明再一次绽放绚丽光彩。历史证明，只有中国共产党才能肩负起国家独立、人民解放和实现中华民族伟大复兴的历史使命。经过几代共产党人和中国人民的艰苦奋斗，实现中华民族伟大复兴的曙光已经清晰地绽现在世人、国人的面前，一个让中华民族期盼已久的伟大梦想，将在几代中国人的努力下一步步由梦想变为现实。

第二，落后就要挨打，发展才能自强。

习近平总书记在讲话中如此简洁明了地概括了近代以来中华民族沦入半封建半殖民地悲惨境地、遭受列强蹂躏的屈辱历史，以及中国人民不屈不挠、奋起抗争，在中国共产党领导下实现国家独立、民族解放，终于掌握了自己的命运，奋发图强建设自己国家的伟大进程，并由此得出这样一个带有普遍性、规律性、真理性的结论，寓意深刻，令人警醒。历史不能假设，但教训必须引以为戒。站在新的历史起点回顾过去，展望未来，中华民族要彻底摆脱"落后挨打"的惨痛梦魇，阔步走向世界，屹立于世界民族之林，就必须紧紧抓住发展这个党执政兴国的第一要务，聚精会神搞建设，一心一意谋发展。靠发展"强筋健骨"壮大自己、走向自强自立；靠发展提升国际地位、增强在大国交往中的话语权；靠发展实现国富民强、进而实现中华民族伟大复兴。

第三，找到一条正确道路不容易，必须坚定不移走下去。

习近平总书记在讲话中提到的正确道路，指的是建设中国特色社会主义道路。这条道路是在以毛泽东为核心的第一代中央领导集体带领全党全国人民建立新中国、艰辛探索社会主义建设规律取得宝贵经验基础上进行的；是以邓小平为核心的第二代中央领导集体带领全党全国人民开创的；是以江泽民为核心的党的第三代中央领导集体带领全党全国人民继承、发展并成功推向21世纪的；是以胡锦涛为总书记的党中央在世情、国情、党情发生深刻变化的情况下，科学应对国际国内风险考验中继续推向前进的。这条正确道路确实来之不易，我们要倍加珍惜，始终不渝，坚定不移地永远走下去。站在新的历史起点回顾过去，展望未来，我们既不能走封闭僵化的老路，也不能走改旗易帜的邪路，必须坚定不移走中国特色社会主义道路，这是实现社会主义现代化和中华民族伟大复兴唯一正确的道路。

第四，空谈误国，实干兴邦。

习近平总书记在讲话中重申这一重要论断，具有重大现实意义。实现中华民族伟大复兴是一项光荣而艰巨的事业，需要我们付出长期艰苦的努力，需要一代又一代中国人共同为之奋斗。展望未来，我们要把百年梦想和宏伟蓝图变为活生生的美好现实，还有很长的路要走。历史的接力棒传到我们这一代中国人手中，以什么样的精神状态跑好关键时期的接力赛，决定着能否顺利实现社会主义现代化和中华民族伟大复兴。为此，全党同志务必要继续保持艰苦奋斗的作风，务必要继续保持谦虚、谨慎、不骄不躁的作风，不懈怠、不动摇、不折腾，求真务实，埋头苦干，反对一切形式主义。同时，国家兴亡，匹夫有责。每个人的前途命运都与国家和民族的前途命运紧密相连，每个人都应自觉把个人理想追求融入推进国家发展进步事业当中，自觉将其化为实现中华民族伟大复兴的内生动力。

蓝图已经绘就，号角已经吹响。只要我们紧密团结在以习近平同志为总书记的党中央周围，众志成城，万众一心，到中国共产党成立一百年时全面建成小康社会的目标就一定能实现，到新中国成立一百年时建成富强民主文明和谐的社会主义现代化国家的目标就一定能实现，中华民族伟大复兴的愿望也一定能实现！

（原载《人民日报》2012 年 12 月 2 日，收入本书时作了修改）

凝心聚力共筑中国梦

　　3 月 17 日，刚刚当选的中华人民共和国主席习近平同志在十二届全国人大一次会议上发表重要讲话，号召继续把中国特色社会主义事业推向前进，继续为实现中华民族伟大复兴的中国梦而努力奋斗。他提出实现伟大中国梦，必须走中国道路，必须弘扬中国精神，必须凝聚中国力量。三个"必须"指明了前进道路，揭示了精神动力，明确了努力方向。通篇讲话一气呵成，掷地有声，催人奋进，是指引全党全国人民凝心聚力共同实现伟大中国梦想的行动纲领。

一　实现中国梦必须走中国道路

　　实现中华民族伟大复兴的中国梦，必须毫不动摇地走中国特色社会主义道路。道路问题是关系党和国家事业兴衰成败第一位的问题，关乎国家前途、民族命运、人民幸福。一个国家选择什么样的道路，关键要看这条道路能否解决这个国家面临的历史性课题。历史和实践证明，中国特色社会主义道路，是科学社会主义理论逻辑和中国社会发展历史逻辑的辩证统一，是根植于中国大地、反映中国人民意愿、适应中国和时代发展进步要求的光明道路，是全面建成小康社会、加快推进社会主义现代化、实现中华民族伟大复兴的必由之路。

　　为了探索这样一条"复兴之路"，几代中国共产党人付出了巨大的努力。艰难困苦，玉汝于成。以毛泽东同志为核心的第一代中央领导集体，把马克思主义普遍真理同中国实际相结合，经过20多年的艰辛探索，为开创中国特色社会主义道路、实现中华民族伟大复兴提供了宝贵经验、理论准备、物质基础。以邓小平同志为核心的第二代中央领导集体，坚持解放思想、实事求是思想路线，坚持走自己的路，成功开创了中国特色社会主义，为我们找到了实现中华民族伟大复兴的正确道路。以江泽民同志为核心的第三代中央领导集体，成功把中国特色社会主义推向21世纪。以胡锦涛同志为总书记的党中央，在新的历史起点上坚持和发展了中国特色社会主义。中华民族伟大复兴绽现更加绚丽的曙光。

事非经过不知难。回顾历史，我们深知，中国特色社会主义道路来之不易。它是在改革开放30多年的伟大实践中走出来的，是在中华人民共和国成立60多年的持续探索中走出来的，是在对近代以来170多年中华民族发展历程的深刻总结中走出来的，是在对中华民族5000多年悠久文明的传承中走出来的，具有深厚的历史渊源和广泛的现实基础。它寄托着无数仁人志士的夙愿和期盼，凝聚着几代共产党人和亿万人民的奋斗与牺牲，是近代以来中国社会发展的必然选择，也是发展中国、稳定中国，实现伟大中国梦的唯一正确道路。

历史和现实都告诉我们，只有社会主义才能救中国，只有中国特色社会主义才能发展中国。中国特色社会主义是社会主义而不是其他什么主义，科学社会主义基本原则不能丢，丢了就不是社会主义。我们坚信，按照党的"十八大"的部署和新的中央领导集体的要求，随着中国特色社会主义不断发展，我们的理论必将越来越成熟，我们的制度优越性必将越来越凸显，我们的道路必将越走越宽广，中华民族复兴的伟大梦想也必将会实现。面对未来，我们完全有这样的理论自信、道路自信、制度自信。

二 实现中国梦必须弘扬中国精神

伟大的事业需要并产生伟大的精神，伟大的精神支撑和推动伟大的事业。一个国家和民族在长期生存发展的历史实践中，要把全社会的意志和力量凝聚起来，实现伟大的梦想，就必须有一个具有自身特色、与其经济基础和政治制度相适应并能形成广泛共识的共同精神家园。可以说，一个没有共同精神力量为支撑的民族，是不可能自立自强的；一个没有共同精神力量为支撑的国家，是不可能实现繁荣富强的；一个没有共同精神力量为支撑的政党，是不可能兴旺发达的。历史早已从正反两个方面证明，没有人民精神世界的极大丰富，没有全民族精神力量的凝聚发挥，没有全社会共同的理想目标和精神追求，任何国家和民族都没有前途和希望，当然也就不可能屹立于世界民族之林。正因为如此，习近平同志特别强调，实现伟大的中国梦，必须弘扬中国精神。他号召全国各族人民一定要弘扬伟大的民族精神和时代精神，不断增强团结一心的精神纽带和自强不息的精神动力，永远朝气蓬勃迈向未来。

所谓中国精神，就是以爱国主义为核心的民族精神，以改革创新为核心的时代精神。这种民族精神和时代精神，是中华民族自强不息、发展壮大的强大精神支柱，是我们不断开辟新征程、开创新未来的精神支撑。二者相辅相成、相融相生，统一于中华民族的精神品格当中。我们要通过弘扬和培育这种民族精神、时代精神，凝聚起实现伟大中国梦的强大精神动力。

爱国主义是中华民族精神的核心，它贯穿于中华民族精神形成与发展的全过程，渗透于中华民族精神的一切领域，体现在中华民族精神的方方面面。可以说，爱国主义始终是把中华民族坚强团结在一起的精神力量。在5000多年的文明发展历程中，中华民族历来以勤劳、勇敢、智慧而著称于世，锤炼形成了以爱国主义为核心的民族精神，为人类文明进步作出了不可磨灭的贡献。在外敌入侵、国家危亡之际，爱国主义始终是团结中华民族戮力御辱、救国图存的奋斗旗帜；在国家分裂、战乱纷争的时代，爱国主义始终是团结中华民族促进祖国统一、炎黄子孙相亲共睦的精神纽带；在和平建设、繁荣发展时期，爱国主义始终是团结中华民族共建美好幸福家园的精神力量。正是这一烙刻在中华民族心灵深处的爱国主义精神，使中华民族得以繁衍生息、融和兴盛，中华文明得以奔流传承、绵延不绝。在当代中国，爱国主义精神被赋予了新的时代内涵，它将团结统一、爱好和平、勤劳勇敢、自强不息与热爱祖国、热爱人民、热爱社会主义有机结合起来，成为凝聚全党全国各族人民的伟大智慧和力量，成为实现全面建成小康社会、夺取中国特色社会主义新胜利、实现中华民族伟大复兴的强大精神动力。

弘扬和培育以爱国主义为核心的民族精神，要从每一个人做起，每一个中华儿女都应当是民族精神的传播者和弘扬者，都应当从自己做起，从现在做起，从点滴做起，把对祖国对人民的热爱，转化为实现伟大梦想的实际行动。

波澜壮阔的历史实践，孕育和形成了以改革创新为核心的伟大时代精神。改革开放30多年来，我们党团结带领全国各族人民，通过改革创新不断解放和发展社会生产力，同时也在解放思想中统一思想、凝聚共识，形成了推进改革开放的强大正能量。改革创新的时代精神继承了中华民族革故鼎新的传统，体现了当代中国发展进步的要求。它表现为突破陈规、大胆探索、勇于创造的思想观念，不甘落后、奋勇争先、追求进步的责任感和使命感，坚韧不拔、自强不息、锐意进取的精神状态。这一时代精神顺应当今世界大势和时代潮流，融入当代中国共产党人和中华民族的主流意识和社会心理，鞭策着我们在改革开放伟大事业中不断解放思想、实事求是，与时俱进、求真务实，成为全党全国人民团结奋斗的强大精神支撑，成为推进改革开放和中国特色社会主义伟大事业不可或缺的强大精神力量。站在历史的新起点上，我们必须永远保持逢山开路、遇河架桥的精神，大力发扬敢于啃硬骨头、敢于涉险滩的精神，不断推进理论创新、实践创新、制度创新，为夺取中国特色社会主义新胜利，进而为实现中华民族复兴的伟大梦想奠定坚实的基础。

以爱国主义为核心的民族精神和以改革创新为核心的时代精神，是凝心聚力的兴国之魂、强国之魂。只要我们大力弘扬这种伟大的民族精神和时代精神，不断增强团结一心的精神纽带、自强不息的精神动力，努力将中国精神内化于心、外化于行，永远朝气蓬勃地朝着既定的奋斗目标迈进，我们就一定能够如期实现中华民族复兴的伟大梦想。

三 实现中国梦必须凝聚中国力量

所谓中国力量，就是中国各族人民大团结的力量。人民群众是人类历史活动的主体，是左右历史发展和社会变革的决定性力量。中国特色社会主义是亿万人民自己的事业，中国梦归根到底是人民的梦，必须紧紧依靠人民群众来实现，必须不断为人民造福。这就要求我们必须始终坚持人民主体地位，发挥人民主人翁精神，坚持问政于民、问需于民、问计于民，随时随刻倾听人民呼声、回应人民期待，依靠全国各族人民大团结的力量，不断将中国特色社会主义事业推向前进，最终实现中华民族复兴的伟大梦想。

中国梦是民族的梦，也是每个中国人的梦。实现中华民族伟大复兴凝聚了几代中国人的夙愿，体现了中华民族和中国人民的整体利益，是每一个中华儿女的共同期盼。历史和现实都告诉我们，每个人的前途命运都是与国家和民族的前途命运紧密相连的。国家好，民族好，大家才会好。生活在我们这个伟大祖国和伟大时代的中国人民，共同享有人生出彩的机会，共同享有梦想成真的机会，共同享有同祖国和时代一起成长与进步的机会。我们为今天的祖国自豪，我们为自己的时代自豪！

实现中华民族伟大复兴是一项光荣而艰巨的事业，需要一代又一代中国人共同为之努力、为之奋斗。历史的接力棒传递到我们这一代中国人手中，究竟以什么样的精神状态跑好关键时期的接力赛，决定着能否如期顺利实现中华民族的伟大复兴。国家兴亡，匹夫有责。这就要求我们每个人都要把个人的理想追求融入到实现祖国的繁荣富强当中，凝聚成实现民族复兴的强大内生动力，在实现祖国和民族的共同梦想中去实现个人的理想。只要我们紧密团结，万众一心，为实现共同梦想而奋斗，实现梦想的力量就无比强大，我们每个人为实现自己梦想的努力就拥有广阔的空间。有梦想，有机会，有奋斗，一切美好的东西都能够创造出来。为此，我们一定要牢记历史使命，牢记"空谈误国、实干兴邦"的道理，心往一处想，劲往一处使，实干、实干、再实干，不动摇、不懈怠、不折腾，凝心聚力，把 13 亿人的智慧和力量汇集成不可战胜的磅礴力量，中华民族复兴的伟大梦想就一定能实现！

（原载《人民日报》2013 年 3 月 28 日）

中国梦是具有中国特色的话语体系

自去年 11 月 29 日习近平总书记参观国家博物馆"复兴之路"展览，发出实现中华民族伟大复兴中国梦的号召以后，"中国梦"已经成为当下中国使用频率最高的热词。毫无疑问，用中国梦来描绘中华民族伟大复兴的理想，解读中国特色社会主义道路、制度、目标和前景，这是一个纯粹中国式的表述方式。它表达了全中国人民共同的理想和追求，是一个具有中国特色的话语体系。它与国家的梦想/民族的梦想、人民的梦想、每个人的梦想都紧密相连，通俗易懂，深入人心，既好听、又好记。

打造具有中国特色、中国风格、中国气派的话语体系，与不断进行党的理论创新、实现马克思主义中国化，是中国共产党人一贯的追求。早在革命战争年代，毛泽东就提出要"使马克思主义在中国具体化，使之在其每一表现中带着必须有的中国的特性"。[①] 在不断推进党的理论创新的同时，他又提出"必须联系中国的革命实际来研究马克思主义"，[②] 形成"为中国老百姓所喜闻乐见的中国作风和中国气派"的文风、学风。形成这样的文风、学风，用我们今天的话来说，就是要打造与党的创新理论相适应

---

① 毛泽东：《中国共产党在民族战争中的地位》（1938 年 10 月 14 日），《毛泽东选集》第二卷，人民出版社，1991，第 534 页。

② 毛泽东：《反对党八股》（1942 年 2 月 8 日），《毛泽东选集》第三卷，人民出版社，1991，第 844 页。

的话语体系。正是为了打造这样的话语体系，毛泽东与当时的
"洋八股""党八股"进行了长期不懈的斗争。

到了改革开放历史新时期，党的理论创新更加迫切，打造具
有中国特色话语体系的任务也更加突出。邓小平反复强调："应
该学会用自己的话来写文章。当然不是说不要引人家的话，是说
不要处处都引。主要的是要用马克思主义的立场、观点、方法来
分析问题，解决问题。"① 世纪之交，面对扑面而来的全球化浪
潮，江泽民在强调要重视学习和吸收人类文明的一切优秀成果的
同时，又特别强调这种学习必须立足于中国实际，形成自我创新
的能力。他认为，我们党的任何理论创新，"只有首先赢得中国
人民的喜爱，具有中国风格、中国气派，才能堂堂正正地走向世
界和屹立于世界文化之林"。②

党的"十六大"以来，以胡锦涛为总书记的党中央首次提出
"努力建设面向现代化、面向世界、面向未来，具有中国特色的
哲学社会科学"这一时代课题，要求"中国哲学社会科学的繁荣
发展要既立足当代又继承传统，既立足本国又学习国外，大力推
进学术观点创新、学科体系创新和科学方法创新"。③ 2011 年，
党的十七届六中全会决定强调，要"建设具有中国特色、中国风
格、中国气派的哲学社会科学"。2012 年 6 月，李长春同志在马
克思主义理论研究和建设工程工作会议上进一步提出："如何在
学习借鉴人类文明成果的基础上，用中国的理论研究和话语体系
解读中国实践、中国道路，不断概括出理论联系实际的、科学
的、开放融通的新概念、新范畴、新表述，打造具有中国特色、
中国风格、中国气派的哲学社会科学学术话语体系，是理论界和
学术界面临的重大而紧迫的时代课题。"④

---

① 邓小平：《在全军政治工作会议上的讲话》（1978 年 6 月 2 日），《邓小平文
选》第二卷，人民出版社，1993，第 118 页。
② 《发展和繁荣社会主义文艺》（1996 年 12 月 16 日），《"十四大"以来重要文
献选编》（下），人民出版社，1999，第 2152 页。
③ 《人民日报》2004 年 5 月 29 日。
④ 《人民日报》2012 年 6 月 3 日。

实际上，如何面对这一时代课题，打造具有中国特色的话语体系，不仅是理论界、学术界必须认真思考的问题，而且是全党上下都需要认真思考和不断改进的问题。因为这个问题不仅涉及文风问题，而且涉及党风问题。党风决定着文风，文风体现出党风。

习近平同志对坚持党的理论创新，打造具有中国特色、中国风格、中国气派的话语体系，实现马克思主义中国化、大众化高度重视。他曾经指出："马克思主义大众化，就是把马克思主义理论用简单质朴的语言讲清楚、用群众喜闻乐见的方式说明白，使之更好地为广大党员和人民大众所理解、所接受。"① 2010 年，在中央党校春季学期第二批入学学员开学典礼上，他曾专门讲到改进文风的问题，呼吁要大力提倡短、实、新的文风。所谓短，就是要力求简短精练、直截了当，要言不烦、意尽言止，观点鲜明、重点突出；所谓实，就是要讲符合实际的话不讲脱离实际的话，讲管用的话不讲虚话，讲有感而发的话不讲无病呻吟的话，讲反映自己判断的话不讲照本宣科的话，讲明白通俗的话不讲故作高深的话；所谓新，就是力求思想深刻、富有新意。

习近平同志是这样说的，也是这样做的。党的"十八大"以来，他的一系列重要讲话，都突出表现了文风朴实、形象生动的特点。"实干兴邦，空谈误国""革命理想高于天""抓铁留痕、踏石留印""鞋子合不合脚，自己穿了才知道"，等等。这些通俗的语言，流行的话语，早已让人耳熟能详，记忆深刻。而其中最具代表性、最有震撼力的，还要数他提出实现中国梦这一重大战略思想。

可以说，中国梦是一个典型的具有中国特色的话语体系。这是因为，它不仅在形式上表现为中国老百姓喜闻乐见的中国作风、中国气派，而且在内容上总结、吸收了改革开放以来探索中国特色社会主义道路的思想成果，展示了中国道路、中国模式和中国经验的独特魅力。它继承了前人的奋斗和梦想，承接了近代

---

① 《学习时报》2009 年 11 月 17 日。

以来国家富强、民族振兴、人民幸福的时代主题，面向现代化、面向世界、面向未来，既具有历史的继承性、连续性和人民性，又具有现实针对性、前瞻性和开放性。具体来说，主要表现在以下几个方面。

一　中国梦是一个面向现代化的话语体系

众所周知，近代中国的衰落，源自西方工业文明对东方农耕文明的冲击。因此，追求工业化、近代化乃至现代化，一直是中国近代以来的时代最强音。国家富强，吸引着一代又一代仁人志士奋起抗争。这期间，有林则徐、魏源"师夷长技以制夷"的主张，有洋务派"中体西用、自强求富"的幻想，有戊戌变法通过"君主立宪"实现国富民强的企望，也有孙中山振兴中华的呐喊和梦想。到了新民主主义革命时期，中国共产党人明确提出要为中国的工业化、近代化而斗争的战略目标。新中国成立后，他们围绕着把一个贫穷落后的农业国迅速改变为一个强大的社会主义现代化国家这个主题，先后提出了工业化、四个现代化、富强民主文明和谐这样几个既相联系又有区别的奋斗目标，并通过逐步实施三步走的发展战略，终于迎来了实现全面小康、开启现代化征程的新阶段。习近平同志站在这个历史的关节点上，提出实现中国梦这个重大战略思想，虽然不能简单地等同于我们过去常说的工业化、近代化、现代化等话语，但又囊括了这些话语的基本内核。可以说，实现中国梦，前提是国家富强，本质上就是要实现现代化。只有国家富强，民族振兴才有坚实基础，人民幸福才有根本指望。因此，中国梦首先是一个面向现代化、追求国家富强的话语体系。

二　中国梦是一个承接历史、与时俱进的话语体系

它承接前人的奋斗和梦想，回答历史遗留的问题。这个问题，就是民族振兴的时代主题。民族振兴是国家富强的根本标志，是人民幸福的重要保障。近代以来，随着鸦片战争打碎晚清帝国"万国来仪"的天朝遗梦，中国开始沦为半封建半殖民地的

困境，从此，实现中华民族伟大复兴的中国梦，就开始成为一批又一批仁人志士的奋斗的目标。中国共产党从成立之日起，就担负起民族独立、人民解放的历史使命。通过革命、建设和改革三个历史阶段的接力奋斗，终于为中华民族的伟大复兴奠定了坚实的基础。世纪之交，江泽民同志在中华世纪坛发表 2000 年贺词，郑重提出"中华民族将在完成祖国统一和建立富强民主文明的社会主义现代化国家的基础上实现伟大的复兴"。时至今日，我们比历史上任何时期都更接近中华民族伟大复兴的目标，比历史上任何时期都更有信心、有能力实现这个目标。正是在此基础上，习近平同志提出实现民族复兴中国梦的重大战略思想，可谓是水到渠成，势所必然。他在参观《复兴之路》展览时用"雄关漫道真如铁""人间正道是沧桑""长风破浪会有时"三句诗，来解读中国梦的丰富内涵，生动诠释了中华民族的昨天、今天和明天，深刻揭示了国家富强、民族振兴、人民幸福的时代主题，真实反映了中国特色社会主义的理论和实践成果，充分体现了中国梦这一话语体系与时俱进的时代特色。

三　中国梦是一个面向人民大众的话语体系

它把人民幸福放在前所未有的重要地位，强调中国梦归根到底是人民的梦，体现了经济社会发展与人的全面发展的有机统一，体现了党领导的伟大事业与党的根本宗旨的有机统一。中国梦不仅表现为国家富强、民族振兴，而且表现为人民幸福。换言之，实现中国梦，目的就是要使人民幸福，让人民群众过上美好的生活。只有这样，国家富强才有精神寄托，民族复兴才有根本希望。总之，中国梦这个话语体系，用老百姓听得懂、记得住的语言，表达了中国共产党人的宗旨，也表达了中国梦的精神实质，揭示了实现中国梦就是为了实现人民幸福这一历史的真谛。

四　中国梦是一个面向现实的话语体系

它着眼于解决现实生活中的各种复杂问题和人们思想中的种

种疑虑困惑，注意调动不同社会阶层和群体的积极性，为实现伟大的梦想而凝心聚力，共同奋斗。改革开放以来，我国经济社会发展很快，创造了极大的社会财富，但财富分配并不是完全公平的，一些地方在上学、就业、社会保险等方面也并非十全十美。在深化、发展社会主义市场经济的时代背景和社会现实面前，我们确实需要倡导一种公平正义的价值观，让生活在我们这个时代的人民，共同享有人生出彩的机会，共同享有美梦成真的机会，共同享有同国家和时代一起成长与进步的机会。共建共享中国梦，必将焕发出共同理想、共同目标、共同事业所具有的强大凝聚力。

五　中国梦是一个面向未来的话语体系

它不仅向人们描绘了中华民族伟大复兴的美好前景，而且指明了要实现这一伟大梦想的具体途径，那就是必须毫不动摇地坚持走中国特色社会主义道路；必须始终弘扬中国精神，也就是以爱国主义为核心的民族精神和以改革创新为核心的时代精神；必须不断凝聚中国力量，也就是全国各族人民大团结的力量。不仅如此，它还提出了实现这一梦想的发展战略，那就是要在中国共产党成立100周年的时候全面建成小康社会，在新中国成立100周年的时候建成富强民主文明和谐的社会主义现代化国家。按照这样的发展战略，坚定不移推进改革开放，不断改进作风，为民务实、真抓实干，不动摇、不懈怠、不折腾，伟大的中国梦就一定能够实现。

六　中国梦还是一个面向世界的话语体系

正如习近平同志出访俄罗斯时所阐述的那样，中国梦不仅是属于中国的，也是属于世界的。中国梦的实现绝对不是以牺牲他国的正当利益为代价。相反，它的实现恰恰为世界各国的发展提供了机会，为人类追求和平与发展的梦想加分。由此可见，中国梦的提出，借鉴了世界各国人民的梦想包括美国梦的某些合理、积极的因素。中国梦和美国梦，体现了世界上经济最强大的两国人民对美好未来的向往。尽管由于历史、文化、经济、地理等因素，决定了中国梦与美国梦的内涵各有不同，但有一点肯定是相通的，那就是要实现各自的梦想，都必须需要和平、发展、合作、共赢的国际大环境，让各自的人民过上和平安稳的好日子。正因为如此，习近平主席最近在同美国总统奥巴马的会晤中特别强调，中国梦与包括美国梦在内的世界各国人民的美好梦想相通。把中国梦与美国梦对接起来，让人倍感亲切，倍感振奋，也充分体现了这一话语体系的开放性和世界性。可以想见，中国梦的实现，对推动公正、民主、和谐世界秩序的建设，对人类文明的进步和发展，必将作出巨大的贡献。

说到中国梦，人们自然就会想到另一个词汇——"小康社会"。当年邓小平在同日本代表团大平正芳等人会谈时，为了解释什么是中国式的现代化，脱口说出了这个词，既形象又具体。其实仔细想一想，小康社会这个词，也不属于现代西方的话语体系，而是来自中国的传统文化。在康有为等人那里，小康社会是与大同世界相对应的一种境界、一个社会发展阶段。邓小平借用这个词来形容中国特色社会主义将要达到的一个初步目标，既通俗又贴切。在今天，已经没有一个中国人会怀疑小康社会这个名词的科学性。不仅如此，我们还在此基础上提出了"全面小康"这样的新名词、新概念，西方社会也普遍接受了这样的提法。由此可见，有些话语虽然是中国的，但只要包含的内涵丰富科学，适应本国人民的心理期盼，符合世界发展的时代潮流，就完全是能够走向世界的。

其实，我们的前人，像梁启超等早就有过"少年中国梦"这样的提法。梁启超曾于戊戌变法失败后的 1900 年，写过一篇著名的文章叫《少年中国说》，表达了这样的梦想："少年智则国智，少年富则国富；少年强则国强，少年独立则国独立；少年自由则国自由，少年进步则国进步；少年胜于欧洲则国胜于欧洲，少年雄于地球则国雄于地球。"在国难深重的年代，抒发这样的梦想，表达了当时中国的知识分子和仁人志士对民族复兴的渴望与追求。

　　总之，用"中国梦"这样的名词来概括全体中国人民对国家富强、民族振兴、人民幸福的期待和梦想，来表达党领导人民实现民族复兴的重大战略思想，既形象贴切，又通俗易懂。这一具有中国特色的话语体系，既面向现代化、面向世界、面向未来，又承接历史，面向现实、面向人民大众，揭示了中国道路、中国模式和中国经验的丰富内涵。它不仅记录了中华民族从饱受屈辱到赢得独立解放的非凡历史，而且总结了党领导人民探索中国特色社会主义道路的艰辛历程，展现了中国特色社会主义前程似锦的美好未来。可以想见，随着时间的推移和实践的发展，中国梦这一中国特色语境下的科学概念和重大战略思想，必将更加深入人心，鼓舞人心，振奋人心。

　　（原载《光明时报》2013 年 7 月 8 日和《求是》2014 年第 2 期）

实现中国梦的重大战略部署

——学习习近平总书记重要讲话精神

党的"十八大"以来，以习近平同志为总书记的新一届中央领导集体，承前启后、继往开来，在接力推进中国特色社会主义伟大征程中，准确把握当今世界发展大势和我国社会进步的时代潮流，明确提出并深刻阐述实现中华民族伟大复兴中国梦的重大战略思想。围绕着如何实现中国梦，习近平总书记在进行深入思考和不断探索的基础上，提出了一系列新要求，作出了一系列重大战略部署，展示了新的一届中央领导集体的执政思路。认真学习和深刻领会其中的精神实质，给我们信心，给我们力量。

一　坚定理想信念，坚守共产党人精神追求

人是要有一点精神的，人无精神不立；党也是要有一点精神的，党无精神不强。上任伊始，习近平同志就在新一届中央政治局第一次集体学习时指出，坚定理想信念，坚守共产党人精神追求，始终是共产党人安身立命的根本。对马克思主义的信仰，对社会主义和共产主义的信念，是共产党人的政治灵魂，是共产党人经受住任何考验的精神支柱。90多年来，我们党之所以能够团结带领人民取得革命、建设和改革的伟大成就，最根本的一条就是因为中国共产党人始终胸怀共产主义远大理想和中国特色社会主义坚定信念，始终保持着旺盛的革命斗志和奋发有为的精神状态。同样，要实现中华民族伟大复兴中国梦，我们首先也必须树

立共产主义远大理想和中国特色社会主义坚定信念。

改革开放 30 多年来，经过全党全国人民的不懈奋斗，中国特色社会主义事业取得了举世瞩目的成就。历史发展到今天，中国特色社会主义道路越走越宽阔，中国特色社会主义共同理想、中华民族复兴伟大梦想和共产主义远大理想，已经内在地统一起来了。我们比历史上任何时期都更接近中华民族伟大复兴的目标，比历史上任何时期都更有信心、有能力实现这个目标。正因为如此，我们要更加坚定中国特色社会主义和共产主义理想信念，并与坚定中华民族伟大复兴的信心有机结合起来，以此激发我们战胜前进道路上的一切艰难险阻，乘势而上、锐意进取，把伟大中国梦一步步变为美好的现实。

"革命理想高于天"，这是习近平同志在新进中委、候补中委学习班上引用的一句名言。他强调，共产党员特别是党员领导干部要做共产主义远大理想和中国特色社会主义共同理想的坚定信仰者和忠实践行者。没有远大理想，不是合格的共产党员；离开现实工作而空谈远大理想，也不是合格的共产党员。此前，他还形象地说过，理想信念就是共产党人精神上的"钙"，没有理想信念，理想信念不坚定，精神上就会"缺钙"，就会得"软骨病"。在现实生活中，一些党员、干部出这样那样的问题，说到底都是信仰迷茫、精神迷失的结果。

习近平同志如此强调理想信念的重要性，不仅是对老一辈革命家理想信念观的继承和发展，而且是对我们党适应新变化、完成新使命提出的新要求。我们必须按照"十八大"的新部署和习近平同志的新要求，矢志不渝为实现中国特色社会主义共同理想、中华民族复兴伟大梦想和共产主义远大理想而奋斗。

二 坚持走中国特色社会主义道路

道路问题是关系党的事业兴衰成败第一位的问题，关乎国家前途、民族命运、人民幸福。一个国家选择什么样的道路，实行什么样的主义，关键要看这条道路、这个主义能否解决这个国家面临的历史性课题。习近平同志在十二届人大一次会议上指出，实现中国梦必须走中国道路，这就是中国特色社会主义道路。

历史和实践证明，中国特色社会主义是科学社会主义理论逻辑和中国社会发展历史逻辑的辩证统一，是根植于中国大地、反映中国人民意愿、适应中国和时代发展进步要求的科学社会主义，是全面建成小康社会、加快推进社会主义现代化、实现中华民族伟大复兴的必由之路。为了探索这样一条"复兴之路"，几代中国共产党人付出了巨大的努力。艰难困苦，玉汝于成。这条道路，承载着中国共产党人的理想和探索，寄托着无数仁人志士的夙愿和期盼，凝聚着亿万人民的奋斗和牺牲，是近代以来中国社会发展的必然选择，也是发展中国、稳定中国，实现中华民族伟大复兴梦想的唯一正确选择。习近平同志强调，中国特色社会主义道路是在改革开放30多年的伟大实践中走出来的，是在中华人民共和国成立60多年的持续探索中走出来的，是在对近代以来170多年中华民族发展历程的深刻总结中走出来的，是在对中华民族5000多年悠久文明的传承中走出来的，具有深厚的历史渊源和广泛的现实基础。

历史不能割裂，否定历史就是否定现在和未来。我们党领导人民进行社会主义建设，有改革开放前和改革开放后两个历史时期，这是两个相互联系又有重大区别的时期，但本质上都是我们党领导人民进行社会主义建设的实践探索。对此，习近平同志强调，中国特色社会主义是在改革开放历史新时期开创的，但也是在新中国已经建立起社会主义基本制度，并进行了20多年建设的基础上开创的。不能用改革开放后的历史时期否定改革开放前的历史时期，也不能用改革开放前的历史时期否定改革开放后的历史时期。他要求全党都要认真学习党史、国史，认为这是坚持和发展中国特色社会主义，把党和国家各项事业推向前进的必修课。只有学好党史、国史，才能真正理解中国特色社会主义道路来之不易，才能更加坚定我们的道路自信、理论自信、制度自信。

坚持和发展中国特色社会主义是一篇大文章，我们这一代共产党人的任务，就是要继续把这篇大文章写下去。对此，习近平同志强调，我们永远要有逢山开路、遇河架桥的精神，锐意进取，大胆探索，不断推进理论创新、实践创新、制度创新；不断丰富中国特色社会主义的实践特色、理论特色、民族特色、时代特色。按照这样的战略部署，我们坚信，随着中国特色社会主义实践的不断发展，我们的理论必将越来越成熟，我们的制度优越性必将越来越凸显，我们的道路必将越走越宽广，中华民族伟大复兴梦想必将会实现。

三 弘扬以爱国主义为核心的民族精神，以改革创新为核心的时代精神

伟大的事业需要并产生伟大的精神，伟大的精神支撑和推动伟大的事业。历史和实践昭示，一个没有共同精神力量为支撑的民族，是不可能自立自强的；一个没有共同精神力量为支撑的国家，是不可能实现繁荣富强的；一个没有共同精神力量为支撑的政党，是不可能兴旺发达的。习近平同志在十二届全国人大一次会议上讲话指出，实现中国梦必须弘扬中国精神。这就是以爱国主义为核心的民族精神，以改革创新为核心的时代精神。

爱国主义是中华民族精神的核心，它贯穿于中华民族精神形成与发展的全过程，渗透于中华民族精神的一切领域，体现在中华民族精神的方方面面。可以说，爱国主义始终是把中华民族坚强团结在一起的精神力量。在当代中国，爱国主义精神被赋予了新的时代内涵，它将团结统一、爱好和平、勤劳勇敢、自强不息与热爱祖国、热爱人民、热爱社会主义有机结合起来，成为凝聚全党全国各族人民的伟大智慧和力量，成为实现中国梦的强大精神动力。

波澜壮阔的历史实践，孕育和形成了以改革创新为核心的伟大时代精神。改革创新的时代精神继承了中华民族革故鼎新的传统，体现了当代中国发展进步的要求。它集中表现为突破陈规、大胆探索、勇于创造的思想观念，不甘落后、奋勇争先、追求进步的责任感和使命感，坚韧不拔、自强不息、锐意进取的精神状态。这一时代精神顺应当今世界大势和时代潮流，融入当代中国

共产党人和中华民族的主流意识和社会心理，鞭策着我们在改革开放伟大事业中不断解放思想、实事求是，与时俱进、求真务实，成为全党全国人民团结奋斗的强大精神支撑。

以爱国主义为核心的民族精神和以改革创新为核心的时代精神，是凝心聚力的兴国之魂、强国之魂。只要我们大力弘扬伟大的民族精神和时代精神，不断增强团结一心的精神纽带、自强不息的精神动力，努力将中国精神内化于心、外化于行，永远朝气蓬勃朝着既定的奋斗目标迈进，就一定能够如期实现伟大的中国梦。

四　凝聚中国各族人民大团结的力量

人民群众是人类历史活动的主体，是推动历史发展和社会变革的决定力量。中国梦是民族的梦，也是每个中国人的梦，归根到底是人民的梦，必须紧紧依靠人民群众来实现。正因为如此，习近平同志在十二届全国人大一次会议上讲话指出，实现中国梦必须凝聚中国力量，这就是中国各族人民大团结的力量。

国家兴亡，匹夫有责。实现中华民族伟大复兴中国梦，是广大人民群众自己的事业，需要每一个人继续付出辛勤劳动和艰苦努力，自觉把人生理想、家庭幸福融入国家富强、民族复兴的伟业之中，把个人梦与中国梦紧密联系在一起。在十二届人大一次会议上，习近平同志对不同社会群体、不同社会阶层都提出了明确的要求。他希望广大的工人、农民、知识分子，都要发挥聪明才智，勤奋工作，积极在经济社会发展中发挥主力军和生力军作用；一切国家机关工作人员，都要克己奉公，廉政勤政，关心人民疾苦，为人民办实事；一切非公有制经济人士和其他新的社会阶层人士，都要发扬劳动创造精神和创业精神，回馈社会，造福人民，做合格的中国特色社会主义事业的建设者。

祖国统一、人民团结是实现中国梦的前提条件。在中国特色社会主义道路上实现中华民族的伟大复兴，就必须高度珍视并切实维护国家统一。习近平同志希望，广大台湾同胞要和大陆同胞携起手来，真诚团结合作，共同致力于实现中华民族伟大复兴，共同开创中华民族新的前程；港澳同胞要以国家和香港、澳门整体利益为重，共同维护和促进香港、澳门长期繁荣稳定；广大海外侨胞，要弘扬中华民族勤劳善良的优良传统，共同为实现中国梦作出自己应有的贡献。

青年是祖国的未来，青年最富有朝气、最富有梦想。中国特色社会主义事业能否薪火相传，中国梦能否梦想成真，希望寄托在一代代青年人身上。习近平同志希望广大青年要勇敢肩负起时代赋予的重任，志存高远，脚踏实地，增长知识，锤炼意志，努力在实现伟大复兴中国梦的生动实践中放飞青春梦想。

习近平同志的上述一系列要求和希望，表达了全体中国人民的心声，对凝心聚力共筑中国梦，具有强大的感召作用。只要全国各族人民和台湾同胞、港澳同胞、海外侨胞携起手来，共同开创中华民族新的前程，伟大复兴的中国梦就一定能够实现！

五　始终做到改革不停顿、开放不止步

改革开放是决定当代中国命运的关键一招，也是决定实现"两个一百年"奋斗目标、实现中华民族伟大复兴的关键一招。当前，我们面临国际国内严峻复杂的风险考验，改革已经进入攻坚期和深水区，深化改革开放和转变经济发展方式任务十分艰巨。这就要求我们必须以更大的政治勇气和智慧，不失时机深化重要领域改革，不失时机扩大对外开放。为此，习近平同志上任伊始，就前往广东，重走当年邓小平同志南方考察之路，强调要坚定不移走改革开放的强国之路，做到改革不停顿、开放不止步，充分表明了新一届中央领导集体坚持改革开放的决心和意志。

用改革开放"关键一招"来实现"中国梦"，就要发扬敢于啃硬骨头、敢于涉险滩的精神，既勇于冲破思想观念的障碍，又勇于突破利益固化的藩篱。要尊重人民的首创精神，在深入调查研究的基础上提出全面深化改革的顶层设计和总体规划，鼓励大胆探索、勇于开拓，聚合各项相关改革协调推进的正能量，不断把中国特色社会主义事业推向前进。对此，习近平同志在接受金

砖国家媒体联合采访时指出，改革开放是当代中国的鲜明标志和活力源泉，是发展中国特色社会主义的必由之路。没有改革开放，就没有中国的今天，也不会有中国更加美好的未来。改革开放只有进行时，没有完成时；改革开放中的矛盾只能用改革开放的办法来解决。

今年7月，在湖北考察改革发展工作时，习近平同志进一步强调了全面深化改革的重要性。他指出，应对当前我国发展面临的一系列矛盾和挑战，关键在于全面深化改革。必须从纷繁复杂的事物表象中把准改革脉搏，把握全面深化改革的内在规律，特别是要把握全面深化改革的重大关系，处理好解放思想和实事求是的关系、整体推进和重点突破的关系、顶层设计和摸着石头过河的关系、胆子要大和步子要稳的关系、改革发展稳定的关系。

深化改革开放，要坚定信心、凝聚共识、统筹谋划、协同推进。习近平同志在武汉召开部分省市负责人座谈会时，要求加强对改革重大问题的调查研究，强调要下大功夫总结和运用我国改革开放的成功经验，下大功夫把握党和国家事业发展对改革开放的客观要求，下大功夫了解党内外对改革开放的各种意见和建议，下大功夫了解地方、基层和群众在改革方面做的有益探索。他从六个方面提出了当前全面深化改革需要深入调查研究的重大问题。一是进一步形成全国统一的市场体系，形成公平竞争的发展环境；二是进一步增强经济发展活力，为实现经济持续健康发展提供不竭动力；三是进一步提高宏观调控水平，提高政府效率和效能；四是进一步增强社会发展活力，促进社会和谐稳定；五是进一步实现社会公平正义，通过制度安排更好保障人民群众各方面权益；六是进一步提高党的领导水平和执政能力，充分发挥党总揽全局、协调各方的作用。

深刻领会习近平同志的讲话精神，在深入调查研究的基础上搞清楚上述六个方面的重大问题，对提高决策的科学性，落实"十八大"关于全面深化改革开放的战略部署，用改革开放"关键一招"来实现"中国梦"，具有极为重要的意义。

六 推动科学发展，加强生态文明建设

继续推进中国特色社会主义事业，实现民族复兴的中国梦，必须坚持以经济建设为中心，以科学发展为主题，以转变经济发展方式为主线，实现以人为本、全面协调可持续的科学发展。对此，习近平同志在主持中央政治局第一次集体学习时提出，我们要牢牢抓好党执政兴国的第一要务，始终代表中国先进生产力的发展要求，坚持以经济建设为中心，在经济不断发展的基础上，协调推进政治建设、文化建设、社会建设、生态文明建设以及其他各方面建设。

当今世界，国际经济竞争甚至综合国力竞争，说到底都是创新能力的竞争。谁能够在创新问题上占据制高点，谁就能够掌握发展的主动权。习近平同志在广州主持召开经济工作座谈会时强调，要继续坚定不移推进体制创新、科技创新，落实创新驱动发展战略，推动经济发展方式转变，推进经济结构战略性调整，为推动科学发展增添新动力。

推动科学发展，目的是为了提高发展质量，最终要落实到改善民生上。为了实现科学发展，习近平同志提出要摒弃不合时宜的旧观念，冲破制约发展的旧框框，加大转变经济发展方式、调整经济结构力度，更加注重改善民生。近日，在湖北考察工作时，他希望广大干部群众要着力在推进经济发展方式转变和产业结构调整上取得新突破，着力在推进农业现代化上不断取得新成果，着力在保障和改善民生上不断取得新进展，着力在生态文明建设上取得新成效，使经济更好、结构更优、质量更高、后劲更足、实力更强。

随着我国经济社会发展不断深入，生态文明建设地位和作用日益凸显。建设生态文明是建设中国特色社会主义总体布局的重要组成部分，是推进经济社会全面协调可持续发展的集中体现，关系人民福祉，关乎民族未来。为此，习近平同志在中央政治局第六次集体学习时指出，生态环境保护是功在当代、利在千秋的事业。他要求全党都要清醒认识保护生态环境、治理环境污染的

紧迫性和艰巨性，清醒认识加强生态文明建设的重要性和必要性，以对人民群众、子孙后代高度负责的态度和责任，真正下决心把环境污染治理好、把生态环境建设好，努力走向社会主义生态文明新时代，为人民创造良好生产生活环境，努力建设美丽中国，实现中华民族永续发展。

习近平同志关于推动科学发展，加强生态文明建设的一系列战略部署，为我国经济社会发展指明了方向，标志着我们党对中国特色社会主义规律认识的进一步深化，表明了我们党坚定不移推动经济社会持续健康发展、进而实现中华民族伟大复兴的坚定决心和坚强意志。

七 坚定不移走中国特色社会主义政治发展道路，加快建设社会主义法治国家

全面建成小康社会、实现社会主义现代化和中华民族伟大复兴中国梦，必须坚定不移走中国特色社会主义政治发展道路，落实依法治国基本方略，加快建设社会主义法治国家。习近平同志在首都各界纪念现行宪法公布施行 30 周年大会上指出，坚持中国特色社会主义政治发展道路，关键是要坚持党的领导、人民当家做主、依法治国有机统一，以保证人民当家做主为根本，以增强党和国家活力、调动人民积极性为目标，扩大社会主义民主，发展社会主义政治文明；落实依法治国基本方略，加快建设社会主义法治国家，就必须全面推进科学立法、严格执法、公正司法、全民守法进程。

全面贯彻实施宪法，是建设社会主义法治国家的首要任务和基础性工作。依法治国首先是依宪治国，依法执政关键是依宪执政。习近平同志强调，在宪法实施过程中，要坚持党的领导，更加注重改进党的领导方式和执政方式。党领导人民制定宪法和法律，党领导人民执行宪法和法律，党自身必须在宪法和法律范围内活动，真正做到党领导立法、保证执法、带头守法。与此同时，他还强调，在宪法实施过程中，要坚持人民主体地位，切实保障公民享有权利和履行义务。这些论述，深刻阐述了宪法和宪

法实施在建设社会主义法治国家中的重要地位，具有深刻的思想性和现实指导性。

坚持国家一切权力属于人民的宪法理念，尊重和保障人权，保证公民在法律面前一律平等，努力让人民群众在每一个司法案件中都感受到公平正义，是推进社会主义法治建设的重大任务。对此，习近平同志提出：要依法保障全体公民享有广泛的权利，保障公民的人身权、财产权、基本政治权利等各项权利不受侵犯，保证公民的经济、文化、社会等各方面权利得到落实，努力维护最广大人民根本利益，保障人民群众对美好生活的向往和追求。认真落实这些要求，保证人民依法享有广泛权利和自由，就能进一步调动人民群众为实现中国梦而奋斗的积极性、主动性和创造性。

为进一步健全和完善中国特色社会主义法律体系，习近平同志还提出了全面推进依法治国的总体思路，这就是要全面推进科学立法、严格执法、公正司法、全民守法，坚持依法治国、依法执政、依法行政共同推进，坚持法治国家、法治政府、法治社会一体建设，不断开创依法治国新局面。按照这个思路进行战略部署，将对加快我国社会主义法治建设，产生重大的推动作用。

习近平同志关于坚定不移走中国特色社会主义政治发展道路，加快建设社会主义法治国家的一系列要求和部署，回应了人民群众对法律公平正义的关注和期待，对实现国家的梦、民族的梦，归根到底是人民的梦，提供了坚强有力的法制保障。

八　高度重视意识形态工作，不断开创宣传思想文化工作新局面

要坚持中国道路、弘扬中国精神、凝聚中国力量，就必须高度重视意识形态工作，巩固马克思主义在意识形态领域的指导地位，巩固全党全国人民团结奋斗的共同思想基础。只有把全国各族人民团结和凝聚在中国特色社会主义伟大旗帜之下，才能为实现"两个一百年"奋斗目标、实现伟大复兴中国梦提供强大思想理论支撑。

党的"十八大"以来,习近平同志多次强调坚定理想信念和加强意识形态工作的极端重要性。在全国宣传思想工作会议上,他明确提出能否做好意识形态工作,事关党的前途命运,事关国家长治久安,事关民族凝聚力和向心力。这"三个事关",指明了意识形态工作引领社会、凝聚人心、推动发展的强大支撑作用,道出了意识形态工作的根本性、战略性、全局性意义。

在这次讲话中,习近平同志还围绕加强意识形态工作,深刻阐明了党的中心工作和意识形态工作的关系、远大理想和现实目标关系、党性和人民性的关系、意识形态工作与思想宣传工作的关系。他认为,宣传思想工作就是要巩固马克思主义在意识形态领域的指导地位,巩固全党全国人民团结奋斗的共同思想基础。为此,他进一步阐明了新形势下宣传思想工作的方针原则、目标任务和工作要求,提出开展宣传思想工作,要坚持团结稳定鼓劲、正面宣传为主,坚持弘扬主旋律、传播正能量;宣传思想工作创新,重点要抓好理念创新、手段创新、基层工作创新,只有做好这"三个创新",才能把握社会脉搏、反映时代精神、贴近现实生活,让宣传思想工作始终成为社会进步的先导;要引导人们更加全面客观地认识当代中国、看待外部世界,既要客观、全面、真实地报道世界,又要把中国故事讲好,把中国声音传播好,使我们的民族精神、民族魂,更好地走向并融入世界。他要求全党上下、各级部门都要高举旗帜、团结一心、奋发进取,不断开创宣传思想文化工作新局面。

习近平同志关于高度重视意识形态工作和做好宣传思想文化工作的重要论述,深刻阐述了事关意识形态和宣传思想工作长远发展的一系列重大理论与现实问题,对引导广大干部群众为实现中华民族伟大复兴的中国梦而奋斗,具有十分重要的指导意义。

九 坚持富国和强军相统一,努力建设巩固国防和强大军队

中国梦是强国梦,对军队来说,也是强军梦。一个国家要自立于世界民族之林,既要有雄厚的经济实力,又要有强大的国防

力量作后盾。如果没有一个巩固的国防，没有一支强大的军队，实现中国梦就没有保障。习近平同志在广州战区考察时指出，我们要实现中华民族伟大复兴，必须坚持富国和强军相统一，努力建设巩固国防和强大军队；必须做好军民融合式发展这篇大文章，坚持需求牵引、国家主导，努力形成基础设施和重要领域军民深度融合的发展格局。

正是为了科学统筹富国和强军两大战略任务，习近平同志提出了党在新形势下的强军目标。他要求加强军队建设必须做到三个牢记：一是要牢记坚决听党指挥是强军之魂，毫不动摇坚持党对军队的绝对领导，任何时候任何情况下都坚决听党的话、跟党走；二是要牢记能打仗、打胜仗是强军之要，按照打仗的标准搞建设抓准备，确保我军始终能够招之即来、来之能战、战之必胜；三是要牢记依法治军、从严治军是强军之基，保持严明的作风和铁的纪律，确保部队高度集中统一和安全稳定。

在出席十二届全国人大一次会议解放军代表团全体会议时，他又进一步提出，听党指挥是灵魂，决定军队建设的政治方向；能打胜仗是核心，反映军队的根本职能和军队建设的根本指向；作风优良是保证，关系军队的性质、宗旨、本色。全军要准确把握这一强军目标，用以统领军队建设、改革和军事斗争准备，努力把国防和军队建设提高到一个新水平。3 月 17 日，刚刚当选中华人民共和国主席的习近平同志发出号召，军队要按照这一强军目标，提高履行使命能力，坚决捍卫国家主权、安全、发展利益，坚决保卫人民生命财产安全。近日，他在视察北京军区时又进一步强调，要紧紧围绕强军目标，聚焦能打仗、打胜仗，全面加强部队建设，坚决完成党和人民赋予的各项任务。

习近平同志科学统筹富国和强军两大战略任务，提出了党在新形势下的强军目标，突出了国防和军队建设的战略地位，阐明了强军兴军的发展方向、战略重点和基本途径。围绕上述目标和任务所进行的一系列重大战略部署，必将为实现中国梦提供坚强的国防保障。

十 坚定不移走和平发展道路，推进人类和平与发展崇高事业

实现中华民族伟大复兴的梦想，必须坚定不移走和平发展道路。这是因为，只有始终坚持和平发展，正确把握和运用好重要战略机遇期，才能为实现中国梦创造良好的国际环境。对此，习近平同志明确指出，我们将高举和平、发展、合作、共赢的旗帜，始终不渝走和平发展道路，始终不渝奉行互利共赢的开放战略，致力于同世界各国发展友好合作，履行应尽的国际责任和义务，继续同各国人民一道推进人类和平与发展的崇高事业。

中华民族是爱好和平的民族。中国人民对和平有着孜孜不倦的追求，求的就是稳定，盼的就是天下太平。习近平在主持中央政治局第三次集体学习时指出，我们的和平发展道路来之不易。没有和平，中国和世界都不可能顺利发展；没有发展，中国和世界也不可能有持久和平。我们一定要抓住机遇，集中精力把自己的事情办好，使国家更加富强，使人民更加富裕，依靠不断发展起来的力量更好地走和平发展道路。他要求全党必须加强战略思维，增强战略定力，更好地统筹国内国际两个大局，坚持开放的发展、合作的发展、共赢的发展，通过争取和平国际环境发展自己，又以自身发展维护和促进世界和平，不断提高我国综合国力，不断让广大人民群众享受到和平发展带来的利益，不断夯实走和平发展道路的物质基础和社会基础。

当然，坚持走和平发展道路，并不意味着放弃我们的正当权益，更不能牺牲国家的核心利益。习近平同志强调，任何外国不要指望我们会拿自己的核心利益做交易，不要指望我们会吞下损害我国主权、安全、发展利益的苦果。中国走和平发展道路，其他国家也都要走和平发展道路，只有各国都走和平发展道路，才能共同发展，才能和平相处。

为了让世界人民了解我们的和平理念和对外战略思想，习近平同志在不同的国际场合反复宣示我们的主张。在出席博鳌亚洲论坛2013年年会开幕式时，他指出，没有和平，发展就无从谈

起。国家无论大小、强弱、贫富，都应该做和平的维护者和促进者，不能这边搭台、那边拆台，而应该相互补台、好戏连台。各国交往频繁，磕磕碰碰在所难免，关键是要坚持通过对话协商与和平谈判，妥善解决矛盾分歧，维护相互关系发展大局。在接受金砖国家媒体联合采访时，他强调，中国人是讲爱国主义的，同时我们也是具有国际视野和国际胸怀的。随着国力不断增强，中国将在力所能及范围内承担更多国际责任和义务，为人类和平与发展作出更大贡献。

习近平同志提出的上述一系列国际战略思想和外交策略方针，加深了国际社会对我们的认识，增进了世界人民对我们的理解和支持，为实现民族复兴的中国梦，争取了更加广阔的国际空间与和平环境。

十一　坚持党要管党、从严治党，始终把党建设好

党担负着团结带领人民实现中国梦的历史重任，党坚强有力，同人民群众始终保持血肉联系，国家才繁荣稳定，人民才幸福安康。习近平同志指出，实现党的"十八大"确定的各项目标任务，实现"两个一百年"目标，实现中华民族伟大复兴中国梦，必须坚持党要管党、从严治党，始终把我们党建设好。他强调，党要管党，才能管好党；从严治党，才能治好党。对我们这样一个拥有8500多万党员，在一个13亿人口大国长期执政的党，管党治党一刻不能松懈。

管党治党，要从改进作风抓起。党风问题的实质是党与人民群众关系问题。党只有始终与人民心连心、同呼吸、共命运，始终依靠人民推动历史前进，才能做到坚如磐石。正因为如此，以习近平同志为总书记的新一届中央领导集体履新伊始，就出台改进工作作风、密切联系群众"八项规定"，从政治局自身做起，率先垂范。同时，按照"十八大"总体部署，从今年下半年开始，在全党深入开展党的群众路线教育实践活动。习近平同志指出，这次教育实践活动的主要任务要聚焦到作风建设上，集中解决形式主义、官僚主义、享乐主义和奢靡之风这"四风"问题，

要着眼于自我净化、自我完善、自我革新、自我提高,以"照镜子、正衣冠、洗洗澡、治治病"为总要求,对这些作风之弊、行为之垢来一次大排查、大检修、大扫除。

党风廉政建设和反腐败斗争,是党的建设的重大任务。反对腐败、建设廉洁政治,保持党的肌体健康,始终是我们党一贯坚持的鲜明政治立场。习近平同志在十八届中央纪委二次全会上强调指出,反腐倡廉必须常抓不懈,警钟长鸣。要以"踏石留印、抓铁有痕"的劲头抓下去,把权力关进制度的笼子里,形成不敢腐的惩戒机制、不能腐的防范机制、不易腐的保障机制。他要求各级党委要旗帜鲜明地反对腐败,更加科学有效地防治腐败,做到干部清正、政府清廉、政治清明,永葆共产党人清正廉洁的政治本色。这些明确要求,充分表明了党中央坚定不移把反腐倡廉引向深入的决心和信心。

我们党是靠革命理想和铁的纪律组织起来的马克思主义政党,纪律严明是党的光荣传统和独特优势。党面临的形势越复杂、肩负的任务越艰巨,就越要加强纪律建设。对此,习近平同志强调,决不允许"上有政策、下有对策",决不允许有令不行、有禁不止,决不允许在贯彻执行中央决策部署上打折扣、作选择、搞变通。

政治路线确定之后,干部就是决定的因素。习近平同志在全国组织工作会议上指出,实现中华民族伟大复兴中国梦,关键在党,关键在人。关键在党,就是要确保党在发展中国特色社会主义历史进程中始终成为坚强领导核心;关键在人,就是要建设一支宏大的高素质干部队伍。他要求各级党委和组织部门,要坚持党管干部原则,坚持正确用人导向,坚持科学有效的选人用人机制,坚持德才兼备、以德为先,努力做到选贤任能、用当其时,知人善任、人尽其才,把好干部及时发现出来、合理使用起来。要通过一系列行之有效的措施,加强党的干部队伍建设,确保我们党能够始终成为实现中国梦的主心骨,广大党员干部能够在实现中国梦的历史进程中,发挥先锋模范作用。

十二　通过诚实劳动实现人世间的美好梦想

"空谈误国，实干兴邦"。说一千道一万，伟大的"中国梦"还是要靠实干来实现，通过诚实劳动来实现。习近平同志在广东考察时明确指出，全面建成小康社会要靠实干，基本实现现代化要靠实干，实现中华民族伟大复兴要靠实干。现在，蓝图已经绘就，道路早已明晰，需要我们做的就是大胆探索，勇于开拓，不迟疑犹豫、不搞无谓争论，放下包袱大胆地干起来，实干、实干、再实干。否则，坐而论道、纸上谈兵，到头来一切都是泡影幻想。

劳动创造一切是辩证唯物主义的基本观点，实干首先就要脚踏实地劳动。习近平同志在同全国劳动模范代表座谈时强调，幸福不会从天而降，梦想不会自动成真，劳动是财富的源泉，也是幸福的源泉。人世间的美好梦想，只有通过诚实劳动才能实现；发展中的各种难题，只有通过诚实劳动才能破解；生命里的一切辉煌，只有通过诚实劳动才能铸就。我们必须牢固树立劳动最光荣、劳动最崇高、劳动最伟大、劳动最美丽的观念，崇尚劳动，造福劳动者，让全体人民进一步焕发劳动热情、释放创造潜能，通过劳动创造更加美好的生活。他要求全社会都要贯彻尊重劳动、尊重知识、尊重人才、尊重创造的重大方针，维护和发展劳动者的利益，保障劳动者的权利；要坚持社会公平正义，努力让劳动者实现体面劳动、全面发展。

尊重劳动、尊重知识、尊重人才、尊重创造是我们党治国理政的一项重大方针。其中，尊重劳动是基础和根本。劳动是人类最基本和最重要的社会实践，是人类社会生存和发展的根本前提。劳动创造了世界，甚至创造了人类本身。尊重知识、尊重人才、尊重创造，与尊重劳动具有内在的、本质上的一致性，是尊重劳动的必然要求。全面贯彻尊重劳动、尊重知识、尊重人才、尊重创造的方针，不断增强全社会的创造活力，有利于引领社会风尚的主流价值导向，调动全党全国各族人民一切积极因素，共同致力于实现中华民族伟大复兴中国梦。

　　当然，在新的历史条件下，实干绝不是蛮干，创新本身也是实干。为了实现中华民族的伟大复兴，我们必须以创新的精神状态，顽强奋斗、艰苦奋斗、不懈奋斗，创新工作思路、创新体制机制、创新工作方法，使我们各项事业更加富有创造性、把握规律性、体现时代性。同时，我们还必须以奋发有为的精神状态，提高推动科学发展能力，切实改进作风，努力做到求真务实、开拓创新。

　　总之，认真学习总结"十八大"以来习近平同志一系列重要讲话精神，认真贯彻落实新一届中央领导集体的重大战略部署，坚定信心、振奋精神，不动摇、不懈怠、不折腾，在几代中国人民的接力奋斗中，中华民族伟大复兴中国梦就一定能够实现！

　　（本文原载《光明日报》2013 年 9 月 25 日和《毛泽东邓小平理论研究》2013 年第 9 期）

后　记

　　毛泽东曾经说过，指导伟大的革命，需要伟大的政党。为了赢得中国革命的胜利，他提出必须"建设一个全国范围内的、广大群众性的、思想上政治上组织上完全巩固的布尔什维克化的中国共产党"，并把建设这样一个政党的任务称为"伟大的工程"。正是在这样一个伟大政党的正确领导下，中国人民相继取得了新民主主义革命和社会主义革命的胜利，并在社会主义探索实践中取得了一系列独创性理论成果和建设成就。

　　进入改革开放历史新时期以后，邓小平明确提出要"把党建设成为领导社会主义现代化建设事业的坚强核心"。正是在领导改革开放的具体实践中，他不断强调要加强党的建设，终于领导人民开创了中国特色社会主义伟大事业。

　　在社会主义市场经济条件下，加强和改善党的领导是一项系统而复杂的工程。为此，江泽民在十四届四中全会上首次提出党的建设"新的伟大工程"的概念，并认为这一"新的伟大工程"是由邓小平开创的，要求全党在新的历史条件下把它进一步推向前进，确保中国特色社会主义事业的顺利进行。

　　在新世纪现阶段，胡锦涛进一步指出，我们党领导的伟大事业，从来都是同党的建设伟大工程紧密联系在一起的。伟大事业不断为伟大工程注入新的生机和活力、开辟广阔的前景，伟大工程紧紧围绕伟大事业来进行，确保其蓬勃发展。在纪念建党90周年的讲话中，他强调指出，中国共产党自诞生之日起就勇敢担当起团结带领人民实现中华民族伟大复兴的历史使命，继续推动中华民族伟大复兴进程，必须夯实党的建设伟大工程，在新的历史起点上把中国特色社会主义伟大事业全面推向前进。

党的"十八大"以后，习近平总书记把实现中华民族伟大复兴称之为"近代以来最伟大的梦想"。在中纪委第二次全会上，他强调指出，实现党的"十八大"确定的各项目标任务，实现"两个一百年"目标，实现中华民族伟大复兴中国梦，必须坚持党要管党、从严治党，始终把我们党建设好。

综上所述，党的建设同党的事业紧密联系，互相促进，是一条不可移易的客观规律。在即将全面建成小康社会、开启社会主义现代化建设新征程的历史条件下，正确认识和把握这一客观规律，对我们实现中华民族复兴的伟大梦想，无疑具有十分重要的指导意义。有鉴于此，本书拟名为《伟大工程与伟大梦想》，目的也就在于阐明党的建设这一新的"伟大工程"，与实现中华民族复兴这一"伟大梦想"之间的有机统一和必然联系。

本书收入我多年来撰写的有关党的建设和中国特色社会主义理论研究文章23篇，共分为5个专题。其中第一个专题6篇文章，系统总结了新中国成立以来党的建设基本历程和主要经验，集中阐明了党的建设伟大工程与中国特色社会主义伟大事业和伟大梦想之间的内在关系；第二个专题3篇文章，主要追溯了关于共产党员先进性基本要求的由来和发展，挖掘了不同历史时期共产党员先锋模范作用的表现和内涵；第三个专题5篇文章，回顾了中国特色社会主义道路开辟的历史进程，说明了中国共产党人对社会主义建设道路的探索有两个既相联系又相区别的历史阶段；第四个专题5篇文章，梳理了中国特色社会主义理论形成与发展的逻辑过程，揭示了党的指导思想一脉相承而又与时俱进的内在联系；第五个专题4篇文章，重点研究了"十八大"以来新的中央领导集体的理论和实践，阐述了中国梦重大战略思想是中国特色社会主义理论体系的重要组成部分。

本书收入的绝大多数文章均已公开发表，这次集结成集时作了程度不同的修改。由于每篇文章写作的年份不一样，难免留下一些历史的痕迹，敬请广大读者见谅。

　　本书收入的文章基本上由本人独立完成，但也有几篇是合作完成的。在此感谢当初的合作者王小梅、施维树、宋佩玉、王骏、郝首栋。在这些合著文章后面，我分别注明了合作者的姓名，以示对他们劳动成果的尊重。

　　由于本书收入的部分文章是我曾经承担的工作任务和科研课题，因此要感谢我原来的工作单位中央文献研究室和现在的工作单位山东社会科学院。这两个单位的领导和同事们的关心与帮助，使我终身受益。

　　本书在出版过程中，得到了许多朋友的支持与帮助。特别是广州大学副校长徐俊忠教授，欣然同意把我的两本文集纳入他主持的"毛泽东与当代中国"丛书，使我备受感动，是共同的理想激励着我们一起去追求共同的事业。

　　最后，我还要特别感谢社会科学文献出版社谢寿光社长、杨群总编辑，以及该社人文分社宋月华社长和责任编辑吴超先生。正是由于他们的热情鼓励、大力支持和精心编辑，这本书才得以如期面世。

　　由于本人水平有限，书中错误在所难免，期待广大读者批评指正。

唐洲雁

于 2013 年国庆节

图书在版编目（CIP）数据

伟大工程与伟大梦想／唐洲雁著.—北京：社会科学
文献出版社，2014.3
ISBN 978 - 7 - 5097 - 5627 - 0

Ⅰ.①伟… Ⅱ.①唐… Ⅲ.①中国共产党 - 党的建设 -
研究②社会主义建设成就 - 中国 Ⅳ.①D26②D619

中国版本图书馆 CIP 数据核字（2014）第 021882 号

伟大工程与伟大梦想

著　　者／唐洲雁

出 版 人／谢寿光
出 版 者／社会科学文献出版社
地　　址／北京市西城区北三环中路甲 29 号院 3 号楼华龙大厦
邮政编码／100029

责任部门／人文分社（010）59367215　　　　　　责任编辑／吴　超
电子信箱／renwen@ ssap. cn　　　　　　　　　责任校对／白桂华
项目统筹／宋月华　吴　超　　　　　　　　　　　责任印制／岳　阳
经　　销／社会科学文献出版社市场营销中心（010）59367081　59367089
读者服务／读者服务中心（010）59367028

印　　装／三河市尚艺印装有限公司
开　　本／787mm×1092mm　1/20　　　　　　　印　　张／16
版　　次／2014 年 3 月第 1 版　　　　　　　　　字　　数／282 千字
印　　次／2014 年 3 月第 1 次印刷
书　　号／ISBN 978 - 7 - 5097 - 5627 - 0
定　　价／69.00 元